美国海军陆战队史
从 1775 年至 21 世纪

[英] 切斯特·赫恩（Chester G. Hearn）著

易亮 李进 译 徐玉辉 审校

华中科技大学出版社
http://press.hust.edu.cn
中国·武汉

图书在版编目（CIP）数据

美国海军陆战队史：从1775年至21世纪 / （英）切斯特·赫恩（Chester G. Hearn）著；易亮，李进译. ——武汉：华中科技大学出版社，2024.9
ISBN 978-7-5680-9142-8

Ⅰ.①美… Ⅱ.①切… ②易… ③李… Ⅲ.①海军陆战队–军事史–美国 Ⅳ.①E712.53

中国国家版本馆CIP数据核字（2023）第040014号

湖北省版权局著作权合同登记　图字：17-2024-064号
版权信息：Copyright © 2008 Compendium Publishing Ltd.
Copyright of the Chinese translation © 2024 by Beijing West Wind Culture and Media Co., Ltd.
This translation of *MARINES: An Illustrated History, The U.S. Marine Corps from 1775 to the 21st Century* is Published by Huazhong University of Science & Technology Press Publishing Company Ltd.
ALL RIGHTS RESERVED

美国海军陆战队史：从1775年至21世纪	[英]切斯特·赫恩（Chester G. Hearn）　著
Meiguo Haijun Luzhanduishi: Cong 1775 Nian Zhi 21 Shiji	易亮　李进　译

策划编辑：金　紫

责任编辑：陈　骏

封面设计：千橡文化

责任监印：朱　玢

出版发行：华中科技大学出版社（中国·武汉）　　电话：(027)81321913
　　　　　武汉市东湖新技术开发区华工科技园　　邮编：430223

录　　排：北京千橡文化传播有限公司

印　　刷：北京雅图新世纪印刷科技有限公司

开　　本：889mm×1194mm　1/16

印　　张：21.5

字　　数：469千字

版　　次：2024年9月第1版第1次印刷

定　　价：186.00元

本书若有印装质量问题，请向出版社营销中心调换
全国免费服务热线：400-6679-118　　竭诚为您服务
版权所有　侵权必究

目录
CONTENTS

引言 /001

1 陆战队的诞生 /009

- 010 战争的爆发（1775年）
- 012 大陆陆战队
- 013 首任司令官塞缪尔·尼古拉斯
- 014 战争中的陆战队
- 021 新共和国的建立
- 021 美国陆战队
- 024 对法国的准战争
- 025 巴巴里战争
- 028 1812年战争
- 033 对司令官的质疑
- 034 本土与海外作战
- 037 墨西哥战争
- 040 进军墨西哥城

2 近代发展 /045

- 047　一个扩张而分裂的国家
- 048　叛乱的爆发
- 050　第一次奔牛河战役
- 051　为救赎而战
- 053　大卫·法拉格特的陆战队
- 054　大西洋上的陆战队
- 059　齐林少校的救援
- 060　麦考雷的陆战队
- 062　保存陆战队
- 064　国会宣战
- 065　陆战队在菲律宾
- 066　陆战队在古巴
- 071　未来的展望

3 挑战的年代（1898—1940年）/075

- 078 "前进基地"的创始
- 079 "前进基地部队"
- 081 第4陆战旅
- 087 反思之时
- 090 盟军先锋
- 093 "我能拿下勃朗峰！"
- 095 陆战队的扩编
- 100 国内与海外部署（1920—1939年）
- 100 舰队陆战队部队
- 102 "间战年代"的空中行动
- 103 整合作战资产

4 太平洋危机（1941—1943年）/107

- 109 国耻之日
- 112 菲律宾群岛（1941—1942年）
- 116 陆战队在中途岛
- 119 太平洋战场的重组
- 121 瓜达尔卡纳尔岛（"瞭望塔"行动）
- 124 陆战队在瓜达尔卡纳尔岛的困境
- 124 血岭之战
- 128 肃清瓜达尔卡纳尔岛
- 130 所罗门群岛战役
- 133 布干维尔（"樱花"行动）

5 跳岛作战
（1943—1945年）/139

- 142 塔拉瓦——"电流"行动
- 145 夸贾林环礁——"燧发枪"行动
- 146 埃尼威托克岛——"法警"行动
- 148 战术学习曲线
- 151 马里亚纳群岛
- 153 "征粮者"行动
- 159 提尼安岛——"完美的两栖作战"
- 161 关岛——"搬运工"行动
- 164 佩莱利乌岛——"僵局"行动
- 167 陆战队在菲律宾
- 168 硫黄岛——"特遣队"行动
- 177 冲绳岛——"冰山"行动
- 183 战争结束

6 朝鲜半岛战争
（1945—1960年）/187

- 188 科林斯计划
- 192 半岛战争爆发
- 194 釜山防御圈
- 197 仁川登陆
- 204 钳形攻势
- 206 长津湖
- 209 政治战

7 越南战争（1961—1975年）/217

- 218 肖普将军领导下的陆战队
- 220 越南——沸点
- 221 参战
- 225 岘港的陆战队
- 228 扩大空中作战规模
- 230 约翰逊发动侵略
- 230 "星光"行动
- 232 战争升级
- 233 绥靖政策
- 235 多线作战
- 237 非军事区内的行动
- 240 溪山战役和"春季攻势"
- 242 来自"海军陆战区"的视角
- 243 脱身而出
- 244 最后的统计

8 现代（1961—2006年）/249

- 250　新的陆战队
- 251　全能队员
- 253　古巴导弹危机
- 256　多米尼加共和国的革命事件
- 258　"马亚圭斯"号事件
- 259　陆战队安全警卫营
- 260　快速反应联合特遣部队（ROF）
- 261　"蓝光"行动——"沙漠一号"
- 264　黎巴嫩
- 268　巴拿马——"正义事业"行动
- 272　波斯湾的麻烦
- 273　"沙漠盾牌"行动
- 275　"沙漠风暴"的前奏
- 277　100小时的战争
- 279　陆战队的纪录——"沙漠风暴"
- 280　索马里——"恢复希望"行动
- 282　在波斯尼亚的经历
- 285　琼斯将军和恐怖主义的威胁
- 287　阿富汗——"持久自由"行动
- 288　击败萨达姆——"伊拉克自由"行动

9 步入未来 /295

- 301 全球反恐战争
- 302 海上基地——海上预置力量（MPF）
- 303 远征机动作战
- 304 分布式战斗
- 305 两栖战舰
- 306 海军火力支援舰艇
- 307 登陆舰船
- 309 地面火力"三剑客"
- 310 倾转旋翼机
- 315 战术飞机
- 320 无人机（UAV）
- 321 地面战斗装备
- 323 远征战斗车辆（EFV）
- 328 新的掌门人

参考书目 /331

引言
INTRODUCTION

美国海军陆战队从两百多年前一群缺乏训练、浑身泥水、默默无闻的舰船卫兵组成的"大陆陆战队"发展为21世纪一支能执行多样化任务、始终处于高度战备状态的陆海空合成军种。其转型的过程从未一帆风顺，除了遥远海滩的战斗和平息国内的骚动，陆战队的历任司令官必须灵活地周旋于对战争一无所知的政客和虎视眈眈的兄弟军种之间。这些政客曾数次企

左图：无论是何种任务，无论在陆地还是海洋，美国陆战队从难从严训练部队，以备在全球任何地点，以及最严酷的环境下有效履行使命。

图削弱陆战队的实力，在和平时期尤为严重。这种频繁的生存斗争造就了一群不同于其他军种官兵的陆战队员。

海军陆战队一直是美国武装力量中规模最小的军种（实际上是独立兵种，并由海军部管理，以下简称陆战队）。即使当他们依据战时法案大规模扩充时也是如此。陆战队一直通过锤炼每一个陆战队员来保持精英团队的形象，所有的陆战队员，无论是现役还是预备役全部都是志愿兵。"优中选优"的传统可以追溯到19世纪时陆战队军官们竭力倡导的军人形象，严格遵守纪律、精准的枪法、高度统一的言行举止使陆战队员和"蓝夹克"（海军水兵的昵称，译者注）及海军军官相比更为人所瞩目。

整个20世纪，陆战队发现自己一直在砧板之上，他们意识到必须具备与众不同的作战能力才能生存。美西战争后，陆战队致力于贯彻两栖作战指导思想（这是当时"蓝夹克"们的任务之一）并锻造更胜一筹的高效战斗力，并以此与执行保守

对页图：自1776年对巴哈马的普罗维登斯岛进行首次两栖突击以来，美国陆战队时刻准备对敌方滩头发起进攻（图为1924年1月支援菲律宾剿灭独立运动游击队治安行动中从索科洛向内陆进军），而太平洋战争则是其中最为令人震撼的篇章。

右图：陆战队曾多次因其他军种的倾轧与政客的排挤而被大幅度裁撤，此后往往需要花费极大的努力才能再度补足员额。图中是汤姆·拉维尔中士根据乔·罗森塔尔著名的硫黄岛战役升旗照片绘制的海报，用以激励年轻人的参军热情。

政策的陆军部队竞争。或许正是新的作战指导思想拯救了陆战队的命运。即使是在陆军或海军中服役过的西奥多·罗斯福、哈里·S.杜鲁门、德怀特·艾森豪威尔都曾经质疑过保留陆战队的理由。在第二次世界大战中，艾森豪威尔从未留意过在太平洋战区击败日本的475000名男女陆战队员们。陆战队员曾经是第一次世界大战中进攻贝劳森林和勃朗峰战斗的先头部队，并在第二次世界大战太平洋战场的血流成河的岛屿和珊瑚礁上缔造了不朽的战史，但是对于这三位总统来说，这一切似乎还不够。

威胁到陆战队生存的最严重的危机发生在第二次世界大战后，当时陆军航空队还是陆军的一部分，他们劝说政府，保留大规模的海军和地面部队已经毫无意义。他们的论据是，今后所有战争都将是核战争，应该由大规模战略轰炸机群取代地面部队的地位。1947年，陆军航空队在杜鲁门总统的准许下成功地脱离了陆军的控制，独立为美国空军，但他们并没有撼动海军和陆战队的地位。出乎当时所有军事政策制定者的意料，仅仅3年之后，第1陆战师作为美军急先锋开赴远东挽救战局，再次投入一场常规地面战争。

陆战队员们对新生事物充满兴趣。他们率先意识到了空中力量的重要性，并且最早推动了直升机的发展。空中力量和直升机的灵活性非常符合陆战队灵活多变两栖作战指导思想中"快速反应"的原则。今天，在拥有了自己的舰船、飞机和特种作战力量后，陆战队员们成为地球上可执行任务类型最多、保障能力最强、合成程度最高、反应最为迅速的战士。"皮领子"（陆战队员昵称，译者注）有理由自诩精英，他们当之无愧。

尽管过去有不少总统、政客和空军支持者们不断试图削弱陆战队的地位，陆战队员们从未放弃也没有被其他军种夺走过任何一项主要的使命任务。他们至今仍然向大型舰船和海军岸上设施派出兵力担负安全警卫任务。他们今天不再是一般意义上的普通步兵,陆战队员们已经成为从常规作战到维和任务各个方面的专家。在其使命任务中,陆战队是唯一担负两栖作战任务的兵力,只有他们能够成为搭乘特种舰船的高机动性进攻兵力。陆战队员能够驾驶战斗轰炸机、直升机和侦察机执行任务,也能够从两栖突击舰船上发起进攻。与过去的境遇不同,他们现在拥有最精良的武器装备,包括用来瞄准、引导和投射各种精确制导弹药的先进武器系统。

远东半岛战争后,战争形式发生了彻底的改变。敌人不再仅仅是身着军服的敌方战斗人员,他们混杂在与普通民众中活动。在阿富汗和索马里,恐怖分子已经很难与普通民众区分开。致力于摧毁西方文明的极端分子四处活动,不再将战场局限于一国国境线内。同样,陆战队员们针对全球反恐战争的发展情况也在不断修订作战指导原则。

下图:在恐怖主义日益猖獗的背景下,陆战队执行居民地作战(MOUT)任务越来越多,图为第2陆战团第3营的陆战队员在北卡罗来纳州勒琼堡进行作战训练的场景。跪姿的陆战队员使用 M16A2 突击步枪,他的战友正在操纵 M240G 中型机枪。

在 21 世纪的开端,陆战队司令詹姆斯·L. 琼斯上将和他的智囊团着眼未来,推出了《21 世纪海军陆战队战略》。

新的指导思想对执行作战、维和、人道主义任务和快速应急反应的各个方面都进行了阐述,指明了"远期展望,中期目标和支持发展未来作战能力的目标",并提供了完成这些任务的途径,强调指出在这些任务中,最重要的是在恐怖分子发起进攻前将其挫败。

陆战队第 33 任司令官迈克尔·W. 哈吉上将呼吁"每一名陆战队员在这条通向 21 世纪充满挑战的征途上并肩前进,我们的任务就在前方"。

右图:2005 年 6 月,完成实兵演习后,第 3 两栖突击营的 AAV7A1 两栖突击车队沿夏威夷瓦胡岛导弹靶场的海滩行军。

1 陆战队的诞生

世界上最早的陆战队可以上溯至公元前 480 年，波斯战争中 6000 名身披铜甲、手持刀矛的希腊士兵成为赢得萨拉米斯海战的决定性因素。公元前 3 世纪的布匿战争中，罗马和迦太基双方始终在海上保持着 500 艘战船，上面装载着 150000 名水手和陆战队员。这一战术成功后，罗马保留了为战船配备陆战队员这一做法，该传统一直保留了数百年，已深深根植于欧洲各国海军之中。

1740 年，英国对西班牙开战，在北美殖民地招募了一个 3000 人规模的团队。弗吉尼亚州副州长威廉·古奇上校任团长，这个团很快就被称为"古奇陆战队"。1741 年 4 月，古奇上校率部对哥伦比亚的卡塔赫纳城堡展开进攻，因伤亡惨重被迫撤退。8 月，古奇陆战队攻占了沃尔腾海姆湾（今古巴关塔那摩湾），但是由于疾病的困扰，只有 10% 的人员在这场持续 6 个月的战斗中幸存。

七年战争（1756—1763 年）中，北美殖民地陆战队在英国战舰上服役，而且扮演了新的角色，他们开始监督水兵履行职责并且在舰上执行军纪。在海战中，他们爬上高处担任狙击手和掷弹兵，当靠近目标舰船时，他们带领跳帮兵力登上敌舰。而现在和过去一样，陆战队员一直是进攻的急先锋。

战争的爆发（1775 年）

1775 年 4 月 19 日，英军少校约翰·皮特凯恩带领的陆战队员与来自马萨诸塞州波士顿的步兵一起，在列克星敦和康科德与大陆民兵发生冲突。这一事件拉开了北美革命（1775—1783 年）的序幕，但麻烦

> "我们为正义而战，为上帝而战。"
> ——大陆军陆战队成员约翰·特维特

也接踵而来。

1775年5月9日，伊桑·艾伦和本尼迪克特·阿诺德上校带领大陆军中一支缺枪少弹的小分队占领了尚普兰湖上的提康德罗加要塞。几天后，大陆会议接到了守备队传来的消息，他们需要"援兵和钱"守卫要塞。8名"士气高昂、装备精良"的康涅狄格州陆战队员参加了在哈特福德镇组织的援兵队伍前往支援。这8名没有留下姓名的人至今仍被美国陆战队尊崇为"始创八人"。晚些时候，又一支有陆战队员参加的队伍从纽约州奥尔巴尼赶来，他们在湖面的船艇上执勤，担负要塞防御任务。阿诺德上校看了一眼这支队伍，说这些人"哪个团也不会要"。

下图：1775年5月，大陆军陆战队和刚组建的州属陆战队一起参加了伊桑·艾伦组织的"绿山男孩"武装，这支队伍参加了攻占尚普兰湖上提康德罗加要塞的战斗。

大陆陆战队

1775年8月,乔治·华盛顿将军武装起两艘纵帆渔船,用来辑捕英国商船。他挑选当过渔民的步兵充当陆战队员。到10月底,有3类陆战队开始为独立而战:华盛顿麾下的陆军编制中的陆战队、各州海军的陆战队和个人的私掠船陆战队。华盛顿最终授权11艘纵帆渔船为私掠船,截至1777年大陆陆战队成立时,部署于海上的各类舰载陆战队总共捕获了55艘敌国商船。

与英国陆战队(正式组建于1664年)类似,大陆陆战队的编制在海军,而不是陆军。1775年11月,大陆会议组建的陆战队委员会在费城国王街大桶酒吧(Tun Tavern)召开会议。在小酌麦芽啤酒的同时,委员会成员草拟了"联合殖民地海军规则与规范",其中明确创建由8艘战舰组成的

左图:很少有陆战队员在领到由最廉价的布料缝制的军服时能够像图中这位士兵一样开心,这种军服很不合身,在穿着几周后就会破烂不堪。

大陆舰队和两个营兵力的"美洲陆战队"。1775 年 11 月 10 日,在马萨诸塞州代表约翰·亚当斯和陆战队委员会的敦促之下,大陆会议勉勉强强地通过了授权法案:

……由两个营组成的陆战队共编制上校一名,中校两名,少校两名,其他军官编制与现有其他各团一致,各营编制兵员数量与其他现有各营一致……在需要之时,由优秀水手或者其他熟悉海事、适合海上服役的人员构成。

美国海军陆战队将 1775 年 11 月 10 日确定为光荣的成立日,而 8 个月后大陆会议才正式宣布美利坚合众国成立。

首任司令官塞缪尔·尼古拉斯

授权法案已经明确宣布"美洲陆战队"由一名上校军官统帅,大陆会议的办事人员已经没有空白委任状给陆战队军官了,但他手里还有大陆海军军官委任状,于是 31 岁的塞缪尔·尼古拉斯被委任为海军的"陆战队上尉"(Marine Captain)。1775 年 11 月 28 日,约翰·汉柯克签署了委任命令,无意间使得尼古拉斯成为大陆海军的第一位军官。

尼古拉斯之所以能担任"陆战队上尉",是因为他的家族与颇有势力的费城海运商人罗伯特·莫里斯联系紧密。尼古拉斯是费城一名铁匠的儿子,他全部的海上经验不过是在莫里斯的商船担任过货物押运员。在多数熟人的眼里,他不过是一个热衷于在斯古吉尔河和特拉华河上打野鸭的旅店老板。

罗伯特·穆兰的大桶酒吧成了尼古拉斯的征兵站,在颇具爱国主义气氛的"军

下图:就任时 31 岁的塞缪尔·尼古拉斯是费城人,他是一家生意不错的旅馆的老板。1775 年 11 月 28 日成为陆战队第一任司令官,共服役 6 年,是大陆陆战队在独立战争中最资深的军官。

鼓、横笛和旗帜"以及敞开供应的格洛格酒的助兴下，征募新兵的工作还算顺利。当新兵们得知每月只有微不足道的6.7美元的津贴后才如梦方醒。如果有人能够幸运地领到制服，就会发现他们绿色和白色制服用的是最便宜的面料。每天配给的海军口粮是一磅面包、一磅牛肉或猪肉、一磅土豆、甜菜或者半磅豆子，还有半品脱朗姆酒，定期供应黄油、奶酪和布丁，这些食物在海上很快就会腐坏。

虽然大陆会议最初计划部署两个陆战营，但这计划从来没有实现过。尼古拉斯招募了足够的新兵发动了海军第一次远征——1776年2月17日对巴哈马的新普罗维登斯岛的突袭。他也为在费城新造的护卫舰群配备了足够的陆战队员，在1776年12月，他的陆战队员还协助华盛顿的大陆军部队渡过了特拉华河。

尼古拉斯在1775年11月28日至1781年8月25日担任"美洲陆战队"司令官职务，但是他大多数的时间都在给他的庇护人罗伯特·莫里斯干私活，莫里斯是陆战队的资助人，同时也参与了瓜分新成立的海军那点可怜的军费。1781年，尼古拉斯给莫里斯冒了最后一次险，他护送装运着从法国国王路易十六那借来的一百万枚银币的牛车从罗德岛的纽波特赶到费城，穿过了托利党人出没地区的350英里路程。

虽然尼古拉斯从来没有指挥过超过一个营规模的兵力，但是美国陆战队依然将他视作第一任司令官。

战争中的陆战队

普罗维登斯岛突袭后，尼古拉斯成为"美洲陆战队"第一位上校军官。史学家称这次远征是"（美国）正规海军的有记录的第一次战斗"，然而陆战队认为这是他们漫长历史上第一次成功的两栖作战行动。这次战斗在为期8年的独立战争中也是独一无二的。除了尼古拉斯指挥的陆战队员参与了这场战争，当时数千名陆战队员在各州的私掠船和海军服役。1776年

公 告

（1778年4月11日　波士顿城公告栏）

急需为船上服役陆战队员提供下列服装：

40件镶白边绿色外套

40件白色短外套和40条白色马裤

衣物全部纽扣为纯白色

外套为散袖口样式，每件短外套需配腰带一条。

陆战队上尉授权发布

威廉·詹妮森

陆战队中尉

10月11日,当尼古拉斯还在费城忙于自己生意的时候,本尼迪克特·阿诺德准将麾下的陆战队员们在瓦尔库尔岛附近击溃了一支53艘船艇组成的英国舰队,成功阻止了敌军南下进军尚普兰湖的行动。

这次胜利为大陆军在1777年夏天纽约州的萨拉托加击败英国将军约翰·伯戈因打下了基础,具有重要的战略意义。

1776年,英军将华盛顿的军队赶出了长岛和曼哈顿,大陆军被迫途经新泽西州撤退。当费城告急时,大陆军撤退到了巴尔的摩。尼古拉斯留在费城,将配属于特拉华河上舰船的131名陆战队员留了下来。12月2日,尼古拉斯整编了一个营的兵力加入了华盛顿的队伍。

在平安夜,陆战队员们穿过封冻的特拉华河,对驻在特伦顿的黑森雇佣兵守军发起进攻。这次出乎意料的进攻引起了康华里勋爵的注意,他决心进军在特拉华河和大西洋之间的地域以包围华盛顿有限的

下图:在伊塞克·霍普金斯海军准将指挥的1776年3月对巴哈马的远征作战中,塞缪尔·尼古拉斯带领他的陆战营在新普罗维登斯岛登陆,攻克了首府拿骚城和其他两座堡垒。

上图：从巴哈马返航途中，尼古拉斯的陆战队员参加了"阿尔弗雷德"号与皇家海军"格拉斯哥"号的海战。在混乱的夜间战斗中，约翰·菲兹帕特里克中尉成为第一名阵亡的陆战队军官。

远征新普罗维登斯岛

1776年冬，尼古拉斯为他的第一次远征作战准备了268名陆战队员、8艘舰船。进攻巴哈马的舰队由罗德岛的前商船船长伊塞克·霍普金斯海军准将指挥，在给这个分舰队派出4个陆战队连后，尼古拉斯登上了霍普金斯装24门炮的旗舰"阿尔弗雷德"号。

1777年2月17日，这支大陆军分舰队从解冻的特拉华河启航，3月1日在巴哈马的大阿巴科岛外会合。霍普金斯计划要夺取英军在拿骚存放的600桶火药。在新普罗维登斯岛上，陆战队员登陆后袭击了两座英军堡垒。按照计划，尼古拉斯率部在岛屿东侧登陆，拿下蒙塔古堡垒，而后沿海滩向西行军攻占拿骚城，同时霍普金斯舰队从海上封锁港口。

1777年3月3日（周日）下午，陆战队员们完成了他们历史上第一次两栖作战行动。他们乘坐军舰上的工作艇依次在蒙塔古堡垒东南方2英里处登陆。陆战队中尉约翰·特维特带领他的连队进入堡垒，几门18磅炮刚一开火，堡垒守军就投降了。尼古拉斯在堡垒内过夜，拂晓之时向拿骚城外围进军。他顺利进入了拿骚城，降下了英国国旗。但是缴获的战利品却让所有人大失所望。由于尼古拉斯在堡垒里耽搁了一夜，而霍普金斯对海港的封锁也并不严密，英国总督在夜间把存放在拿骚的大多数火药用船运到了佛罗里达。尼古拉斯只找到了24小桶火药，但是缴获了46门加农炮、12套炮车、15门臼炮还有几吨炮弹。

1777年3月17日，霍普金斯带着战利品返航，编队里加入了3艘之前被英国人捕获的美国船只，还有3名包括总督在内的英国俘虏。返航途中，霍普金斯在与英国护卫舰"格拉斯哥"号的交战中表现糟糕。这场海战夺去了7名陆战队员的生命，约翰·菲兹帕特里克中尉不幸成为第一名阵亡的陆战队军官。

兵力。但事与愿违，华盛顿击败了他，在尼古拉斯带领的陆战队的协助下，华盛顿通过一条废弃的道路向东转移并且在普林斯顿击败了英军。陆战队的第一场陆地战役以华盛顿从侧翼将英军分割包围、康华里被迫撤往新泽西南部告终。

陆战队在战争中还扮演了内河部队的角色，1778年1月10日，27岁的詹姆斯·威灵招募了35人，搭乘一艘被他命名为"破车"的、名副其实的旧船，从宾夕法尼亚州皮特堡出发。在顺俄亥俄河和密西西比河航行途中，威灵袭击了几处英军据点并捕获了数艘船只。罗伯特·乔治中尉带领一艘独木舟在前方航行担任尖兵，当威灵到达新奥尔良时，他的连队兵员已经过百。在庞恰特雷恩湖击败了一艘英国单桅帆船后，威灵带领部队返回密西西比，和乔治·罗杰斯·克拉克一道与当地印第安人作战。

1779年夏天，陆战队经历了战争中最

下图：1777年1月3日，3支大陆军陆战连在新泽西普林斯顿战斗中的短暂停滞，让乔治·华盛顿大为光火。

上图：1776年平安夜，陆战队员们撑船送华盛顿将军渡过了布满浮冰的特拉华河。次日清晨他们对特伦顿的英军发起进攻，取得了光辉的胜利。

左图：遭到华盛顿将军斥责后，在尼古拉斯的指挥下，陆战队员重整旗鼓，装上刺刀，在军鼓声的激励下，率先向英军侧翼发起冲锋，取得重大胜利。

糟糕的一场远征行动。英国人在佩诺布斯科特湾的卡斯廷河口建起一座要塞，这里原是马萨诸塞州效忠英王的地区，后来划归缅因州。海军准将达德利·索顿斯托尔和马萨诸塞州民兵准将所罗门·拉威尔计划攻陷这座要塞。陆战队上尉约翰·威尔士在"沃伦"号上指挥全舰队的300名陆战队员，其中有一半兵员隶属于州海军。1779年7月26日，当美国战舰向要塞开火时，威尔士率领陆战队员在诺德士岛登陆并击溃了英军守备部队。

1779年7月28日，威尔士率部在大陆上的半岛登陆，爬上通向英军要塞的陡峭海岸。陆战队率先发起了进攻，与民兵部队一道将英军赶出了要塞，拉威尔迅速赶来组织对英军合围。8月13日，一支英军舰队从纽约驶来，索顿斯托尔临阵退缩，扔下陆上部队带领舰队沿佩诺布斯科河北逃，将全部舰船搁浅后纵火烧毁。所有的美国军队，包括威尔士上尉的陆战队被迫向大陆内侧转移。与其他任何参与这次远征的部队都不同，威尔士的陆战营表现非常英勇，这也是陆战队历史上第一次在敌军火力下进行的整建制登陆行动。

新共和国的建立

1783年9月3日，《巴黎条约》的签订为北美革命画上了句号。大陆会议决定解散北美陆战队和大陆海军。塞缪尔·尼古拉斯又干起了旅店老板的本行，大陆会议很快就在应对另一个威胁时为自己的鼠目寸光付出了高昂的代价。

1789年，第一届美国国会在纽约成立开始施政。此时皇家海军不再保护美国在地中海上的海上贸易，巴巴里海盗开始劫持商船索要巨额赎金。由于财政拮据，国会拒绝满足海盗的条件。5年时间过去了，商船的损失越来越大，议员们终于意识到重建海军可能比不断支付赎金要划算一些。1794年3月，国会授权建造6艘护卫舰，但是一直没有拨款，两年后国会才拨出了只够建造3艘的经费，这3艘护卫舰分别被命名为"合众国"号、"星座"号和"宪法"号。1797年7月1日，作为海军建设计划的补充，国会授权招募167名陆战队员（其中5名尉官、8名中士、8名下士、3名鼓手、3名乐手和140名列兵）。但是独立的陆战队军种并没有正式组建，这些官兵只是海军的一部分。

美国陆战队

1798年4月9日，陆军部长詹姆斯·麦克亨利建议建立正式的陆战队部队。马萨诸塞州众议员塞缪尔·塞维尔推动立法并且正式提案组建"一个称为陆战队的营"，参议院发现众议院有人抢了风

对页图：在佩诺布斯科湾战斗中，陆战队约翰·威尔士上尉带领全连勇猛战斗，攻克了英军在巴格杜斯半岛上的据点，而全连也付出了伤亡70人的惨重代价。

约翰·保罗·琼斯的陆战队

1777年间,约翰·保罗·琼斯海军上校指挥美国海军"突击者(Ranger)"号战舰,搭载着塞缪尔·沃林福德中尉指挥的陆战队员驶向法国。1778年4月,"突击者"号返回海上袭扰英国爱尔兰海上的航运船只。在一次鲁莽的作战中,他们突袭了琼斯的故乡——英国的怀特黑文,琼斯和沃林福德破坏了此处城堡中的大炮,还试图焚毁码头设施,而后他们穿过索尔韦湾登上圣玛丽岛,在岛上抓捕了塞尔考克伯爵的一些子民。这是英国自1066年"诺曼征服"以来第一次真正地遭到外国入侵。沃林福德夺取了塞尔考克伯爵的银币后,好运气就到头了,他倒在了与英军20门炮单桅帆船"德雷克(Drake)"号的战斗中。

对琼斯来说,最为激烈的海战爆发于1779年9月23日,当时他指挥一艘被他重新命名为"好人理查德(Bonhomme Richard)"号的破旧改装法国商船,编队中还包括36门炮巡防舰"联盟(Alliance)"号。陆战队中尉爱德华·斯塔克时年23岁,他指挥着42门炮"好人理查德"号上的137名陆战队员。马修·帕克上尉指挥"联盟"号上的陆战队员,但是该舰法国舰长在战斗

下图:当"好人理查德"号行将沉没之时,琼斯拒绝投降。他的声音压过了陆战队员的枪声,对皇家海军"塞拉皮斯"号舰长喊道:"我还没有真正使出全力呢!"

中的表现一文不值。编队从苏格兰东岸启航后,琼斯遭遇了英军50门炮的"塞拉皮斯(Serapis)"号和20门炮的"斯卡伯勒女伯爵(Countess of Scarborough)"号,还有41艘英国商船。在英格兰弗兰伯勒角外,琼斯对"塞拉皮斯"号发起进攻,如果两船没有近距离混战在一起的话,琼斯的处境就更麻烦了。当"塞拉皮斯"号舰长理查德·皮尔森海军上校喊道:"你的船开火了吗?"琼斯回答道:"我还没有真正使出全力呢!"

在这个关键时刻,斯塔克的陆战队员们主导了战斗。他们用抓钩钩住了"塞拉皮斯"号,将两舰并靠起来。琼斯在驾驶台喊道:"干得好!勇敢的小伙子们。现在我们抓住她了!"皮尔森舰长竭力试图摆脱死亡的怀抱,但是一旦英国水兵出现在甲板上,站在高处的陆战队神射手们就马上射出弹雨。英舰枪炮兵每次试图操纵18磅舰炮时,斯塔克的陆战队员就将他们消灭在甲板上。

琼斯对几名想要投降的法国军官很有看法,但是陆战队员战斗却很坚决。他们才是挽救战局的决定性力量,而不是舰队中那几条破船。"好人理查德"号最终沉没,但是琼斯在该船沉没前俘获了"塞拉皮斯"号,并将全体船员转移了上去。

下图:1777年4月,在爱尔兰海的巡航中,陆战队塞缪尔·沃林福德中尉带领陆战队员和约翰·保罗·琼斯乘坐舢板在怀特黑文登陆,这是自1066年以来英国本土首次遭到外国入侵。

上图：1798年7月12日，组建美国陆战队法案签署后，约翰·亚当斯总统任命来自南卡罗来纳州查尔斯顿的威廉·沃德·巴罗斯少校（画像中）为陆战队第二任司令官。

头后，提案将陆战队的规模扩充到团级。该议案于1798年7月11日通过，决定陆战队直接隶属于最高统帅（总统）。在约翰·亚当斯总统开始考虑陆战队是应该隶属于陆军还是海军的问题前，陆战队一直都以"总统直属团"的形式存在。因为推动了国会的相关立法工作，塞维尔被尊称为"陆战队之父"。

1798年的陆战队共有33名军官和848名士兵，其中还包括乐手。按照刚上任的首任海军部长本杰明·斯托德特的指令，陆战队的使命任务是"发挥两栖作战优势能力"，担负海上执勤、要塞内执勤以及"在陆地上由总统下达的其他任务"。在签署这项法案的同时，亚当斯总统任命威廉·沃德·巴罗斯少校为陆战队司令官。

巴罗斯早先是一名南卡罗来纳州查尔斯顿的商人，也是独立战争中的老兵，他迅速为陆战队挑选优秀军官以增强战斗力。虽然陆战队的列兵要比普通水兵每月收入少4美元，但是他们却没有什么怨言。巴罗斯利用军队中有乐手和鼓手的优势，用扣除每名军官10美元薪俸的简单做法筹集资金，组建起美国陆战队军乐队。当政府从费城迁往华盛顿特区时，巴罗斯带着他的军乐队一同去了华盛顿，这就保证了总统能够随时使用他的军乐队。1800年，托马斯·杰斐逊击败亚当斯赢得大选后，这支军乐队在他的就职典礼上担负演奏任务。1804年，巴罗斯因病辞去了陆战队司令官的职务，这支军乐队也就变成了"总统御用"。

对法国的准战争

在巴罗斯司令官的任期内，法国私掠船开始在大洋公海上威胁美国商船，就像地中海上的巴巴里海盗的所作所为一样。受没有海军之累，美国既不能宣战又不能为商船队护航。1798 年 7 月 13 日，海军部长斯托德特在写给约翰·巴里海军上校的信中恰如其分地描述了当时的形势："国会议员们在周一的会议上势必会分裂，不会对法国宣战。我们不要理会他们，至少要进入战争状态抗击法国武装船。"

在这场没有宣战的对法战争中，美国舰船上的陆战队员参与了每一场海、陆战斗。1799 年，美国海军"星座"号上由巴塞洛缪·柯林奇中尉指挥的陆战队员在捕获法国海军 40 门炮"暴动"号护卫舰战斗中扮演了关键性的角色。一年后，这批陆战队员又与法国海军 56 门炮"复仇"号护卫舰夜战 5 个小时，将该舰逼退至库拉索。

还有一个值得一提的插曲，1800 年 5 月 11 日，当时丹尼尔·卡尔梅克上尉负责指挥"宪法"号上的陆战队员，他们与单桅帆船"萨利"号上的水手一道，捕获了已被法国人捕获的英国"桑威奇"号。

利用"桑威奇"号充当"特洛伊木马"，卡尔梅克带领富有冒险精神的陆战队员航行到了圣多明戈北部海岸的普拉塔港，攻克了当地的要塞，毁坏了要塞火炮后驾船撤离。

对法国的准战争于 1801 年 2 月结束，其间陆战队协同海军共捕获 85 艘法国舰船，其中包括 2 艘护卫舰，而美国海军仅损失 1 艘舰船。

1798年陆战队各级人员每月薪酬标准

少校	50美元加4份口粮定量
上尉	40美元加3份口粮定量
中尉	30美元加3份口粮定量
少尉	25美元加2份口粮定量
军士长	10美元
鼓手长和乐手长	9美元
下士	8美元
鼓手和乐手	7美元
列兵	6美元

巴巴里战争

1801 年 5 月 14 日，对法国的不宣之战基本结束。的黎波里总督优素福·卡拉曼里为了索要更多的商船贡金对美国宣战。这顿时打消了杰斐逊总统缩减海军和陆战队的念头。当时，巴巴里邦国向美国开出了 200 万美元贡金的价码，这笔钱已经足以建立起一支强大的海军。斯托德特急忙拼凑起一支由"总统"号、"埃塞克斯"号、"费城"号护卫舰和"企业"号纵帆船组成的分舰队，在海军准将理查德·戴尔的指挥下驶向地中海。巴巴里海

上图：8名陆战队员参加了斯蒂芬·德凯特中尉指挥的夜间袭击行动，他们焚毁了于1803年8月31日被的黎波里人俘获的美国海军"费城"号护卫舰。

盗依托本土作战，从摩洛哥、突尼斯、阿尔及尔和的黎波里不断出海迎战，戴尔舰队寡不敌众，只得向本土求援。

1803年10月31日，在执行封锁的黎波里行动期间，威廉·班布里奇海军上校在指挥"费城"号追击向港内逃窜的海盗船时，不慎搁浅。的黎波里人俘获了这艘护卫舰，将其浮正后拖入港口，班布里奇及其水手和44名陆战队员都被囚禁于优素福的城堡内。1804年2月16日，斯蒂芬·德凯特海军中尉带领包括8名陆战队员的小分队偷偷潜入港口焚毁了"费城"号，毁掉了优素福的战利品。

为了营救"费城"号船员，美国领事威廉·H.伊顿、陆战队中尉普莱斯利·N.奥班农和优素福的兄弟哈迈特·卡拉曼里一起共谋推翻优素福的统治。3人在埃及亚历山大招募了一支雇佣兵远征队，开始了为期7周600英里沙漠行军。在1805年4月25日，奥班农中尉的陆战队员和伊顿带领的叽叽喳喳的雇佣兵站在了德纳城堡前。哈迈特敦促优素福

对页图：对法国的准战争期间，圣多明戈的普拉塔港外，卡尔梅克上尉的陆战队员隐藏在"萨利"号帆船上，"魔鬼般地"登上了一艘法国私掠船后驶入港口，突袭了当地的要塞。

下图：从埃及亚历山大出发，经过 600 英里沙漠行军后，陆战队普莱斯利·奥班农中尉于 4 月 25 日带领部队到达德纳。次日下午，陆战队员们攻陷了德纳城堡，将美国国旗插在城头之上。

投降，优素福回应："不是你死就是我亡。"

4 月 26 日，在海滩外 3 艘海军军舰的支援下，奥班农对城堡展开了突袭，成功地将美国国旗插在了城头之上，将城堡上的大炮指向了士气涣散的的黎波里人。在一场完全压倒性的战斗中，奥班农成了将美国国旗插在旧世界城堡上的第一人。如果没有这一壮举，陆战队军歌中可能就不会有"到的黎波里的海滩"的词句。这一幕标志着巴巴里海盗肆虐地中海的时代已经一去不返了。

1812 年战争

1812 年 6 月 1 日，詹姆斯·麦迪逊敦促国会对英国宣战时，陆战队的全部 10 名军官和 483 名士兵大部分还部署在海上。麦迪逊总统认为，美国军队很有希望拿下

加拿大，因为此时英国正在与法国作战，如果再与美国开战只能分兵两线。麦迪逊设想主要的战场在海上，当时美国只有3艘一等护卫舰（"总统"号、"美国"号和"宪法"号），但他认为私掠船能够弥补正规战舰兵力的不足。某种程度上说，麦迪逊的想法确实是正确的。不久后，44门炮的"宪法"号就在波士顿近海击毁了英军"勇士"号，"美国"号在大西洋中部捕获了英军"马其顿人"号，"宪法"号在巴西外海击沉了皇家海军"爪哇"号。这些海上战斗都有陆战队员参战。

其间，陆战队中尉约翰·M.甘博尔参加了一次富于冒险精神的战斗，1813年他随海军上校大卫·波特指挥的32门炮"埃塞克斯"号护卫舰驶入太平洋。1813年6月，"埃塞克斯"号捕获了英国10门炮捕鲸船"格林威治"号。但是波特上校

下图：1813年9月10日，在伊利湖战斗中，陆战队员们从丧失战斗能力的美国海军"劳伦斯"号护送奥利弗·哈萨德·佩里海军上校换乘至美国海军"尼亚加拉"号，继续参加对英国内河分舰队的战斗。

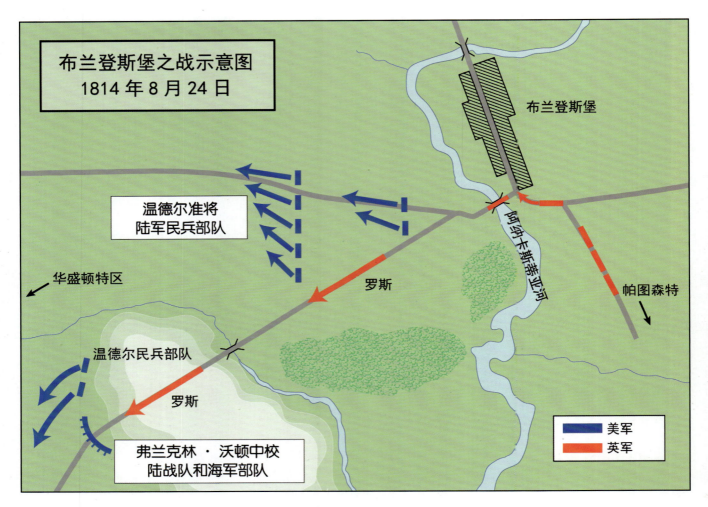

上图：1814年8月24日，在布兰登斯堡战斗中，参战的美国民兵部队遭到英军追击，在塞缪尔·米勒上尉的指挥下，陆战队员们坚守阵地抗击英军，为美军赢得了两个小时的宝贵时间。

抽不出海军军官来押送捕获船只，他指派甘博尔负责押送被俘船，并为他配备了14名船员。1813年7月14日，甘博尔忽然发现了英国22门炮私掠船"塞林伽巴丹"号，该船当时正在搜捕美国捕鲸船。他非常准确地按照海军的战术原则操纵船只，使更强大的"塞林伽巴丹"号一直未占上风。由此，甘博尔成为陆战队历史上唯一指挥过舰船的军官。

并不是所有的海军作战行动都发生在大洋之上。1813年9月10日，奥利弗·哈萨德·佩里海军上校在伊利湖上击败了英国的内河分舰队。在只配备了少量陆战队员的情况下，28岁的佩里指派他们将来自陆军的志愿兵训练为优秀射手。一年后，海军中校汤玛斯·麦克多诺在尚普兰湖上击败了另一支英国内河舰队。他仅凭1500名包括陆战队员的正规军和3000名民兵就击败了英国分舰队,并迫使乔治·普雷沃斯特少将率11000名英军撤往加拿大。

1814年4月,拿破仑退出战争,英国投入半岛战争的部队得以抽身投入对美作战,战争的重心迅速转向陆地战场。第一场战役爆发于1814年8月19日,英军罗伯特·罗斯将军率部未遇任何抵抗在马里兰州的帕图森河登陆,向首都华盛顿进军。5天后,英军到达了距首都华盛顿仅有数英里之遥的布兰登斯堡,在英军第一声枪响后,当地6000民兵顿时作鸟兽散。

只有海军准将约书亚·巴尼麾下的少量水兵和陆战队上尉塞缪尔·米勒指挥的114名陆战队员坚守了阵地。在只有手中的前膛枪和1门18磅炮的情况下,巴尼和米勒的部队杀伤英军250名,将其攻势阻挡了2个小时。英军进入首都华盛顿后放火烧毁了白宫,但是陆战队的兵营却保

下图:在布兰登斯堡战斗中,依靠1门加农炮、114名陆战队员和少量的水兵,塞缪尔·杰克逊上尉指挥的营顶住了4000名英军正规军的攻势。米勒声称,18磅炮的第一炮就"彻底清理了道路"。

存完好。1814年9月12日，罗斯将军率领已经疲惫的军队进攻巴尔的摩受挫，被击溃后撤回到运兵船上。

英军为攻占新奥尔良而发起的战役演变成了战争中最为怪诞的一幕。1814年12月24日，美英两国签署了《根特条约》，简单地将双方的边境恢复到了战前状态。仅仅15天后，在1815年1月8日大雾弥漫的早晨，英军爱德华·M.帕肯汉少将率领7500名身经百战的老兵对新奥尔良发起进攻。安德鲁·杰克逊将军精心构筑了防御体系，准备应战。他的防御兵力由陆军正规军、民兵、让·拉法叶特的私掠者和丹尼尔·卡尔梅克少校指挥的300名陆战队员组成。

战斗开始之时，英军行军纵队已经被沉重的携行装具和云梯压得精疲力竭，进攻时还要冒着美军前膛枪和加农炮的弹雨穿过一块狭长地带。陆战队员分布在各处作战，有些和当地的克里奥尔民兵在

下图：1815年1月8日，在安德鲁·杰克逊将军的指挥下，陆战队员们攻克战壕后的敌军阵地，开始进行新奥尔良海湾战斗中最后阶段的作战。

一起，有些与陆军正规军并肩作战。虽然英军进攻勇猛，但是中午时分战场就寂静了。英军伤亡超过 2500 人，其中就包括帕肯汉将军本人。战后，国会通过一项决议，感谢"卡尔梅克少校率领的陆战队官兵们展现出的过人勇气和优良作风"。

对司令官的质疑

如果卡尔梅克没有因为在新奥尔良战斗中受重伤不治身亡的话，他很可能成为一位伟大的陆战队司令官。而接替他的司令官富兰克林·沃顿少校却在布兰登斯堡战役时仓皇逃离了首都华盛顿，他辩解称，自己之所以离开，是为了给陆战队节省薪水支出。陆战队员们非常愤恨他的懦弱行为。他曾经在 1817 年上诉无罪，但是最终被驳回。1819 年，安东尼·盖尔少校接替了他，但事实证明，此人是嗜酒如命，他很快就与海军部长史密斯·汤姆森

下图：马萨诸塞州州长的儿子，美国海军"大黄蜂"号上的约翰·布鲁克斯少尉命令属下的陆战队员在战舰高处对靠帮过来的皇家海军"驯鹿"号进行射击。

下图：1815年1月8日，在新奥尔良战场，安德鲁·杰克逊将军骑在一匹白马上，从陆战队炮兵阵地上观察大卫·卡尔梅克上尉指挥陆战队炮兵反击英军少将爱德华·M.帕肯汉爵士最后攻势的战况。

发生龃龉，被送上军事法庭，盖尔在法庭上辩称自己精神有问题被判无罪，责令退出现役。之后如果不是阿奇博尔德·亨德森接替他担任司令官的话，陆战队肯定不会有今天的面貌。

本土与海外作战

亨德森始终让陆战队员保持奔波忙碌的状态。海军部署到哪里，陆战队就部署到哪里。亨德森把陆战队员编入海军准将大卫·波特的分舰队中，在加勒比海打击海盗。1832年，亨德森派陆战队员随"列克星敦"号前往南大西洋群岛解救遭阿根廷扣押的美国捕鲸船。他把陆战队派到世界的另一端去惩罚马来亚海盗。1838—1842年，陆战队员们分别跟随5艘船只远赴南极海岸探险，他们中途停靠了斐济、

萨摩亚和菲律宾。当马修·佩里海军准将命令陆战队员在非洲象牙海岸登陆打击奴隶贸易时，一名陆战队中士射杀了贝瑞比部落酋长本·克拉库，救了准将的性命，也为美军下一步驻扎在这里扫平了道路。

亨德森也动用陆战队来解决国内的问题。1834年，马萨诸塞州监狱犯人发生暴动，罗伯特·温莱特少校带领30名陆战队员从兵营直接冲进了监狱，制服了283名犯人，恢复了秩序。1836—1842年，190名陆战队员部署在所谓"蚊子舰队"中，这是由巡逻艇、缉私船、驳船和独木舟组成的船队，用来抓捕隐藏在沼泽地里的西米诺族印第安人。到1845年，陆战队已经有了在全世界海上、沙漠、城市、沼泽和丛林地区的作战经验，但是他们规模依然很小，还只是一支专门用来对付弱小国家的专业军事力量。

下图：1843年，在打击非洲西部贩奴贸易的行动中，马修·佩里海军准将派出一支陆战队分队在利比亚登陆，一名陆战队中士在行动中射杀了贝瑞比部落酋长本·克拉库，救了佩里准将的性命。

阿奇博尔德·亨德森

1820年10月17日，满头红发、脾气暴躁、雄心勃勃的阿奇博尔德·亨德森成为陆战队第5任司令官。他于1783年出生在弗吉尼亚州的科尔切斯特，在陆战队匡提科基地附近长大。1806年，他作为军官加入了陆战队。1812年，他在"星座"号上服役，表现突出，因为作战勇敢被晋升为少校军衔。

亨德森成为司令官后，对陆战队未来的发展做出了巨大贡献。他命令所有新任军官必须到"陆战队兵营"接受培训。这一项目成为后来"基础学校"的雏形。他要求所有的军官必须有海上服役的经历，这导致一些颇有背景的军官直接对总统抱怨此事。

当安德鲁·杰克逊总统试图将陆战队并入陆军时，亨德森利用他在国会的人脉否决了这项提案，保全了陆战队。然而1834年的"改进陆战队机构法案"规定总统可以按照自己的意愿为陆战队分配任务。这项法案同时明确了陆战队隶属于海军部，但是并不隶属于海军。1836年5月，杰克逊总统首次动用此法案直接调动陆战队，他将两个营组成的陆战团派往佛罗里达和佐治亚州镇压西米诺和克里克族印第安人。亨德森亲自指挥这个团，将其与陆军的第4步兵团合编为一个旅。

他利用印第安人做侦察兵，将西米诺族人赶到了哈奇拉斯蒂河畔，在一场声势浩大的威慑行动中，西米诺族首长被迫同意迁往居留地。为了表彰他在西米诺战争中的杰出表现，亨德森被提升为准将军衔。司令官通常并不亲自上阵，但是亨德森在63岁的时候还亲自参加了墨西哥战争。他依然专心致志地为了继续提高陆战队在海陆作战行动中的地位而努力工作。

1859年1月6日，在担任司令官职务39年后，亨德森病逝于办公室中，仅仅两年后，内战就爆发了。亨德森每年的薪俸是2636.16美元，相对于他的贡献来说，美国政府做了一笔很合算的买卖。接任司令官位置的约翰·哈里斯上校差劲的表现让海军部长吉迪恩·威勒斯恼火不已。陆战队之所以没有在约翰·哈里斯上校手里垮掉，应该归功于亨德森数十年坚定而正确的领导。

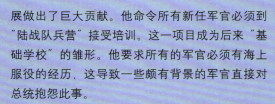

下图：多年以来，陆战队备受领导人无能之苦。当1820年38岁的阿奇博尔德·亨德森就任司令官后，情况就改变了，他开始为陆战队制定完备的条令法规体系。

墨西哥战争

亨德森一直在等待机会，1845年国会决定吞并得克萨斯时，他迫不及待地派阿奇博尔德·H.吉莱斯皮少尉到詹姆斯·K.波尔克总统那里领受了一项穿越墨西哥领土到加利福尼亚的特殊任务。吉莱斯皮少尉携带着给太平洋分舰队司令约翰·D.斯洛特海军准将和境外武装"科学探险队"指挥官约翰·C.弗里蒙特上校的"绝密"指令。1846年5月9日，墨西哥战争爆发后，斯洛特和弗里蒙特迅速占领了加利福尼亚领地。

扎卡里·泰勒将军带兵经过格兰德河进入墨西哥境内后，随大卫·康纳海军准将海湾分舰队部署的阿尔文·爱迪生上尉组建起一支200人的陆战营，用来夺取墨西哥海岸上的补给基地，他们与"蓝夹克"们混编后在弗龙特拉和圣胡安包蒂斯塔登陆，于1846年11月14日拿下了坦

下图：当佛罗里达州艾弗格莱兹沼泽地的西米诺族印第安人拒绝迁出他们的领地时，陆战队员乘坐独木舟和小艇从水路搜捕他们，时常与隐藏在柏树根中的印第安人擦肩而过。

038 | 美国海军陆战队史

右图：墨西哥战争中，马修·佩里海军准将指挥的陆战队员们在塔巴斯科河登陆，攻克了圣胡安包蒂斯塔，并袭击了周边地区。

下图：1846年11月，墨西哥人进攻圣迭戈一个小型海军据点时，不擅长骑马的陆战队员下船组织起一支骑兵前往解围，但他们在作战时选择下马徒步战斗。

皮科。2天后泰勒将军攻克萨尔蒂约，这使他能够从坦皮科得到补给。1847年2月22日—2月23日，他在布恩纳维斯塔击败了墨军桑塔·安纳将军。

1847年3月9日，康纳海军准将把温菲尔德·斯科特将军的陆军部队运送到维拉克鲁兹附近的海滩上。12天后，马修·佩里海军准将带领更多的战舰赶来支援康纳。斯科特将军希望攻克阿尔瓦多以掩护其侧翼，佩里为此组织了一次1500人规模的两栖登陆作战。阿尔文·爱迪生上尉指挥一个陆战营和一个炮兵连登陆，并于4月1日攻克该镇。17天后，陆战队员和"蓝夹克"们占领了重兵防守的图斯潘市。

墨西哥战争为渴望战斗的陆战队员们提供了许多展示机会。当4000名陆军士兵以服役期满为由停止战斗时，亨德森司令官从各个海军单位里搜罗陆战队员，最后组建起了一个1000人的整编团，由塞缪尔·E.华生中校指挥，并将其编于斯科特将军麾下。亨德森为陆战队树立起了一项新标准，但是在1847年还没有人明白"快速反应"的意义。佩里和斯科特

下图：陆战队员受命保卫正在进攻墨西哥城的温菲尔德·斯科特将军的补给列车，1847年8月20日，他们击退了墨军桑塔·安纳将军企图切断美军运输线的进攻。

一样急需陆战队兵员,他无视海军部的命令,自作主张将华生手下的 357 名陆战队员编入了海军海湾岸防旅,这让亨德森非常失望。

进军墨西哥城

斯科特将军率领他的陆战队和富兰克林·皮尔斯指挥的一个陆军师开始向计划中的前进基地普埃布拉进军。富兰克林·皮尔斯后来在 1853 年 3 月 4 日成为美国第 14 任总统。在击退敌人 6 次进攻后,陆战队员们保持着良好的秩序回到了华生中校的指挥序列中。约翰·A.奎特曼将陆战营整编到陆军第 4 师中,并任命华生指挥一个陆军旅。华生将所属陆战队部队委托莱维·特威格斯少校指挥,他是一位参加过西米诺战争的老兵。两天后,陆军和陆战队共 11000 名官兵开始向墨西哥城进军。

陆战队员在切卢布斯科、孔特雷拉斯和莫利诺玛丽安德尔的战斗中非常不安,因为奎特曼分配给他们的任务只是保卫运送给养的火车。斯科特很快认识到,进军

下图:陆战队少校莱维·特威格斯坚持由他的营引领对普尔特佩克城堡的进攻,1847 年 9 月 13 日上午 8 时,他的陆战营为奎特曼师打开了进攻森林地带的道路。

1 陆战队的诞生 | 041

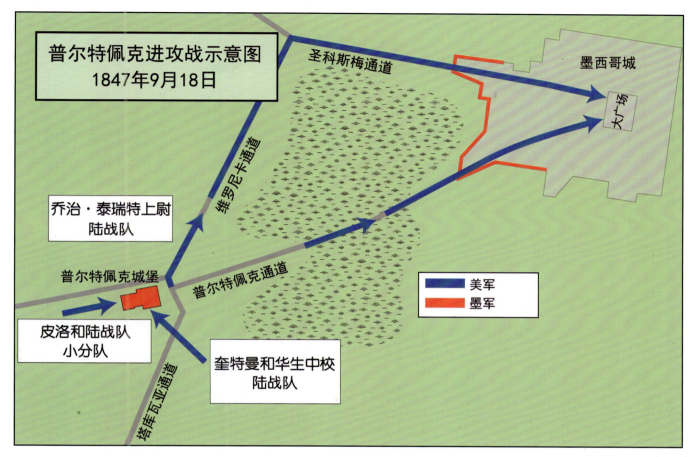

墨西哥城的关键是拿下普尔特佩克城堡，800名墨西哥守军正在这里居高临下俯瞰美军进攻部队。斯科特指定奎特曼师担负进攻任务，奎特曼则选中了特威格斯少校的陆战队员们来打先锋。

特威格斯非常了解陆战队员。他将一个营交给陆战队中指挥能力最强的约翰·G.雷诺德上尉，由他发起第一波进攻，同时计划由华生作为攻坚部队的后援，由他们引导全师的进攻。

9月13日白天，陆军炮兵部队对普尔特佩克炮击了两个小时。8时，炮击停止，雷诺德率领部队用鹤嘴锄、铁钩和云梯开始向城堡上攀爬，他们身后是华生的部队和奎特曼师的其他部队。当墨西哥守军准备反击雷诺德的先锋部队时，陆战队员已经等不及发起总攻的冲锋号了，他们直接翻过了城堡外墙向前推进，用刺刀与敌人展开白刃格斗。在伤亡24人（包括查尔斯·A.亨德森少尉）后，陆战队员们俘

上图：1847年9月13日攻陷普尔特佩克，使陆战队能够从两条通道同时进军，他们攻占了圣科斯梅和贝伦后，在进攻部队中第一个踏上了进军墨西哥城的道路。

敌 550 名，包括 1 名将军、10 名上校，缴获 7 门火炮和上千支前膛枪。23 名参加普尔特佩克战斗的陆战队军官内有 13 人获得了晋升。

在战场的另一个方向，陆战队 C 连连长乔治·H. 泰瑞特上尉发起了一场自己的战役。他向前迂回推进，消灭了在美军进攻路线上驻防的墨西哥炮兵部队，之后他改变了继续进攻普尔特佩克的计划，对往墨西哥城方向撤退的敌人展开追击。他们在途中击败了墨军枪骑兵的反击，在接收了尤利西斯·S. 格兰特中尉所属的 26 人后，他们攻入了墨西哥城，成为第一批进入城内的美军。第二天早晨，雷诺德的

下图：约翰·A. 奎特曼将军被陆战营在战争中的表现深深震撼。在墨西哥城佩娜皇宫前的胜利检阅式中，他让陆战营衣衫褴褛的官兵和鼓手们走在全师队列的最前面。

部队攻入城内，奥古斯都·S.尼克尔森少尉爬上蒙特祖玛大厅房顶，砍下墨西哥国旗，升起了星条旗。

陆战队员们在他们的军歌中又加入了一段光辉的篇章。40年来，陆战队军旗上只有一段关于光辉传统的座右铭："到的黎波里的海滩（To the shores of Tripoli）"。1848年，当陆战队撤回华盛顿后，该城向亨德森将军赠送了一面新的蓝色金色相间的军旗，里面的纹饰内写着"从的黎波里到蒙特祖玛的大厅（From Tripoli to the halls of Montezumas）"。据此，歌词作者作词时出于押韵的原因，调整了词语的顺序，并且去掉了单词蒙特祖玛（Montezumas）字母最后的"s"。目前已经没有关于这首军歌完成于何时的记录，但其旋律可以追溯到雅克·奥芬巴赫1859年的喜歌剧《吉娜维芙·德·布拉班特》中。

The Marines' Hymn（陆战队军歌）

From the halls of Montezuma（从蒙特祖玛的大厅）
To the shores of Tripoli（到的黎波里的海滩）
We fight our country's battles（我们为了祖国而战）
In the air, on land, and sea（无论身在陆海空）
First to fight for right and freedom（为了正义与自由一马当先）
And to keep our honor clean（保全我们荣誉的尊严）
We are proud to claim the title（我们引以为傲的头衔）
Of United States Marines（美国陆战队员）
Our flag's unfurled to every breeze（我们的军旗迎风招展）
From dawn to setting sun（从曙光初现到日暮西山）
We have fought in every clime and place（我们风雨无阻全球转战）
Where we could take a gun（时时处处枕戈待旦）
In the snow of far-off northern lands（从千里冰封的北国雪原）
And in sunny tropic scenes（到赤道之上烈日炎炎）
You will find us always on the job（我们时刻忠于职守）
The United States Marines（美国陆战队员）
Here's health to you and to our Corps（为了你和陆战队的健全）
Which we are proud to serve（这是我们自豪从军的根源）
In many a strife we've fought for life（我们为了拯救生命而战）
And never lost our nerve（从未丢掉我们的信念）
If the Army and the Navy（如果陆军或是海军）
Ever gaze on Heaven's scenes（曾经凝视天堂的灿烂）
They will find the streets are guarded（就会发现天国大道的守卫）
By United States Marines（是美国陆战队员）

2
近代发展

墨西哥战争后，亨德森司令官将陆战队的规模缩减到了和平时期法定的 1224 名官兵。其后的 12 年，陆战队兵力由于全球部署而更显薄弱。在 19 世纪 50 年代，列兵每个月仍然只领到 6 美元，但是亨德森认为不管陆战队员到哪里，都应该引人注目，于是开始改进军服。士兵在夏天开始穿着白色军裤，佩戴白色交叉武装带；冬天穿着亮蓝色的军裤。军官和士官穿着类似的军裤，但是有红色镶边的暗蓝色的条纹区分。跟现在一样，陆战队军乐队穿着金色缀饰的红色外套。

为了补偿列兵们可怜的薪水，每个士兵每年可以领到 30 美元的服装补助。这笔钱士兵们可不能任意挥霍，因为 1859 年的军装规范明文规定服饰种类如下：

1 顶军帽	1 条毛毯
2 件制服外套	8 双军袜
2 套肩章	8 条长衬裤
8 条呢子军裤	4 件训练上衣
12 件衬衫	8 件蓝色法兰绒衬衣
6 双鞋	1 件军大衣
2 副皮护肩	

佩戴在脖子两侧的皮护肩，让陆战队员有了"皮领子"的外号

陆战队士兵种类繁多的服饰比同时代普通平民甚至第二次世界大战期间的普通士兵多出不少。没人能说清楚海上部署的陆战队员是怎么把他的全部衣物塞进他们小得可怜的搬家包里的。

如果这些衣物还没有把陆战队士兵压垮的话，那么下一站陆战队军需物资站肯定可以。在坐落于费城第 4 大街南 226 号、由 D.J. 萨瑟兰少校掌管的四层军需大楼里面，一个新兵能根据单兵专业领到好几

> "虽然待遇低下，但是我们只招募优秀的人，宁缺毋滥。"
> 司令官雅各布·齐林
> 1872 年 4 月 1 日

十磅重的装备。

前膛步枪	刺刀
刺刀皮带	军鼓
刀鞘	横笛
背包	野战背囊
子弹盒	水壶
子弹带	枪背带
佩剑（士官用）	军鼓背带
佩剑（乐手用）	佩剑腰带

一个扩张而分裂的国家

1848年2月2日，《瓜达卢佩－伊达尔戈条约》签署，美国从墨西哥得到了50万平方英里的领土，包括今天的加利福尼亚和西南部的好几个州。条约墨迹未干，加利福尼亚就掀起了淘金热潮。大批的新型快帆船船队活跃于旧金山（圣弗朗西斯科）到合恩角之间。此后的12年内，对外贸易额和美国商船船队的规模都翻了一倍。

1857年，亨德森司令官已经没有足够的兵力在国内平息日益严重的南北废奴之争了。1857年6月1日，巴尔的摩市一伙自诩为"城市暴徒"的人企图破坏首都华盛顿特区的选举活动，亨德森命令雅各布·齐林上尉指挥的陆战连前往平息事态，他亲自与这群找麻烦的人对阵。亨德森站在他们的铜炮前厉声警告："你们在用这玩意向陆战队开火以前最好三思而行。"他们中间一个喝醉了的恶棍犯了一个大错，手中的步枪走火。齐林的陆战队员立即开火还击，这群暴徒顿时溃散。1859年1月6日，亨德森在办公室病逝。他领导着陆战队度过了那段麻烦不断的日子，至今仍被陆战队怀念，被尊称为"陆战队元老"。但是他的继任者，61岁的约

下图：哈珀斯费里的联邦兵工厂于1842年开始生产前膛枪和刺刀。由于火器都是由工匠们手工制造，所以产品之间几乎没有可互换的零件。图为约翰·布朗解放奴隶起义时使用的前膛枪。

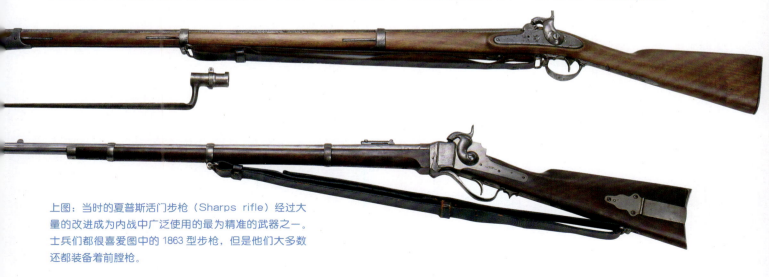

上图：当时的夏普斯活门步枪（Sharps rifle）经过大量的改进成为内战中广泛使用的最为精准的武器之一。士兵们都很喜爱图中的1863型步枪，但是他们大多数还都装备着前膛枪。

右图：当巴尔的摩"城市暴徒"带着火炮出现在华盛顿市场交易中心准备找北方废奴主义者麻烦时，威廉·A.T.麦多克斯上尉（荣誉晋升）带领一个陆战连部署在交易中心大厅外，协助亨德森司令官赶跑了这群恶棍。

> 有人认为约翰·布朗的哈珀斯费里起义拉开了内战的序幕，伊斯雷尔·格林从另一个角度分析了这个问题，他写道："（李上校）认为这件事不会产生严重的后果，因为陆战队很快就能平息事态，结果也确实如此。"
> ——伊斯雷尔·格林
> 《约翰·布朗之被捕》
> 刊载于《北美评论》1885年12月号

翰·哈里斯上校是一个同情南方的人，在那个灾难的年代中，他几乎葬送了亨德森的全部心血。

叛乱的爆发

1860年11月6日，亚伯拉罕·林肯当选总统，引发12月20日南卡罗来纳州退出联邦。在林肯就任前的4个月内，又有6个州退出。南方代表建立了美利坚邦联，选举合众国参议员杰弗逊·戴维斯为总统。1861年4月20日，林肯才勉强在白宫内安顿下来。1861年，南卡罗来纳州查尔斯顿港岸防炮兵向萨姆特堡开炮，引发了内战。

战争的爆发分裂了陆军、海军和陆战队，陆战队遭遇了前所未有的重大挫折，有一半人跑到了邦联一边，其中有不少优秀的军人，约翰·西姆斯上尉、在哈珀斯费里俘获布朗和起义者的伊斯雷尔·格林也都站在邦联一边。为了弥补损失，国会将陆战队编制增加到了93名军官和3074名士兵，林肯总统在此基础上又增加了1000名兵员的编制。但是在战争中，陆战队的规模从未超过3900人，而且其中许多人从来没有经过军事训练。哈里斯司令只能依靠他手下的1812名老兵。他将大多数陆战队员部署在海军的封锁分舰队中，未组织起一支有效的两栖作战力量作

陆战队在哈珀斯费里

1859年10月16日,废奴主义者约翰·布朗袭击了弗吉尼亚州哈珀斯费里的联邦兵工厂,从而激起了一场全国内乱,他抢夺兵工厂的武器以支援南方的奴隶起义。10月17日,弗吉尼亚州长向詹姆斯·布坎南总统发电求援。当时华盛顿唯一能够调动的部队就是哈里斯司令官的陆战队,唯一能够率部执行平叛任务的军官就是陆军罗伯特·李上校。哈里斯抽调了86名陆战队员由伊斯雷尔·格林中尉指挥,并命令他等待李上校到来。就在同时,布朗的起义军坚守在兵工厂的机器车间内与当地的民兵发生了零星战斗。

1859年10月18日清晨,李命令格林进攻机器车间。陆战队员用梯子撞开了大门冲了进去。混战中,陆战队列兵卢克·奎恩阵亡。格林看到了一名人质,他指着一个银灰色胡子、正在给夏普斯步枪装弹的人,喊道:"那就是布朗!"格林快速奔跑过去,反手一剑砍倒了布朗并抓住了他。几天后,布朗和他手下的几个人伤势好转,格林将这些俘虏押送到弗吉尼亚州查尔斯顿进行关押、审判和处决。

上图:1859年10月16日,在约翰·布朗袭击了哈珀斯费里兵工厂后,罗伯特·李上校(晋升)与伊斯雷尔·格林中尉的陆战队小分队迅速赶到。10月18日清晨,陆战队员冲进"布朗的堡垒"将这些遍体鳞伤的起义者抓了出来。

右图:伊斯雷尔·格林中尉率领陆战队员在两分钟之内用梯子撞开了兵工厂火器车间沉重的大门,制服了约翰·布朗和他的起义者,救出了被扣做人质的平民。

下图：约翰·G.雷诺兹和雅各布·齐林组建了一个353人的陆战营，1861年7月21日，他们指挥这个营在亨利豪斯山投入到激烈的战斗中，这场战斗是第一次奔牛河战役中最血腥的一场。

为进攻的先锋。邦联也组织起了一支陆战队，但是规模不超过600人，而且他们大多数都在执行要塞守备任务。

第一次奔牛河战役

从第一名新兵按照指令报到后，约翰·G.雷诺兹少校就开始组建一个353人的营，尽全力将他们训练成为战士。营里只有17名军官和士兵有参战经验，其中包括连长雅各布·齐林少校。陆军部长西蒙·卡梅隆要向埃尔文·麦克道尔准将的联邦陆军新兵中充实老兵，他要求海军部长威勒斯提供一个营的陆战队员。哈里斯司令官指定了雷诺兹的那个营，这个营原来的任务是准备派去加强陆军查尔斯·格里芬上尉指挥的6门炮的"西点炮兵阵地"。

1861年7月21日早晨，两支缺乏训

练的军队之间发生了一场奇怪的战役。雷诺兹和格里芬正在防守亨利豪斯山的顶峰，这里成为第一次奔牛河战役的焦点。双方都没有预先拟制的作战计划，邦联军队向格里芬的炮兵阵地发起了3次毫无希望的攻势。战斗中，陆战队员们3次被南军米涅式步枪的弹雨逼退，但是每次又都在军官和士官的弹压下冲回山顶。下午4点40分，联邦陆军部队开始溃退。在阵亡10人、伤34人后，陆战队跟随陆军开始败退，一路上遭到了詹姆斯·E.B."杰布"斯图尔特上校的邦联骑兵部队的追击。

这场战斗暴露了双方都存在指挥官战术指挥能力薄弱的不足。哈里斯司令官很不愉快地告诉威勒斯"这是（陆战队）历史上第一次有人以背向敌"，这确实是雷诺兹和齐林这样的军人难以接受的事实。

为救赎而战

哈里斯上校对第一次奔牛河战役中陆战队的表现并没有感到太多的不安，他也并不打算提高陆战队在内战中的地位。1862年8月20日，威勒斯部长指责道："几乎所有资深的（陆战队）军官之间都不和，他们应该全部退役"，他当时的确应该立即命令哈里斯司令官退役来解决这个问题。后来当雷诺兹游说应该由他来担任司令官时，哈里斯迅速作出反应，把他

上图：华盛顿特区的陆战队兵营，里面包括司令官办公室和阅兵场。在内战期间，由于很少被赋予作战任务，陆战队经常在此处举行阅兵仪式。

左图：陆战队第6任司令官约翰·哈里斯上校于1864年5月12日病逝于办公室。半个世纪的服役经历已经全然消磨了他的锐气，哈里斯在内战中搞砸了许多展示陆战队战斗力的机会。

送上军事法庭。雷诺兹辩称无罪并且打算反诉哈里斯。威勒斯对两人全然失去了耐心，但是他没有解决这个问题，只是给两人都寄去了斥责信。

在上层争吵不休的同时，陆战队员们在内战中为自己杀出了一条血路。从切萨皮克湾到格兰特河，陆战队员们按照哈里斯的部署在海上执勤。1861年8月26日，奔牛河惨败六周之后，一支由陆战队员和陆军正规军组成的250人的进攻部队乘破浪艇登陆，袭击了北卡罗来纳州哈特勒斯湾的克拉克堡。在海军舰炮支援下，陆战队员占领了工事，升起了星条旗。哈特拉斯堡在弹药耗尽后，次日早晨投降。当哈里斯和雷诺兹闹得热火朝天之时，陆战队员们已经在这第一次联合两栖登陆作战中展示出了非同凡响的战斗力。

1861年9月，威勒斯组建起一支当时美国历史上最大规模的，由77艘战舰组成的舰队，他命令舰队司令塞缪尔·F.杜邦夺取南卡罗来纳州的皇家航道港（Port Royal Sound）作为大西洋封锁分舰队的前进基地。16000人的远征部队由托马斯·W.谢尔曼准将指挥，其中编有雷诺兹少校的一个300人的陆战营。这一次作战可能是陆战队员们最倒霉的一次。杜邦

下图：阿尔弗雷德·R.沃德创作的一幅全景画，场景是250名陆战队员和陆军正规军攻克邦联在北卡罗来纳州哈特勒斯湾上的两座堡垒，这是舰上陆战队员参加过的为数不多的几次突袭行动之一。

将他们分配到了一艘老旧的、不适应海上航行的船上，结果这艘破船在驶往皇家航道港途中沉没。但雷诺兹近乎奇迹般地只损失了 7 名官兵和大多数装备。哈里斯没有调查这场海难的深层原因，而是直接解散了两栖营，把官兵重新部署回舰上。

大卫·法拉格特的陆战队

有一部分雷诺兹的陆战队员非常幸运地加入了大卫·法拉格特指挥的西部海湾封锁分舰队。1862 年 4 月，法拉格特将陆战队员派往密西西比河参加了新奥尔良战役。4 月 24 日夜，法拉格特派出 13 艘原本用于海上作战的战舰，编队穿过杰克逊和圣菲利普堡守军的火力封锁，歼灭了邦联军的内河分舰队。第二天，他试图迫使新奥尔良主政的一群顽固政客投降，由于没有就近的陆军部队配合，只好又将目光投向了手中为数不多的陆战队兵力。

指挥"彭萨科拉"号螺旋桨快船的约翰·C.哈里斯少尉带领第一批陆战队员登陆，这批队员装备了线膛枪和两门船用榴弹炮，他们在防波堤上遇到了一群敌对的平民，这些人手持手枪、短刀和大棒不断叫嚣。哈里斯架起了榴弹炮威慑这些暴

下图：在华盛顿海军船厂服役的陆战队员理所应当地成为本军种军服最为光鲜的士兵。照片左侧的军官负责检查士兵们的步枪、军服、铜纽扣和帽子，确保军容严整。

徒，组织士兵将这群人抓进了附近的联邦造币厂，降下了造币厂上的邦联旗帜，升起星条旗并派兵驻守。

城里的政客们仍然拒绝投降，法拉格特的资深陆战队军官詹姆斯·L.布鲁姆上尉将分舰队中剩余的陆战队员组成了一个300人的营，从防波堤登陆。布鲁姆没有理睬途中遇到的暴民，带领他的营穿过城中狭窄的街道，在海关大楼停下来，升起了星条旗，而后继续向市政厅进军。布鲁姆的陆战营完全控制住了南方最大的城市新奥尔良，在这里等了3天后，本杰明·巴特勒少将的12000人陆军部队才从上游到达。

这些陆战队员直到战争结束时，一直都在法拉格特的舰队中服役。布鲁姆还参加了格兰特将军指挥的维克斯堡战役。在法拉格特的支援下，他独自登陆对维克斯堡周边地区进行了战场勘察。布鲁姆建议格兰特的陆军部队携带一周的给养从格兰德海湾以南渡密西西比河，随后采用迂回路线行军，从维克斯堡后侧发起攻击。

大西洋上的陆战队

1853年中期，大多数邦联方的

左图：美国（联邦）海军"奇尔沙治"号上陆战队员列队接受检阅。1864年，"奇尔沙治"号在英格力士海峡击沉了为患多时的邦联袭击舰"亚拉巴马"号，为自己赢得了荣誉。

港口已经被封锁，偷运军火弹药活动已经无机可乘，但是南卡罗来纳州的查尔斯顿和北卡罗来纳的威尔明顿港并不在其列。威勒斯决心完全封锁这两个港口，他计划先从查尔斯顿下手。1863年4月7日，在杜邦将军错过了对查尔斯顿的进攻后，威勒斯建议对通向港口道路附近的萨姆特堡发起攻击。9月8日，约翰·A.达尔格伦海军少将派出了500名陆战队员和水兵换乘35艘划艇，从堡垒的防浪堤发起进攻。查尔斯·麦考雷上尉指挥此次行动中的陆战队员，他后来成为陆战队司令官。在这次没有预先演练的行动中，登陆船队在漆黑的夜晚中队形散乱，他们划桨的声音惊动了邦联军的哨兵。堡垒的巨炮火力将数艘船只炸得粉碎。登陆的士兵发现，这座砖石结构的堡垒群分布坐落于各丘陵之上，地势非常复杂。在损失了三分之一的兵员后，麦考雷组织残存兵力撤回到舰队船只上。直到1865年2月，查尔斯顿仍在邦联军手中。

1864年5月12日，74岁的哈里斯司令官逝世，整个内战期间，他极大地浪费

> "决议：指示海军事务委员会研究裁撤陆战队编制并将其部队转隶陆军方案……"
> ——39届国会第22号《参议院报告》
> 1861年2月21日第2次会议

对页图：约翰·麦基下士成为陆战队获得荣誉勋章的第一人，在美国（联邦）海军"加利纳"号在詹姆斯河上丧失战斗能力后，麦基扑灭了舰炮甲板的火灾，疏散了伤员并且修复了3门舰炮。

进攻费希尔堡

1864年12月23日—12月27日，配属于波特将军指挥的北大西洋封锁分舰队的陆战队员从海上见证了本杰明·巴特勒将军发动的一次不成功的远征行动。巴特勒指挥他手下6500名步兵中的半数在费希尔堡附近登陆，部队上陆后海况恶化，他直接驶离登陆海域将部队留在岸上。波特成功营救了被困在岸上的陆军，并且发誓绝不再与巴特勒在作战中合作。

格兰特将军同意了他的要求，派遣阿尔弗雷德·H.泰瑞少将替换了巴特勒，并且请求波特再次合作。泰瑞计划投入8500名步兵进攻，但是波特已经决定要在行动中出更大的力。

1865年1月15日，波特派出了由400名陆战队和1600名水兵组成的两栖登陆部队。波特计划中的疏忽导致所有部队从不同的舰船换乘后指挥混乱，只能自行组成联队从半岛的大西洋一侧进攻，而泰瑞的步兵由另一侧对堡垒发起进攻。波特计划让陆战队在敌军火力下向堡垒运动，在沙地上挖掘掩体，支援水兵爬上悬崖发起进攻。用后来乔治·杜威海军上将的话说，由于海军军

下图：1865年1月15日，当陆战队员和水兵登陆进攻费希尔堡时，他们的组织极其混乱。美国海军K.R.布里斯少校指挥不力，但是他隐瞒了自己的失误，把责任全部推给陆战队。

上图：费希尔堡巨大的土木工事中投射出的火力彻底打垮了陆战队员和水兵们乱七八糟的进攻队形，他们这场对堡垒侧翼的牵制性攻势注定是个悲剧。

下图：1865年1月15日海军舰炮停止射击后，满载陆战队员和水兵的小艇从波特将军的北大西洋封锁分舰队驶向费希尔堡滩头，但是他们根本没有一个系统的进攻计划。

官缺乏陆上进攻战斗经验，这个作战计划是"纯粹疯狂的谋杀行动"。

尽管如此，陆战队员们仍然表现出了极高的战斗热情。当舰队的舰船拉响汽笛示意停止射击时，陆战队员们从船艇上跳下，在半岛颈部登陆，登陆点在费希尔堡北部。陆战队员们登上海滩后，端着上了刺刀的步枪，成建制地冲向堡垒。邦联军的弹幕不断落入进攻部队，幸存者跟跟跄跄地溃退回来。陆战队指挥官卢希恩·道森上尉试图将人员重新组织起来继续进攻，但是登陆行动总指挥K.兰道夫·布里斯海军少校已经无法全面控制部队。当水兵们自行撤退的时候，道森的陆战队员跟着他们一起退了下来，身后留下了309具尸体。

为了保住他的饭碗，布里斯将作战失利归咎于陆战队。波特将军（日后陆战队的支持者）当时也接受了布里斯歪曲事实的说法。泰瑞上将几个小时后攻克了堡垒，他赞扬了这些发起牵制性进攻的海军部队。但是无论如何，在后来的30年内，这次作战导致海军军官一直在质疑保留一支独立于海军之外陆战队的必要性。费希尔堡探索性进攻的失败，使两栖进攻战术的发展停滞，直到美西战争时期才得以恢复，更重要的是，这次失败几乎毁掉了整个陆战队。

下图：大卫·波特将军的分舰队对费希尔堡炮击了两天多的时间才发起了登陆作战。陆战队和水兵联合部队到达城堡边的悬崖后，被敌人猛烈火力击退。

了陆战队兵力。林肯打破论资排辈传统，命令 4 名年长的陆战队高级军官退役，任命 57 岁的雅各布·齐林少校担任司令官。齐林是一名表现出色的陆战队员，在墨西哥战争中获得晋升，在第一次奔牛河战役中负伤。在 12 年的司令官任期中，他成为陆战队的第一位将军。

随着战事逐渐平息，齐林准备寻机发动最后的一次远征行动展示陆战队的两栖作战能力。当威勒斯命令大卫·波特海军少将与陆军协同攻占费希尔堡，以封锁由开普菲尔河海角附近海区向威尔明顿的偷运活动时，陆战队终于等到了崭露头角的机会。

齐林少校的救援

当齐林成为第 7 任司令官后，他未曾

下图：1863 年 12 月，一小队陆战队员配合陆军志愿兵冒着邦联军袭扰炮火在拉帕哈诺克河上架设浮桥，为陆军指挥混乱的波托马克地区弗雷德里克斯堡战役做准备工作。

> "我不得不说，裁撤陆战队或将其转隶陆军的方案是个巨大的灾难。其编制上应该与海军在一起，一艘没有陆战队员的战舰是根本无法作战的。"
>
> ——1867年2月22日，法拉格特将军在海军事务委员会听证会上的发言

料想要为保留陆战队而进行12年的斗争。由于哈里斯的领导失误，内战在1865年4月结束之时，陆战队没有给人们留下多少积极的印象，而布里斯的指责让形势更加恶化。数据也很能说明问题。在这场伤亡6万人的战争中，陆战队在战斗中仅损失了148人，由于其他原因损失了312人。

齐林不是一个政客，但是在捍卫陆战队时却展现出了高超的技巧，他利用法拉格特、波特等海军将领和其他支持陆战队的海军军官来支持他的政见。这些海军军官全部在海军事务委员会面前作出了有利于陆战队的证词，委员会由此最终得出结论："没有充分的理由撤编……陆战队，或者将其转隶陆军，相反，委员会建议成立独立的陆战队机构并予以加强……并且其司令官应为准将军官。"

威勒斯随即将齐林擢升为准将，陆战队在后来的7年中也没有生存之忧。在这几年中，齐林将团队精神作为陆战队的躯体和灵魂。他恢复了军官佩戴的马木留克剑，为士官配备了短剑。他后来又说服海军部长采用单独的陆战队军徽，图案是一只展翅的鹰站在西半球上，背景是一只倾斜的锚，以体现陆战队随海军海上部署的特征。同时，在加强凝聚力方面，齐林确定了陆战队的座右铭为"Semper Fidelis"（拉丁语：永远忠诚）——这句跨越百年流传至今意义不变的拉丁文短语。

麦考雷的陆战队

齐林于1876年退役后，他为49岁的查尔斯·G.麦考雷提供了一个继续他未竟事业的舞台。麦考雷在墨西哥战争中获得晋升，而且在内战中直接领导了对萨姆特堡的进攻。在近30年间，司令官们保持了陆战队部署于海上的传统，在这些年间，陆战队已经在全球声名远扬。

为了用有限的预算维持陆战队的运转，麦考雷将精力放在了提高官兵素质上。他提高了应征标准，改进了新兵训练科目，从1881年开始重新招募军官，当年招募了50名美国海军军官学院的毕业生。其中有5名成为后来的司令官，13名成长为将官。

1891年在麦考雷退役晚会上，一群年轻的海军军官在威廉·富拉姆中尉的带领下决心将陆战队赶下海军舰船。富拉姆声

对页图：1871年6月，在朝鲜江华岛的战斗中，麦克莱恩·提尔顿上尉指挥一个两连制营攻克了堡垒，共有六名参战的陆战队员获得荣誉勋章。

2　近代发展　｜　061

陆战队在南北战争和美西战争期间的作战行动

日本（1867年和1868年）
乌拉圭（1868年）
墨西哥（1870年）
朝鲜（1871年）
哥伦比亚（1873年）
夏威夷群岛（1874年）
埃及（1882年）
巴拿马地峡（1885年）
朝鲜（1888年）
埃及（1888年）
萨摩亚（1888年）
夏威夷群岛（1889年）
阿根廷（1890年）
智利（1891年）
白令海（1891年）
那瓦萨岛，夏威夷（1891年）
朝鲜（1894年）
尼加拉瓜（1894年）
中国（镇压义和团）
巴拿马地峡（1895年）
尼加拉瓜（1896年）

称,由装甲巡洋舰和战列舰组成的"新海军"不需要陆战队员,因为船上已经没有风帆了。富拉姆的观点并不新颖,他没有理会海军部的反对,直接将意见提交到了预算窘迫的参议院。

保存陆战队

新的一波对陆战队的攻势来势凶猛,麦考雷于1891年6月30日辞职后,难题就交到了第9任司令官、51岁的查尔斯·海伍德上校手上。海伍德没有卷入政治斗争,而是让他在海军部的支持者去斗争。1894年8月,一道参议院法案建议将陆战队改编为"陆战炮兵"并转隶陆军。被这条建议激怒的海军部长希拉里·赫伯特说服参议院海军事务委员会搁置了这条法案,同时,他也搁置了富拉姆一派海军

下图:在攻克江华岛城堡后,麦克莱恩·提尔顿上尉的陆战队员在树下休息。朝鲜守军逃跑时扔下了481支枪炮,照片中一名陆战队员捡起了一支枪当作战利品。

上图：下士查尔斯·布朗（左）和列兵休·珀维斯（中）获得荣誉勋章，他们与麦克莱恩·提尔顿上尉。

军官的前程。

同时，海伍德在华盛顿为尉官和有潜力的士官创建了一所进修学院，重点课程是海军炮术、水雷战、电工学和爆破。这个项目很快就升级为陆战队基础院校体系和南卡罗来纳州帕里斯岛陆战队基地建设项目。海伍德降低了体能训练的标准，提高了射击科目要求。陆战队员成为美国制服部门中射击水平最高的神枪手，当海军试图要求海伍德接装少量的新型栓动0.236英寸（6毫米）口径李式弹匣供弹步枪时，他坚持使用老式的斯普林菲尔德单发步枪。直到国会拨付了经费，足以采购3000支李式步枪、充足的弹药并建设更好的靶场后，他才采用新式步枪继续陆战队的神枪手计划。在海军部长赫伯特为陆战队的生存奋战之时，海伍德仍然提出他的要求——包括更好的食宿条件、更好的被服，这充分展示了陆战队司令官在照顾属下时已经接近偏执。

1895年，罗布雷·伊万斯海军上校担任新型战列舰"印第安纳"号（BB-1）舰长，出于布里斯费希尔堡战斗报告的原因，他对陆战队员一直心存芥蒂。伊万斯右图：1886年，朴次茅斯船厂举行的美国海军螺旋桨蒸汽战舰"万达利亚"号服役仪式上，陆战队员们在甲板上列队接受检阅。

对页图：1886年，国会授权美国海军建造两艘现代化装甲巡洋舰。1895年8月15日，陆战队员们得知他们要参加"得克萨斯"号服役仪式时，感到非常幸运。

在那场战斗中几乎失去了双腿，他要求海军部长不要在"印第安纳"号上部署陆战队员。赫伯特没有理会伊万斯的要求，明确说，不管伊万斯喜欢与否，"1名上尉、1名中尉以及60名士官和乐手"将部署上舰。赫伯特的声明让今后的此类问题有了明确的答案，尽管"好斗的鲍勃"伊万斯偶尔也会刁难舰上的陆战队员，但是陆战队员们至今仍然在海军舰船上服役。

国会宣战

1898年2月15日，美国海军"缅因"号战列舰在古巴的哈瓦那港发生离奇爆炸沉没。"勿忘'缅因'号"迅速成为美国公众群情激愤的口号，他们认为西班牙人必须对此负责。10天后，海军部副部长西奥多·罗斯福给太平洋舰队司令乔治·杜威海军准将发去密电，要求他准备对菲律宾发起进攻。3月8日,国会抢先为威廉·麦金利总统追加了5000万美元的国防经费。两周后海军组建了"快速分舰队"以"防守"东部海岸线,由代理准将温菲尔德·斯科特·施莱指挥。3月26日,在国会的再三催促下,麦金利总统向西班牙发出了最后通牒,提出了古巴独立的要求。西班牙官方一再拖延,当他们提议实施停火时为时已晚。4月19日,国会迅速通过了麦金利对西班牙宣战的要求。当海军部长约翰·D.朗电令亚洲分舰队时,他吃惊地发现杜威已经蓄势待发准备进攻马尼拉湾了。

战争给海伍德司令官带来了绝佳的机会,他被晋升为准将,并被授权将陆战队的编制扩展为119名军官和4713名士兵。他也获得了第一次将新型高初速、栓动装填、使用无烟火药枪弹的李式步枪投入战斗的机会。

陆战队在菲律宾

1898年5月1日早晨,总统宣战9天后,杜威海军准将的7艘战舰驶入马尼拉湾,在午饭时间前就击败了帕特里西奥·蒙乔伊·帕萨龙将军的西班牙分舰队。两天后由迪安·威廉斯少尉率领的陆战队员从美国海军"巴尔

的摩"(C–3)号登陆,占领了甲米地海军船厂,在西班牙领地上升起了第一面美国国旗。他们随后原地待命,2个月后陆军部队才到来。杜威对此抱怨道:"如果我在马尼拉湾有5000名陆战队员,这座城市1898年5月1日当天就投降了。"他认为陆军的拖延最终导致了本可以扼杀在萌芽状态的暴动。

当杜威等待陆军到达的时候,亨利·格拉斯海军上校指挥美国海军"查尔斯顿"号(C–2)驶往关岛并对其进行炮击。约翰·特威格斯少尉带领一个陆战队小队登上该岛,升起了美国国旗。当时驻岛的西班牙军队尚未得知开战的消息,错把美军的炮击当成了礼炮。

陆战队在古巴

1898年4月17日,海伍德命令罗伯特·W.亨廷顿中校带领一个营做好在古

下图:1894年日军在朝鲜登陆后,B.S.纽曼少尉率领陆战队员从美国海军"查尔斯顿"号登陆,保卫美国公使馆。

巴进行两栖作战的准备。亨廷顿将新老兵混编为5个步兵连和1个炮兵连。4月22日,他率部在纽约布鲁克林的大街上行军后,登上了一艘更名为"黑豹"号的旧商船,该船会将他们运往佛罗里达的基韦斯特,船上还装载着3英寸炮、医务用品、蚊帐、帐篷、锄头、铁铲、铁丝网剪线器、3个月量的军需补给和其他装备。

"黑豹"号船长G.C.赖特海军中校从内战时就跟陆战队结下宿怨。现在终于有了复仇的机会,他没有按计划在基韦斯特沙滩登陆,而是把陆战营放在了夜间蚊虫遍地的沼泽地。当赖特在船上窃笑之时,亨廷顿利用在陆上待命的时机组织了一场实战演习。

1898年5月28日,施莱的"快速分舰队"将西班牙分舰队逼退到圣地亚哥并封锁了港口。海军部长朗给大西洋舰队司令威廉·T.桑普森海军少将发电询问:"你能否占领关塔那摩当作加煤站?"桑普

下图:在夏威夷土著爆发起义后,搭载于美国海军"费城"(USS Philadelphia)号上的一个营的陆战队员于1895年4月26日在火奴鲁鲁登陆,负责镇压起义和恢复秩序。

约翰·菲利浦·索萨和总统军乐队

在齐林担任司令官时，他在参议院勉强赢得了保留陆战队军乐队的斗争。在国会不断缩减预算的情况下，麦考雷为保留军乐队斗争了十几年。1880年10月1日，他任命约翰·菲利普·索萨为军乐队队长，月薪94美元，才解决了这个问题。

1868年，军乐队队员安东尼奥·索萨强迫他13岁的儿子约翰·菲利普·索萨作为"乐童"加入陆战队，因为他认为这个孩子缺乏管教。12年后，安东尼奥仍然在演奏长号，但是已经是在他儿子的指挥之下了。在后来的时间里，约翰成为了蜚声海外的"进行曲之王"。他领导陆战队军乐队超过12年，谱写了136首进行曲，将"总统军乐队"的水平提升到了全国一流。每逢类似7月4日自由女神像揭幕之类的国家大事，必有约翰的陆战队军乐队参加。

在军乐队服役了很长时间后，约翰最终退役，并组建了自己的乐队。当美国参加第一次世界大战时，62岁的约翰以中尉军衔参加了海军预备役，开创了音乐家成为海军军官的先例。他热爱生活、热爱音乐。1932年，在纪念华盛顿200周年诞辰庆典上，约翰指挥陆军、海军、陆战队联合军乐团演奏。14天后，约翰病逝。他生前指挥的最后一支乐曲是《星条旗永不落》，老索萨对此一定会非常欣慰。

上图：美国陆战队军乐队队长约翰·菲利普·索萨。

对页图：约翰对"总统军乐队"的发展历程非常自豪，特别是跟那些民间街头乐队比起来。陆战队军乐队正在为1989年1月乔治·H.W.布什总统的就职典礼演奏。

森回电:"派亨廷顿上校的陆战队来。"6月7日,赖特海军中校将亨廷顿的陆战营重新装船,驶向圣地亚哥以东40英里外的关塔那摩湾。

1898年6月10日,在"俄勒冈"号(BB-3)战列舰的舰炮支援下,亨廷顿陆战营成为第一支踏上古巴土地的美军。他们登陆后,赖特试图驶离战区,而且拒绝卸下轻武器弹药,说需要这些弹药来压载船只。"马布尔黑德"号(C-11)舰长鲍曼·H.麦卡拉海军中校命令赖特,"引爆或者卸载"全部弹药和亨廷顿要求的其他补给。为了感谢这位海军中校的出手相救,陆战队员将他们的滩头命名为"麦卡拉营(Camp McCalla)"。

敌人的狙击手整整骚扰了滩头4天,同时,亨廷顿的侦察兵已经在郊外摸到了敌人的前哨位置。在52岁的乔治·F.艾略特上尉(后来的第10任司令官)的指挥下,陆战队两个步兵连在库斯科村庄

下图:1898年5月1日,乔治·杜威海军准将在马尼拉湾击败西班牙舰队后,陆战队迪安·威廉斯少尉带兵第一批登上了西班牙领地并且占领了甲米地海军船厂。

附近击败了500人的西军小分队。战斗中,温德尔·C.纳维尔少尉雷鸣般的口令声压过了枪声,他后来也成为陆战队司令官。

约翰·C.奎克中士在战斗火线上表现突出,他第一次担负起了在未来战争更加重要的角色——炮兵和舰炮火力引导员。当"海豚"号(PG-24)炮艇火力危险接近己方陆战队员时,奎克急中生智举起了一面信号旗镇定地站在弹雨中挥舞,丝毫不顾从脑袋边擦过的枪弹。为了表彰他在关塔那摩湾表现出来的英雄主义和勇敢精神,奎克获得了国会荣誉勋章。

未来的展望

西班牙驻古巴的军队已经全无胜利的希望,美西战争最终于1898年8月14日结束。在进行为期4个月的停战磋商后,美国以2000万美元的价格获得了关

下图:1898年6月11日,罗伯特·W.亨廷顿中校指挥陆战队实施了对古巴的第一次两栖进攻行动。几个小时后,陆战队员在关塔那摩海湾的费舍尔角上升起了星条旗。

上图：1899年结束6个月海上部署后，"芝加哥"号巡洋舰返回了朴次茅斯船厂，陆战队员和水兵正在甲板上享受他们的休息时间。

右图：在陆战队位于关塔那摩的指挥所帐篷前，赫伯特·L.德雷普少尉、罗伯特·W.亨廷顿中校和查尔斯·L.麦考雷上尉（从左至右）抓住战斗的间隙合影。

岛、菲律宾和波多黎各，同时迫使西班牙承认古巴独立。在这场短暂的战争中，海伍德司令官抓住一切机会将陆战队投入战斗。

亨廷顿营在古巴的作战，不经意为陆战队的作战指导原则加上了新的一章。在1898年，没有人能想出"舰队陆战队"这个词，但即便是其中有赖特海军中校从中作梗，亨廷顿依然展现了一支从海上投送的强大突击力量的作战能力。在敌方海岸登陆为舰队获取前进基地，并为后续拓展的作战行动搜集情报，亨廷顿创造出的这种战法，20世纪陆战队参与的每场战争中都有采用。

1899年3月3日，国会终于认同了陆战队当前和潜在的价值，他们压倒了弗拉姆党人，通过了《海军人事预算案》，为陆战队确定了201名军官和6062名士兵的永久编制。海伍德及其继任者现在可以研究陆战队新的指导思想了，陆战队终于踏上了远大的征程。

下图：1898年7月4日，西班牙人企图凿沉"梅赛德斯王后"号巡洋舰封锁通往古巴圣地亚哥的海峡航道。美国海军在西班牙人动手前就击沉了该舰，陆战队员登船后没有发现幸存者。

3

挑战的年代
（1898—1940年）

美西战争将陆战队锻造成了一支不可或缺的高度灵活的作战力量。随着国家的迅速扩张，美利坚合众国需要一支强大的海军和能够快速反应的舰队陆战队。曾出任海军战争学院（罗得岛州纽波特）院长的阿尔弗雷德·塞耶·马汉，在《海权对历史的影响》中指出，国家力量只能通过海军力量来展现。

麻烦已经在远东开始出现。1898年晚些时候，萨摩亚群岛爆发了部落战争，陆战队小分队从美国海军"费城"号（C-4）登陆上岸保护美国领事馆。1899年4月1日，萨摩亚部落武装在阿皮亚附近的丛林里伏击了英美联合巡逻队。列兵亨利·L.胡波特因为掩护部队撤退获得了荣誉勋章。血腥的丛林战斗一直持续到5月中旬，其间，中士布鲁诺·A.弗雷斯特尔和迈克尔·麦克纳雷因其英勇事迹分别获得了荣誉勋章。

1899年2月4日，菲律宾人在艾米利诺·阿奎那多将军的领导下起义，反对其国家被吞并。起义开始于甲米地，此处是杜威将军的海军基地。杜威申请派遣一个营的陆战队。海伍德司令官给他调来了15名军官和260名士兵，由帕西瓦尔·C.波普上校指挥，他曾经是亨廷顿上校在关塔那摩作战时的副手。5个月后，海伍德派来了第二个营，由老兵乔治·艾略特少校指挥。1900年底，有5个营的陆战队投入与起义武装的交战。波普将这些营整编为第1陆战旅，编有两个步兵团和两个炮兵连，总共58名军官和1547名士兵。这个旅里后来成为陆战队司令官的军官有：艾略特（1903—1910年）、威廉·P.比德尔（1911—1914年）和本·H.富勒（1930—1934年）。

> "冲啊，士兵们！难道你们还想长生不老么？"
> ——丹·戴利中士于贝劳森林

国会很快认识到扩张中的国家需要更多的舰船，也就意味着需要更多的陆战队员。1899 年，海伍德提议将陆战队的规模从 1898 年的 3073 人加倍扩充到 201 名军官和 6062 名士兵。国会同意了这个扩充方案后，海伍德指挥下的陆战队不仅继续执行着远征行动的舰上陆战部队的职能，还具备了作为殖民地步兵开辟前进基地的作战能力。

陆战队中尉斯迈德力·D.巴特勒发现他的部队已经变成了甲米地海军基地的卫兵，而陆军成了菲律宾的占领军，他对此暴跳如雷。巴特勒之所以恼怒，在于陆军正在进行消极的防御作战。摩洛武装在萨马岛击溃了一个陆军连后，陆战队员们的机会来了。1899 年 10 月 24 日，利特顿·W.T.沃勒少校的陆战营在萨马岛的巴塞登陆，接管了陆军的几个单位，将摩

下图：美国陆军部队在萨马岛上围剿武装分子不力。1901 年 10 月，利特顿·沃勒少校带领一个陆战营开赴战区，分兵两路作战，"一步一步把这些武装分子赶了出去"。

15年间部分对外干涉行动	
菲律宾起义	1900—1901年
巴拿马干涉	1901—1902年
远征洪都拉斯	1903年
镇压多米尼加共和国起义	1903—1904年
巴拿马干涉	1903—1904年
布鲁特干涉	1903年
埃塞俄比亚行动	1903年
朝鲜干涉	1904年
摩洛哥干涉	1904年
古巴调停	1906年
洪都拉斯干涉	1907年
尼加拉瓜干涉	1909—1910年
巴拿马干涉	1910年
关塔那摩干涉	1911年
古巴维和干涉	1912年
墨西哥干涉	1914年
海地黄金干涉	1914年

委员会对海军部长朗提到，陆战队是各军种中"最适合执行紧急任务"的部队。朗指示海伍德司令官挑选人员并发展相关技术以拓宽陆战队的任务范围，将快速部署纳入其内。1902年，在乔治·艾略特成为司令官的前一年，海伍德组建并开始训练第一个"前进基地部队"陆战营。艾略特进而在康涅狄格州的新伦敦组建了"前进基地学校"，后来将其迁至费城。虽然学校的初衷是培养军官，但是第一期也招收了40名士官。海军部长乔治·L.梅尔提高了陆战队的预算并且授权艾略特采购适用于执行前进基地任务的武器装备。

按照"前进基地"的指导思想，陆战队提高了从海军挑选新兵的标准，为提高效率，将新兵训练整合在两个基地：东海岸南卡罗来纳州的帕里斯岛和西海岸加利福尼亚州的麦尔岛（1923年迁往圣迭戈）。跟海伍德一样，艾略特也提高了射击科目的标准。1911年2月3日，威廉·比德尔就任司令官后，继续推进艾略特加强军械建设的计划，开始装备自动步枪，增购了可靠性更高的机枪，从整体上提高了陆战队的火力水平。

1904年1月，西奥多·罗斯福总统派出了一个临时组建的陆战旅（实际上是"前进基地部队"的雏形）前往巴拿马，去解决与哥伦比亚因建立10英里宽的运河区而引发的冲突。艾略特司令官整编了

洛武装赶出了丛林，恢复了岛上的和平。两名陆战队上尉军官，大卫·D.波特和希拉姆·I.比尔斯由于在作战中顽强勇敢，获得了荣誉勋章。

"前进基地"的创始

1900年，乔治·杜威海军上将的海军

3 个营的兵力。这是历史上陆战队司令官最后一次亲临战场指挥作战行动。哥伦比亚士兵无法与陆战队员匹敌，争端很快就平息了。国会对罗斯福将其绕开实施军事行动不知所措，总统回应道："我拿下了运河区……让国会去争吵吧。"

"前进基地部队"

1913 年 12 月 13 日，比德尔司令官以两个团为基础组建了第一支"前进基地部队"。指挥官是乔治·班内特上校，两个月后他成为陆战队第 12 任司令官。在完成了一系列两栖作战演习后，这支部队成为全时战备、旅级规模、合成兵种、攻守兼备、适应多种作战环境的部队。长达 15 年的对外持续干涉使得美国需要建立一支可以快速反应的高机动性部队。

1914 年初，墨西哥的紧张局势威胁到美国利益，班内特上校调动约翰·A. 勒

下图：墨西哥危机中，超过 700 名陆战队员于 1914 年 4 月 21 日早晨登陆，迂回攻入了维拉克鲁兹城以保卫美国的利益，并防止叛军推翻墨西哥政府。

琼上校的"前进基地部队"开赴墨西哥的维拉克鲁兹。陆战队员分乘4艘船抵达：查尔斯·G.朗中校的第1团搭乘"汉科克"号（AP-3），温德尔·C.纳维尔的第2团搭乘运输船"大草原"号，斯迈德力·巴特勒少校的巴拿马营搭乘巡洋舰"切斯特"号（CS-1），阿尔伯图斯·W.凯特林少校的暂编第3团搭乘战列舰"新罕布什尔"号（BB-25）。这支"前进基地部队"中的每一名陆战队员都在摩拳擦掌，迫切想要展示他们训练成果。

1914年4月21日，伍德罗·威尔逊总统命令海军攻占维拉克鲁兹的海关建筑。勒琼派出了纳维尔团和凯特林团上岸，其他两支部队次日清晨在该城南部登陆。共有6439名官兵参加了此次行动，其中有2469名陆战队员。

勒琼决心展示"前进基地部队"的价值，他做到了这一点。4月22日，纳维尔团攻入维拉克鲁兹展开巷战，在墨西哥海

下图：1914年4月21日，陆战队员在维拉克鲁兹城从"佛罗里达"号战列舰和"大草原"号运输船上换乘下船，他们正在等待海军军官对墨西哥当局发出通牒。

军学院射来的炮火间歇，纳维尔直接召唤"切斯特"号对其进行火力支援。与水兵们在陆地上的作战方式不同，纳维尔向城中派出狙击手在屋顶消灭敌军狙击手。巴特勒的巴拿马营对巷战非常拿手，逐个街区地展开清剿战斗。到夜幕降临时，陆战队员们已经打到了城郊，不得不回头援救被围困的海军水兵营。除个别敌方狙击手活动外，清晨时分战斗已经基本平息。

在这场不同以往的战斗中，陆战队两天内共有4人阵亡，13人负伤，9名陆战队员获得荣誉勋章，其中包括纳维尔和巴特勒本人。陆战队在"前进基地部队"条令指导下的第一次两栖登陆行动取得了良好的效果。此后陆战队本应按照"前进基地部队"的条令建设和发展，但3个月后，1914年7月28日，第一次世界大战在欧洲爆发。

第4陆战旅

1917年6月14日，由查尔斯·A.多伊恩上校指挥，新近组建的第5陆战团随同陆军第1步兵师被运往法国，成为美国远征军（AEF）第一批抵达的地面部队。10月23日，由加特林上校指挥的第6陆战团和第6机枪营也抵达欧洲，多伊恩将这些陆战队合编为第4陆战旅。这些编制为3600人的团不同于以往陆战队的任何团。每个团下辖3个各编制1100人的步兵营，步兵以M1903斯普林菲尔德步枪为主要武器，此外团机枪连配备有哈奇开斯机枪，同时该旅还配备有一个旅部连和一个补给连。在运输方面上校团长有汽车作为座车，此外还为军官配备了3辆摩托车和59匹马，还有各式大篷车、运水车和机动厨房，这些车辆由332头难以驯服的骡子牵引。第4陆战旅成为美国陆战队在第一次世界大战中参战力量的中流砥柱，但是官兵们直到1918年的春季战役时才真正参战。

1918年3月17日，陆战队参战部队开赴法国土伦，官兵们进入前线的堑壕中。该阵地正好俯瞰凡尔登西南方的马斯河。到当日为止，第4陆战旅编制内共编有258名军官和8211名士兵，在进入阵地后，该旅全体官兵全都在抱怨令人厌烦且毫无意义的堑壕战。而在后续的8场战斗中，该旅共伤亡11968人，其中阵亡2461人。

> "当美国宣战（第一次世界大战）时，我预先做了准备，计划将两个陆战团编入陆军部队。而某些陆军军官却并不欢迎他们。"
>
> ——威尔逊内阁海军部长
> 约瑟夫斯·丹尼尔

早期陆战队航空兵

在全世界各地奔波执行任务的陆战队员们并没有注意到美国国内一项新的发明,但这项发明为陆战队带来了又一项重要的标志——航空兵。

1912年5月22日,30岁的阿尔弗雷德·A.坎宁安陆战队少尉到马里兰州安纳波利斯海军航空中心报到,开始接受飞行训练。8月1日,在接受了简单的课程训练后,坎宁安赶到了马萨诸塞州的伯吉斯公司,在接受了2小时40分钟的讲解后,他驾驶一架柯蒂斯水上飞机开始了他的第一次单飞。他的编号是"海军第5号飞行员",他和其他5名海军军官成为华盛顿·I.钱伯斯委员会中的成员,这个委员会的功能是草拟"一个海军航空兵种机构建设总体计划"。坎宁安促成了"前进基地部队航空分队",但他的航空事业遭到了一次暂时的挫折,他成功地从航行中的战列舰弹射起飞,但这次成功的试验吓坏了他的新婚妻子,她不允许坎宁安继续飞行,因此他只好停飞。

伯纳德·L.史密斯和弗朗西斯·T.伊文思少尉接过了坎宁安的工作,他们用了两架水上飞机进行飞行试验。史密斯成功地完成了水上飞机投放小型炸弹的试验,而伊文思摸索出了空中机动和盘旋战术。

坎宁安在地面的工作中心神不宁,他抛开了与妻子的约定开始继续飞行。到第一次世界大战爆发时,他成为包括史密斯、伊文思在内的7名飞行员和43名士兵组成的飞行中队少校中队长。这个中队成为"前进基地部队航空分队"的骨干。

上图:在刚刚完成历史上第1次真正的俯冲轰炸后,陆战队第1航空侦察队队长罗斯·E."铁锈"·洛威尔少校在尼加拉瓜的一个机场与他的德·哈维兰DH-4飞机合影。

左图:一架螺旋桨后置的柯蒂斯观察机准备从美国海军"北卡罗来纳"号上弹射起飞。早期观察机飞行员更喜欢这种螺旋桨后置的设计,这样的飞机空中观察时可以获得更好的视野。

这支部队于1918年4月15日在佛罗里达州迈阿密的陆战队飞行训练场组建。

1918年4月15日，班内特司令官将陆战队第1航空队拆分为4个中队和1个指挥连，任命坎宁安少校为指挥官，并将这支部队派往欧洲。陆战队第5名飞行员罗伊·S.盖格少校担任副指挥官。

陆战队在战争中装备的飞机是设计非常差劲的单发轰炸机——英国制德·哈维兰DH-4型，绰号"烈火棺材"，这个绰号源自其裸露的油箱。1918年10月14日，陆战队飞行中队8架DH-4轰炸机在结束对比利时的轰炸返航途中，拉尔夫·塔尔伯特少尉和他的观察员罗伯特·罗宾逊枪炮军士的座机落在了编队后方，陷入与德军战斗机群的苦斗之中。罗宾逊击落了一架福克D-VII战斗机，忍着伤痛击退了更多敌机。塔尔伯特驾机盘旋飞行，又用固定机枪击落一架福克战斗机。在敌机猛烈攻势下，塔尔伯特驾机在德军阵地上空50英尺高飞行，安全降落在了一个比利时机场。这两名陆战队员都获得了荣誉勋章。

战争结束时，欧洲的陆战队航空兵已经扩编到了1095名官兵。他们击毙了330名德军，击落12架敌机，在57次空袭作战中共投放52000磅炸弹。

下图：陆战队飞行员认为双座的DH-4是第一次世界大战中最好的轰炸机，但是其他的飞行员称其为"烈火棺材"，因为一旦其外露的油箱中弹，整架飞机就会变成一团焰火。

多伊恩的第 4 陆战旅与陆军第 3 步兵旅和 1 个炮兵旅并肩作战,成为 28000 人的第 2 步兵师的一部分。多伊恩成为第一名指挥陆军师的陆战队员,但是不可避免的,1917 年 12 月美国陆军少将奥马尔·班迪取代他成为该师师长。

1918 年 3 月 21 日,德军发动索姆河攻势(即"鲁登道夫攻势"),埃里希·F.W.鲁登道夫将军计划占领英国和法国陆军之间的地区,拿下巴黎并分别击败这两个协约国。德军进攻部队推进到距离巴黎 65 英里处暂时停下进行休整补充,而后又接连发起了两次进攻,4 月 9 日进攻里昂,5 月 27 日进攻马恩河。有 14 个德军师突破马恩河防线,每日前进 10 英里。36 小时后,德军先头部队就到达了距巴黎 40 英里的蒂耶里堡。

为应对这场危机,法国陆军元帅费迪南·福煦开始从其他战事稍缓的方向抽调预备队,第 4 陆战旅也包括在内。福煦元帅对没有实战经验的美国第 2 步兵师尚存疑虑,但还是将其部署到了德军进攻的前沿位置。当第 4 陆战旅抵达前线时,陆军司令官约翰·J.潘兴少将把陆战旅配给陆

对页图:1914 年 4 月 21 日,美国陆战队约翰·H.奎克军士长在其他陆战队员的协助下在墨西哥维拉克鲁兹城升起星条旗。

下图:第一批抵达法国的美国远征军中就有陆战队的身影,他们迅速展开了战前训练,包括穿戴防毒面具和实兵演习。

军准将詹姆斯·J.哈伯德,对他说:"年轻人,我把在法国的最好一个旅配属给了你,如果再出什么纰漏,我知道该责备谁。"哈伯德对陆战队几乎一无所知,但是他知道纳维尔和凯特林两位团长都获得过荣誉勋章。他将陆战队部署在了一个叫作贝劳森林的小树林中。在这里,鲁登道夫的先头部队无意间为陆战队搭建了一个表现的舞台。

> "到这里的陆战队员形象很好,都是体魄强健的大个子,一看都是优秀的军人。我们看到你们走了进去,穿过那些略显疲态的法国人的阵线,我们都感觉松了口气。我们知道马上就有大仗要打了。"
> ——约翰·W.汤普森
> 《上刺刀!》

下图:第6陆战团的一个分队迂回攻入了德军盘踞的博雷斯克斯镇,占领了德国守军废弃的堑壕,开始以步枪和手榴弹继续进攻。

上图：6月5日，在沿巴黎—梅斯公路向贝劳森林行军途中，第5陆战团1营在附近的城镇短暂休整准备投入战斗。

反思之时

在历史中的大多数时间里，陆战队很少遇到经过专业训练且装备精良的敌人。在贝劳森林，他们遭遇并且击败了身经百战且装备现代化武器的敌军。德国第4集团军打算在与美国人所打的第一场大仗中尽量痛击美国人，摧毁其士气。但事实上，德国人却被陆战队员的勇猛震撼了，陆战队员的勇气、纪律和陆战队精神彻底征服了敌人。在贝劳森林战役中，参战的数千陆战队官兵在战争中学到了很多东西。

1918年7月14日，哈伯德将军得到

左图：张贴在全美电话亭上的所有战争海报中，没有一个比陆战队海报上"第一个到法国"的口号更为自豪了。

贝劳森林

下图：贝劳森林之战开始于1918年6月6日，在后来的20天内双方展开拉锯战。虽然身经百战的德国第5集团军用芥子气和炮火竭力反击，然而陆战队员从未停止战斗。

1918年6月5日夜，第4陆战旅沿巴黎—梅斯公路向东行军，撤退的法军步兵与他们擦肩而过。一位法军军官拦住了陆战队劳埃德·W.威廉斯上尉，建议他与法军一同撤退。"撤退？见鬼吧！"威廉回答，"我们才刚刚到这里！"

陆战旅下了公路后，在吕西勒博卡日村周围展开布防，他们防守着通往托尔西的道路，度过了难熬的一夜。他们的东面是一片布满石头的树林，这就是贝劳森林，那里看上去安静得让人不安。陆战队员此时还不知道他们即将遭遇德军陆军中最富战斗经验的部队。

破晓时分，朱利叶斯·S.特里尔少校带领第

5陆战团1营穿过一片小麦田开始进攻贝劳森林西侧的142高地。血战之后，1营以伤亡410人代价占领了高地。

下一个阶段战斗在第5陆战团3营及第6陆战团2营和3营进入贝劳森林西南边缘时爆发。在伤亡1087人后，陆战队攻克了树林南部和附近的博雷斯克斯镇。陆战队员的英雄主义精神挽救了这次进攻。查尔斯·B.凯茨和詹姆斯·F.罗伯森中尉指挥部下击溃了德军的两次反攻。荣誉勋章获得者约翰·H.奎克中士驾驶一辆老旧的福特T型卡车穿过敌人机枪火网，为托马斯·霍尔库姆少校被敌人压制住的营拉来了一车弹药。战地记者弗洛伊德·吉本斯随枪炮军士丹·戴利的排投入了战斗。他回忆说戴利举起步枪向前挥动，对他的士兵喊道："冲啊，士兵们！难道你们还想长生不老么？"

在5天的战斗中，第4陆战旅在森林里一棵树接着一棵树地争夺，顽强地杀出了一条血路。陆战队员伤亡惨重，其中包括凯特林上校，他肺部中弹。6月12日入夜时分，弗雷德里克·W.怀斯上校带领第5陆战团2营击穿了德军最后一道防线，并且扫清了森林北部大部分残敌。次日晨，德军第5集团军用炮火和芥子气开始反击，呈进攻队形向森林扑来。陆战队员们用手中老旧但可靠的M1903斯普林菲尔德步枪开始在800码的距离上一个接一个地放倒敌人。

哈伯德将军从远距离观看战局，他预料约翰·A.休斯少校的第6陆战团1营会从博雷斯克斯镇撤回。虽然有450人因毒气伤亡，陆战队员们仍然坚守阵地，他们利用石头和被击倒的树木掩护与德军展开近距离战斗。当师里要求上报战况时，哈伯德上报："在博雷斯克斯，除美国陆战队员以外没有任何东西。"

最后的进攻由第5陆战团3营担负，该营在毛利斯·希尔少校指挥下，将德军完全赶出了森林。少言寡语的希尔报告说："森林已经全部在美国陆战队手中。"

贝劳森林之战持续了12天。德军伤亡9500人，超过1600人被俘。在法国首相乔治·克莱蒙梭眼中，第4陆战旅"拯救了巴黎"。

下图：在几十年的军种生存斗争后，挺进贝劳森林的陆战队员们让全世界看到了这群决不退缩、与众不同的战士有多么的勇猛和顽强。

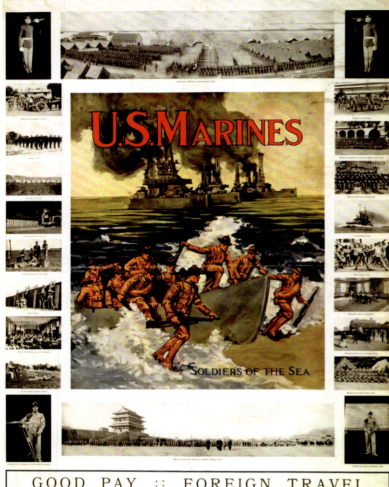

上图：一幅更早的第一次世界大战的海报上承诺了"不错的薪酬、异域的旅行、宜人的工作"，画面是陆战队员登陆的场面，然而这些内容与法国战场上骇人的战斗伤亡相差甚远。

盟军先锋

1918年7月15日，德国人发动了战争中的最后一场进攻，13个师在奥斯卡·冯·胡蒂尔将军的指挥下快速推进，攻占了兰斯后再度逼近巴黎。为抵挡德军攻势，福煦元帅将哈伯德的第2陆军师部署到法军第20军的侧翼。哈伯德现在对陆战队的战斗力有了深刻的认识，他将第4陆战旅作为先头部队。清晨时分，法国第20军炮兵开始集火炮击德军阵地，第5陆战营跳出隐蔽部开始反攻，第1营在其右侧，第2营在其左侧，进攻铁路枢纽苏瓦松。7月19日，第6陆战营冒着德军猛烈的火力，成为反击德军的最前沿部队。陆战队员在贝劳森林学到了不少作战技巧，他们构筑一个很浅的步枪手掩体，发挥精确射击的优势，大量杀伤进攻之敌。一个记者听说有人称他的掩体为"狐狸洞"（fox hole，意为散兵坑），他便将此写进了专栏中，从此，一个"狐狸洞"的时代开始了。

尽管第4陆战旅对德军的进攻颇为有效，最终还是停了下来。在战线上，凯茨中尉报告他正跟本连的2个人和其他连的20个人在一处旧坑道中防御，当面是德军的一个集团军。报告完毕时，凯茨中尉补充说："我能顶住！"

在占领冯·胡蒂尔将军的主力部队阵

了第二颗将星，成为陆军第2师的师长。纳维尔上校获得了第一颗将星，成为第4陆战旅的旅长。没有人再质疑陆战队能否战斗，虽然该旅损失过半，衣衫褴褛的老兵们仍然包扎好伤口步履蹒跚地赶回各自的部队。

地通道后，第4陆战旅已经损失了1972人。入夜后，一个新组建的师将第2陆军师替换了下来。当时，德军情报部门已经俘获了一些陆战队员，他们意识到这些人是一批能够熟练使用远射程步枪的新敌人。

苏瓦松战斗之后，哈伯德将军又一次晋升，不再指挥第4陆战旅；勒琼晋升为准将，成为第一次世界大战中指挥陆军师

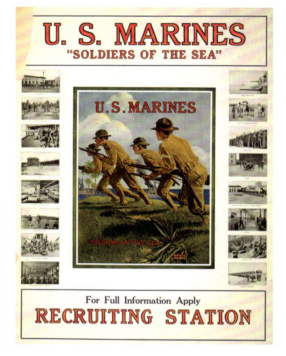

左图：一幅早期的征兵海报称陆战队员为"海上战士"，这种说法减弱了他们在第一次世界大战中的重要性，因为大多数战斗都发生在距离英吉利海峡150英里外的法国北部。

"投降在那时候还并不时兴，俘虏一名陆战队员的唯一方法是先把他打晕过去。"

——阿尔伯图斯·W.凯特林上校
《在上帝和几个陆战队员的帮助下》

左图：停战期间，斯迈德利·巴特勒准将（中间）陪同约翰·A.勒琼少将和查尔斯·萨摩罗尔少将走入营区，视察驻在法国庞坦埃森的第5陆战团。

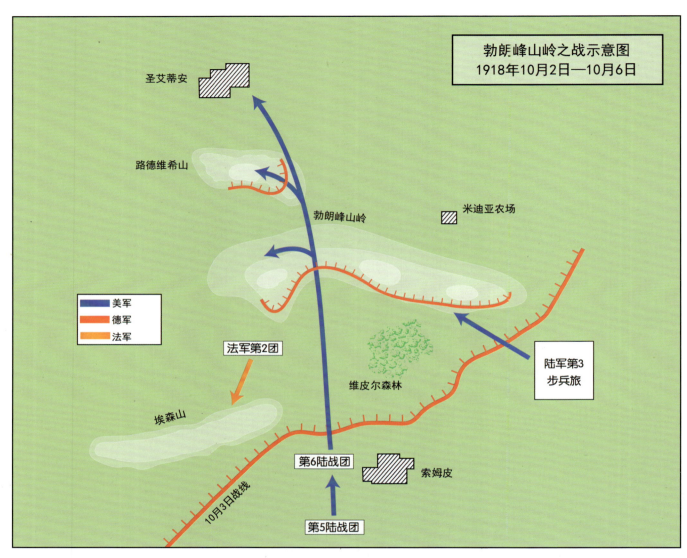

上图：在战争中"最伟大的一个战绩"中，第5和第6陆战营一举击溃了据守勃朗峰的德军，使四年都没有攻克此处的法国陆军大为震惊。

的第一名陆战队将军。在圣米耶尔突出部的激烈战斗中（1918年9月12日—9月16日），勒琼将遭敌重创后战斗序列被打乱的第4陆战旅留在了后方。战斗中，美军的攻势正好遇到德军的战术撤退。当第1军司令官亨特·里盖特中将召唤陆战队支援时，勒琼已经等了很长时间了，此时已经有5万名德军从包围圈中逃了出来。第6陆战营冲进了缺口，激战后击溃了德军重兵，击退了他们的4次反攻，摧毁了具有战略意义的兴登堡防线的屏卫堡垒体系。

福煦元帅认识到了美国陆军中最好的部队不是陆军步兵而是陆战队员,他将勒琼将军的师编入亨利·古洛德将军的法国第4集团军。1918年9月底,在马斯—阿贡进攻前几天,古洛德将勒琼的第2陆军师当作预备队。4天后,法军的攻势停了下来,被阻于勃朗峰下,此处尽是陡峭的山岭,自开战之初就被敌占领。

"我能拿下勃朗峰!"

4年来,勃朗峰战场上双方横尸遍野、血流成河。当协约国攻势停下来的时候,法军军官要求拆分美国第2步兵师来加强法军各师。勒琼对此坚决反对,他说:"我要拿下勃朗峰!"古洛德根本不相信他,但还是笑着说:"好吧!"

勒琼将第4陆战旅部署在先头部队的左侧,第3步兵旅在右侧以吸引德国守军的注意力,当两侧的进攻部队与守敌接火时,他计划让其余部队从中心突破敌人的防御阵地。他将士气低落的法国第4集团军丢在身后,让他们占领已经被陆战队重创的埃森阵地后跟上美军。与以往进攻开

下图:1918年11月10日,在战争的最后一战——马斯—阿尔贡战役中,乔治·汉密尔顿少校的第5陆战团3营的士兵正在树林中搭设一门1.46英寸(37毫米)堑壕平射炮。

上图:人们普遍预料欧洲的战争仍将持续一年,1918年,纽约市数百名青年志愿加入陆战队,他们正在新兵征募站宣誓。

始前的长时间的炮火准备不同,勒琼要求古洛德用200门火炮只进行5分钟的炮火准备。

1918年10月3日清晨,第6陆战团带领后续的第5陆战团和法军坦克部队对勃朗峰的左翼进行突击,3个小时后他们向勒琼报告:"目标达成。"勒罗伊·P.亨特上尉指挥第5陆战团17连,拿下了法军没有攻下的埃森防线,将德军赶出工事后,阵地移交给了法军。德军的一次反攻又将法军击退,第5陆战营随后再次为法国人夺回了阵地。

法军根本无法跟上陆战队的行军速度。陆战队已经深入敌后2英里。突破埃森防线后,他们的侧翼就已经完全没有了掩护,但他们并没有撤退,而是继续推进。1918年10月8日,陆战队攻占了圣艾蒂安,法军则继续落在后面。古洛德根本无法相信,区区一个美国陆战旅能够在5天时间内完成整个法国陆军在4年中都没能取得的战绩。

1918年10月10日,新调来的陆军部队替换了勒琼的第2师,对于第4陆战旅来说,马斯—阿尔贡进攻战的第二阶段也已经结束了。陆战队员们伤亡惨重,代价高昂,勃朗峰一战陆战队就伤亡了2538人。战斗中,第4陆战旅获得了法国陆军的3次嘉奖,各团军旗上都绘有法国军功十字勋章条幅图案。参战陆战队官兵也被授予了被他们戏称为"保险绳"的法国军功绶带。

战争中,陆战队员们的最高荣誉来自福煦元帅,他说道:"攻克勃朗峰是1918年所有战事中最为伟大的成就。"

陆战队的扩编

与哈里斯司令官在内战中的所作所为不同,班内特将军抓住每次机会部署并扩充陆战队的部队。创建陆战队航空队后,班内特利用了1916年海军拨款法案中的"预备役条款"建立了预备役陆战队,到战争结束时,预备役陆战队已经有496名军官和6760名士兵。1918年8月12日,海军部长约瑟夫·丹尼尔斯授权班内特招募女性成为"女陆战队员"(Marinettes),奥法·M.约翰逊随即志愿应征,成为第

下图:"永当先锋(First to Fight)"的旗帜成为陆战队吸引新兵的手段,但是摆拍这张照片中的有些士兵看上去不像是热血沸腾的志愿者,更像是心存愤恨、被拉来的壮丁。

上图：1918年11月11日，在"战争中的最后一夜"，第5陆战团第1营仅剩100人能战斗，他们打退了德军潮水般的进攻，把他们逼退回圣埃蒂安。

马斯—阿尔贡：最后的战役

1918年10月10日，第4陆战旅部署到法国第4集团军后侧以填补漏洞。在马斯—阿尔贡最后的攻势中（1918年11月1日—11日），第2步兵师师长勒琼将军接到潘兴将军攻克"兴登堡防线"上两个据点的任务，德军称其为"布伦希尔德"和"芙蕾雅"筑垒群。勒琼找来纳维尔准将，命令第4旅攻占巴里库特，将德国赶过马斯河。

1918年11月1日，陆战队抵达第2师左翼的出发位置。5时20分，300门火炮对巴里库特德军战壕工事轰击后，第5陆战团第1营穿过"无人区"在弹幕掩护下继续向前推进。陆战旅其余部队——第5团在右翼、第6团在左翼，交替掩护跃进穿越了德军"克雷姆希尔德"和"芙蕾雅"筑垒群，在一天内推进了5英里。在占领了巴里库特高地后，陆战队员焦急地等了好几个小时，陆军的步兵才赶了上来。11月1日，进攻战的陆战队员创造了第一次世界大战中推进速度和距离的最高纪录。被第3步兵旅接替下来后，陆战队员们押送着1700名德军俘虏返回了师部。

11月9日，第2师抵达马斯河畔准备渡河进攻，勒琼指定纳维尔的第4旅作为进攻作战的先头部队。他派出第6陆战团夺取穆宗附近的桥头堡，第5陆战团从维利蒙蒂渡河。

11月10日夜，第5团担负进攻任务的几个营冒着敌军的猛烈炮火冲过行人桥，成功地在对岸站住了脚。在穆宗，敌人的火力完全压制住了架桥的工兵，第6团只好在散兵坑里蹲了一夜，直到敌人火力减弱。

11月11日凌晨，敌军抵抗微弱，两个陆战团进展迅速。11时整，他们听到双方阵地上都射出了一阵猛烈的炮火，然后突然寂静了下来。1小时后，他们得知，德军已经投降了。陆战队员们一下子就放松了下来，瘫坐在地下，生起篝火，静静地休息。一周后，在陆军的小伙子们回到家乡时，衣衫褴褛的第4陆战旅作为占领军的一部分开进了德国。

一名女陆战队员。后来又有277名女性进入陆战队服役，其中还有部分晋升为军士。

第一次世界大战期间，共有78839名陆战队员服役。31871名陆战队员部署于欧洲战场，他们付出了高昂的代价。1918年3—11月间，在法国战区，陆战队员伤亡12179人，其中3284名阵亡或失踪。从1918年3月参战直到战争结束，陆战队的伤亡超过了过去142年历史上的总和。

陆战队员们总共获得了12枚荣誉勋章，还有6枚授予了在第4陆战旅中服役的海军军医和医护兵。

该旅的其他成员共获得了744枚海军十字勋章或者杰出服务勋章，共计有1720名美国人获得了外国奖章。

1920年7月，陆战队从战时规模的78000人裁减到了17165名官兵。每名回到家的陆战队员都被当作英雄，不论他是在第4陆战旅中服役还是从未离开本土。数千名退役的陆战队员还与部队保持联系并加入了预备役。9名女陆战队员留了下来担任主管文员工作，有几位一直服役了30年，最终成了不可替代的高级主管。被蒙蔽的政客们高喊，这是一场"终结了所有战争的战争"，然而，下一代人即将为政客们草率的大声叫嚣和虚伪的伎俩付出沉痛的代价。

上图：第一次世界大战中，预备役女陆战队员们拿着胶水桶在纽约街头张贴招募新兵海报，以此来支持她们的男性战友们。

左图：为了1917—1918年的新兵征募，陆战队邀请百老汇女歌手莉莲·罗素穿上了女预备役陆战队员军服，在她身边是3名扮作陆战队列兵的平民，分别名叫奥基夫、凯利和斯派克。

约翰·阿彻·勒琼

1919年8月，约翰·A.勒琼少将从德国回国后，在纽约举行的胜利大阅兵队伍中，他走在第2步兵师的最前面，第4陆战旅的老兵们也行进在该师的队列中。海军部长约瑟夫·丹尼尔斯非常钦佩这位53岁的将军，1920年提名他为第13任陆战队司令官。

勒琼的人生经历独特。他于1867年1月10日出生在战后重建中的路易斯安那州，他出身贫寒，但努力得到了进入路易斯安那州立大学免费学习的机会。他刻苦学习，得到了进入海军学院学习的名额，1888年毕业时年仅21岁。与海军学员一样，他也度过了两年的海上服役期，他希望成为陆战队员，最后被任命为陆战队少尉军官。

勒琼参加了美西战争，1903年在巴拿马担任营长，1907年带领全营换防菲律宾，1912—1913年在古巴服役，1914年在墨西哥维拉克鲁兹担任第2前进基地旅旅长。第一次世界大战爆发后，班内特司令官任命勒琼为副手，他发现勒琼是陆战队中最适合同国会打交道的人。1918年，勒琼在法国战场展示出了陆战队强大的战斗力，他也成为陆战队中最为耀眼的将星。他改进了军官和士兵的训练模式，在弗吉尼亚的匡提科成立了团营级和连级军官学校，这里后来成为"第1前进基地部队"的驻地。他也很清楚公共关系工作的价值，组建了具有联赛资格的橄榄球和棒球队，成立了陆战队联盟。最重要的是，9年间他一直带领陆战队准备未来的对日战争，并组织了一个战术小组来探索研究两栖作战的技战术。这个小组的成员包括厄尔·H."保险柜"艾利斯中校，他的"橙色计划"（作战计划712）奠定了第二次世界大战太平洋战场胜利的基础。

勒琼在1929年退役，他担任了弗吉尼亚军事协会会长，继续为陆战队做出贡献。1942年2月，陆战队将勒琼的军衔晋升为中将。8个月后，勒琼将军逝世，陆战队在阿灵顿公墓为他举行了最高规格的军人葬礼。

下图：1917年6月，约翰·阿彻·勒琼（中间）与司令官乔治·班内特上校和参谋军官鲍尔斯上校正在华盛顿商谈弗吉尼亚州匡提科新的陆战队训练基地建设问题。

20年间的部分行动

海地干涉	1920—1934 年
危地马拉城干涉	1920 年
保卫美国邮政	1921 年
尼加拉瓜干涉	1922—1925 年
菲律宾摩洛叛乱	1924 年
洪都拉斯革命干涉	1924 年
尼加拉瓜干涉	1926—1933 年
保卫美国邮政	1926—1927 年
西班牙内战干涉	1936 年
第二次世界大战爆发	1939 年

上图：第一次世界大战结束后，陆战队员的战斗并未结束。他们仍在全球部署，陆战队员有时也会骑在马背上扮演骑兵的角色。

下图：海地的卡索叛乱持续了 10 年时间，但 1926 年 2 月，第 2 陆战团使用足够强大的火力一举平息了暴乱。

国内与海外部署（1920—1939年）

在第一次世界大战后的20年中，陆战队共经历了4任司令官：温德尔·C.纳维尔（1929—1930年）、本·H.富勒（1930—1934）年、约翰·H.罗素（1934—1936年）和托马斯·霍尔库姆(1936—1943年)。他们推进了陆战队两栖作战指导思想的发展，同时不断地快速反应，向受到威胁的驻外使馆派出保护兵力。

舰队陆战队部队

陆战队可能部署在任何需要的地区。1922年，勒琼的参谋机构在古巴的关塔那摩湾和波多黎各的库莱布拉岛举行两栖作战演习，勒琼希望从中发现并解决问题，结果也确实发现了很多问题。

1923年，勒琼组建"陆战队远征军"取代了"前进基地部队"，远征军1924年时编制3300名官兵，以两栖作战为指导

下图：陆战队在尼加拉瓜部署了20余年以支持当地政府，在1932年选举期间，陆战队员操纵着安装在卡车上的勃朗宁机枪以防暴徒袭击投票站。

3 挑战的年代（1898—1940年） | 101

左图：1932年，中日在上海爆发冲突，第4陆战营正在警戒驻北平的美国领事馆，照片中，第24连建立起防御阵地防备可能的袭击。

原则，进行进攻和防御作战科目训练。勒琼很快就发现陆战队员们船只装卸作业时的效率不高，他们也没有合适的登陆船只将人员装备输送上岸。1925年，海陆军联合实兵演习在夏威夷的瓦胡岛举行。这场高度理论化的推演唯一的收获就是用1500人成功模拟了42000人陆战队登陆部队的混乱场面。勒琼的参谋机构不得不对登陆作战进行重新规划，加以改进。同时，陆战队在尼加拉瓜发动了小规模登陆行动，不过这些登陆没有遇到抵抗。

1930年，本·H.富勒少将担任第15任司令官，他面临着如何让陆战队度过大萧条时期的难题，其间，国会将陆战队编制由18000人缩减至15350人。1934年，他将指挥权交给了继任者约翰·罗素少将。罗素少将不喜欢勒琼提出的"远征"这个词眼，1933年，他成功地将东西海岸的两支部队更名为"舰队陆战队"。就任司令官后，罗素迅速组织两栖突击演习并且改进使用新型登陆艇的战术。罗素的陆战队装备委员会开始试验和发展LCVP（车辆和人员登陆艇）、LCM（机械化登陆艇）和LVT（履带登陆车辆）。

现在我们很难想象，如果没有这些装备，陆战队员将如何在太平洋战场夺下那十余座岛屿。

上图:陆战队经常接收并装备一些海军和陆军都不想要的飞机,但是在"前进基地"概念演习中,从巡洋舰上弹射起飞的老式柯蒂斯飞机仍然能作为侦察机使用。这种双翼飞机在第一次世界大战前就退役报废了。

"间战年代"的空中行动

20世纪20年代,人们还没有完全开发出空中作战力量的潜力,而陆战队已经在持续研究发展空地协同和近距空中支援战术。1927年7月,陆战队的飞行员们还在驾驶第一次世界大战时期的DH-4飞机。在与尼加拉瓜奥古斯托·桑蒂诺领导的游击队的作战中,罗斯·E."铁锈"·洛威尔少校进行了一场丛林地区的救援行动。吉尔伯特·D.哈特菲尔德上尉指挥的110人陆战营被桑蒂诺叛军围困。洛威尔低空飞过战区,对游击队进行扫射,返航后为他所属的5架DH-4上各挂载了4枚25磅破片炸弹并装满机枪子弹,然后又飞回哈特菲尔德所在的位置。作为战后俯冲轰炸战术的先锋,洛威尔组织其飞行中队训练过此类科目,现在他们即将把训练的成果投入实战。

在1500英尺高度,洛威尔接近桑蒂

诺的基地，机群在留意地面状况的同时还要注意正在逼近的暴风雨。桑蒂诺好奇地看着洛威尔中队飞来。机群在300英尺高度拉起改平后飞过基地，对叛军部队密集投弹。游击队四散奔逃，哈特菲尔德的陆战队员随即将其彻底击溃。

年轻的陆战队飞行员们注意到了洛威尔大胆而冒险的战术，很快就使用新型飞机来发展改进空中战术。DH-4逐渐被柯蒂斯F6C"鹰"和SU-2侦察机、波音F-4B3战斗机取代，1938年后期陆战队还装备了格鲁曼F3F-2战斗机，但这些飞机都还是无法适应第二次世界大战的双翼飞机。即便是最早的沃特SB2U-3（最早采用了折叠机翼的飞机）之类的单翼机，在世界航空舞台上也只是昙花一现。

上图：1933年，陆战队VO-8M飞行中队的钱斯－沃特SU-2侦察机在加利福尼亚州圣迭戈上空飞行，进行例行的空中侦察训练。

整合作战资产

1936年，托马斯·霍尔库姆少将成为第17任司令官，他必须竭力应对正在逼近的战争阴云。作为一名功绩卓著的陆战队员，霍尔库姆在第一次世界大战

上图：钱斯－沃特OS2U-3"翠鸟"从1936年直到第二次世界大战爆发一直担负空中侦察任务。这型飞机也被海军用作俯冲轰炸机，但飞行速度太慢。

右图：格鲁曼 F3F-2 战斗机，装备了 750 马力的普拉特－惠特尼发动机，是最后一批双翼驱逐机。1937 年，F3F-2 和 F3F-3 被 F4F-3 取代。

右图：格鲁曼 F4F-3 于 1937 年交付使用，成为陆战队装备的第一型单翼战斗机。F4F-3 飞机 298 英里的时速无法与日军的"零"式飞机匹敌，在战争中付出了沉重的代价。

时曾经在贝劳森林和苏瓦松参战,后来被派往中国,他在那里学习了汉语。富兰克林·D.罗斯福总统将他从匡提科的陆战队学校提拔起来,把陆战队由17000人扩充至30000人的任务交给了他。霍尔库姆繁重的任务包括建设新型舰队陆战队——整合陆战队航空队、地面力量和海军力量以应对可能爆发的太平洋战争。

1939年9月1日,战争在欧洲爆发。霍尔库姆将第1陆战师派往勒琼军营驻训,这座位于北卡罗来纳州摩尔黑德城的训练基地拥有111710英亩的水域、泥泞岸滩、松树林和平坦沙滩等地形。一名军官在这里抱怨:"这个师除了丛林战什么也不适应。"陆战队力量在不断壮大,而一场巨大的考验迫在眉睫。

下图:陆战队在1940年招募的新兵仍然在匡提科接受第一次世界大战堑壕战科目训练,然而训练科目中并没有第二次世界大战中陆战队标志性的丛林战。

4

太平洋危机
（1941—1943年）

1937 年全面侵华后，日本一直等到 1940 年 6 月 14 日法国对德投降才向中南半岛派兵。作为回应，富兰克林·罗斯福总统于 1940 年 7 月 19 日签署了《海军扩充法案》以构建两洋海军，其规模远大于将现有舰队加倍扩充，而且其中要求陆战队要加强快速反应能力建设。霍尔库姆司令官发现，和平时期动员陆战队的速度非常缓慢，征募新兵和新兵训练的过程也极其烦琐。

1940 年 9 月 26 日，日本军队开赴中南半岛 3 天后，罗斯福减少了对日石油出口配额。一天后，日本加强了在北部湾的作战行动，并且在 9 月 27 日与德国和意大利签署了《三国结盟条约》。

1941 年 7 月 26 日，罗斯福冻结了日本在美国的资产。日本对此的反应是派兵入侵越南南部，并且于 1941 年 8 月 11 日进行全面总动员。占领中南半岛后，日本人获得了入侵石油储量巨大的荷属东印度群岛的跳板。

欧洲的战争于 1939 年 9 月 1 日德国进攻波兰当天正式爆发，这更加刺激了日本占领整个远东的野心。日本陆相东条英机于 1941 年 10 月成为首相，并决心扩大在太平洋的战争行动，目标包括太平洋上美国的领地和菲律宾群岛。山本五十六将军对将美国卷入战争心存疑虑，但东条却不以为然，从理论上来说，如果摧毁了珍珠港的美国太平洋舰队，美国就无法对日

> "……第二次世界大战中盟军部队每次两栖登陆行动所遵循的战术原则，往往都推翻和打破了以往的军事传统，这些原则在很大程度上都是由美国陆战队员探索出来的……"
> ——亚历山大·范德格里夫特上将
> 引自吉特·A.伊斯利与菲利普·A.克劳著《美国海军陆战队与两栖战》第 4 册

对页图：南加利福尼亚州帕里斯岛的陆战队员雕塑。1915 年 10 月 28 日，当时的司令官乔治·班内特将军将此处从海军手中要了回来，作为 14 周新兵训练科目的训练基地。

本的进攻作出反应。

1941年12月，霍尔库姆司令官的陆战队共有65000名官兵。其中有20000名还在训练阶段，4000名在海军舰船和海军基地服役，其余的部队分散驻守在全世界各地。在夏威夷瓦胡岛珍珠港海军基地总共有4500名陆战队员驻守。

国耻之日

1941年12月7日，南云忠一海军中将指挥一支包括6艘航空母舰（"赤城""飞龙""加贺""翔鹤""苍龙""瑞鹤"）、2艘战列舰、3艘巡洋舰和9艘驱逐舰的特混舰队，在火奴鲁鲁以北230英里处转向逆风航行。几分钟后，43架三菱"零"式战斗机、89架中岛"凯特"式鱼雷轰炸机和81架爱知"瓦尔"式俯冲轰炸机开始在空中集合编队，准备袭击锚泊在珍珠港的美国太平洋舰队。当第一波机群消失在天际后，第二波战斗机和轰炸机准备从航空母舰甲板起飞。

海军太平洋舰队司令官哈斯班德·E.金梅尔海军上将已经接到了日本可能发动进攻的警告，但是珍珠港海军基地并未接到通报。一座美国对空雷达站发现了大批飞机向瓦胡岛飞来，但火奴鲁鲁岛上昏昏欲睡的情报通信中心值班人员认为这些是从本土飞来的轰炸机中队，并未采取任何

行动。福特岛附近锚泊的8艘战列舰和8艘巡洋舰上的水手正在叽叽喳喳地吃早餐。在火奴鲁鲁附近的3个机场里,飞行员们不是在饭堂就是在床上。

惬意地用完周日早餐后,埃瓦机场的值班军官陆战队上校莱昂纳德·阿什威尔在屋外散步的时候发现了两个编队的日本鱼雷轰炸机,后面还跟随着21架"零"式战斗机,向珍珠港方向飞去。在他作出反应之前,"零"式战机压低高度开始扫射在埃瓦机场停放得整整齐齐的47架飞机,这些飞机属于陆战队第21陆战航空大队(MAG-21)。两分钟后,日本鱼雷轰炸机开始袭击珍珠港。

火光、爆炸和机群飞越的呼啸声让第21航空大队的官兵意识到机场上发生了可怕的事情。警报拉响了,陆战队员从军营和饭堂蜂拥而出奔向各自战斗位置,但飞行员们无法驾驶飞机升空。3波日机低空扫射后,又来了一群俯冲轰炸机攻击,机

下图:1942年5月,帕里斯岛正在一批紧接一批地训练新兵。一旦完成所有科目,结业的新兵就会习惯性地给新来的战友们合唱一曲《你会后悔的!》

场上只剩一架飞机没有被击毁。

埃瓦机场并没有部署防空火炮兵力，陆战队员发疯般地组织起应急防空火力。他们从飞机残骸上拆下机枪射击，有些人用手中的步枪和手枪还击。技术主管军士长埃米尔·S.彼得斯和列兵威廉·C.特纳钻进了停机坪上的一架俯冲轰炸机，用机尾机枪击落了一架"瓦尔"飞机。1941年12月7日9点45分，日军机群向海上返航。埃瓦机场上的飞机被炸成一堆残骸，但是陆战队员努力保持机场开放，准备接收陆军和海军从其他被击毁的机场飞来的飞机。埃瓦机场共有4名陆战队员阵亡，其中包括列兵特纳，另有13人受伤。

日军攻击埃瓦机场6分钟后，哈里·K.皮克特上校派出驻守海军船厂的陆战队员增援。到达机场后，他们清理出38挺机枪，击落了3架"瓦尔"。当皮克特从库存里启封发放其他枪支时，他发现所有的弹药都锁在27英里外的山洞弹药库里。

战况是毁灭性的，8艘战列舰中有5艘在锚地沉没或倾覆。其余3艘遭到重创，但是最终勉强驶抵西海岸进行修理。舰上服役的877名陆战队员中，108人阵亡，49人负伤。这个周日的早晨，美国军人阵亡2403人，负伤1178人，罗斯福总统称当天为"国耻之日"。

幸运的是，太平洋舰队的3艘航空母

左图：1936年，托马斯·霍尔库姆少将成为陆战队司令官，他竭力保留了舰队陆战队，以实施两栖作战的概念。后来太平洋战场上陆战队员们出色的表现完美地诠释了这一概念。

左图：南云忠一海军中将是偷袭珍珠港编队指挥官，他相信其编队舰载机能够彻底摧毁美国海军驻珍珠港的太平洋舰队，但也埋下了日本最终失败的种子。

舰——"企业"号（CV-6）、"列克星敦"号（CV-2）和"萨拉托加"号（CV-3）当天并没有在平时驻泊的珍珠港内。如果这些航空母舰被摧毁，美军就会彻底失去与日军较量的资本。

金梅尔海军上将为薄弱的战备意识付出了代价。1941年12月31日，切斯特·W.尼米兹海军上将接任太平洋舰队司令官。

菲律宾群岛（1941—1942年）

对于美国来说，太平洋战事的前景的确黯淡。1941年12月8日，驻关岛陆战队部队投降。虽然远东陆军航空队司令官刘易斯·H.布里尔顿陆军少将在11月27日就接到了日本可能发动袭击的警告，但是除一架飞机外，他所有的飞机直到12月8日12点15分还都停放在克拉克机场

下图：当第二波鱼雷轰炸机开始攻击珍珠港时，一名日军飞行员从座舱中观察他的同僚们早先对美国太平洋舰队的打击效果。

上。108 架日军双发轰炸机和 34 架"零"式战斗机对机场发起了攻击,摧毁了整个航空联队。两天后,日军飞机摧毁了甲米地海军基地,并击毁了在马尼拉湾停泊的舰船,随后本间雅晴陆军中将的第 14 军在菲律宾从容登陆,未遇到任何抵抗。

1941 年 11 月底,塞缪尔·L.霍华德上校的第 4 陆战团 44 名军官和 728 名士兵赶来驰援菲律宾。

霍华德只有两个营,每个营还都缺编一个连,各连还缺编一个步兵排。麦克阿瑟将第 1 营派往巴丹,将第 2 营派往甲米地。1941 年 12 月 20 日,所有混编在海军中的陆战队单位全部整编到霍华德的团里,将其中大部派往科雷吉多尔岛。这是一个蜥蜴形状岩石遍布的岛屿,扼守通向马尼拉湾的海上航道。还有少数几个陆战队步兵排留在巴丹以迟滞敌人的攻势。

1942 年 1 月 9 日,日军进攻巴丹半岛,双方伤亡惨重。麦克阿瑟将防线撤退至半岛狭窄的脖颈处,日渐被削弱的陆军部队

> "在对美英战争的前 6～12 个月里,我们进展神速,取得一个接一个的胜利。但在那之后,我看不到获胜的希望。"
> ——山本五十六将军
> 对帝国大本营的战前告诫

在这里据守了两个月。3 月 12 日,根据罗斯福总统的命令,麦克阿瑟撤到了澳大利亚,将指挥权转交给了乔纳森·M.温赖特陆军中将。在麦克阿瑟离开前,除陆战队之外的其他单位都授予了杰出服务十字勋章,温赖特接过指挥权当天就弥补了这一疏漏。

4 周后,80000 名美菲军人,包括 1500 名陆战队员于巴丹投降。在臭名昭著的"死亡行军"开始前,少数几名陆战队员成功逃脱,加入了科雷吉多尔岛的同伴中。11000 人被困在这个小岛上,其中有 1430 名陆战队员。

3 月下旬,炮击科雷吉多尔岛后,

上图:在日军攻击珍珠港时,美国海军"肖尔"号驱逐舰弹药库爆炸,该舰所有防沉的努力均告失败。当天,派驻舰船上的陆战队员阵亡 108 人,负伤 49 人。在这场突袭中,美军共阵亡 2280 人,负伤 1109 人。

上图：威克岛上仅有十几架格鲁曼 F4F-3 "野猫"战斗机，而日军空袭强度很高，VMF-211 飞行中队的飞行员们只能郁闷地看着坑坑洼洼的跑道上堆满受损的飞机。

威克岛

1941年12月8日，30架日本轰炸机对威克岛上的小型机场投弹，击毁了岛上12架格鲁曼 F4F "野猫"战斗机中的7架，这些飞机是4天前从"企业"号航空母舰上飞来的。这次进攻同时也击毁了机场上25000加仑的油罐，岛上保罗·A.普特南少校指挥的 VMF-211 飞行中队已经陷入了绝境。普特南手头没有雷达监视空情，那些计划装备的雷达还封装在远在珍珠港的板条箱内。他只能派出对空观察哨，站在50英尺高的水塔上进行瞭望。12月9日，敌军的轰炸机又来了，普特南派出的4架空中巡逻的"野猫"击落了其中一架。日军轰炸机于12月10日再次出现，亨利·埃罗德上尉击落了其中两架。

12月11日，日军轰炸了3天之后，在3艘轻巡洋舰和6艘驱逐舰的支援下发起海上进攻。詹姆斯·P.戴夫劳斯少校指挥的第1守备营388名官兵，在 VMF-211 飞行中队支援下，在抗登陆作战中杀伤了700名日军。戴夫劳斯的海岸炮兵和埃罗德的飞机各击沉了一艘驱逐舰，"夕张"号巡洋舰被击伤后冒出浓烟勉强航行着撤出了战区。"野猫"还击伤了两艘驱逐舰，岸炮击伤了两艘运输船。日军败在这区区几百名陆战队员手上，让日本国内非常震惊。

戴夫劳斯手头上还有6门5英寸海岸炮、12门3英寸高射炮、几十挺机枪，但是陆战队员人数太少。这都应该归咎于太平洋舰队司令官金梅尔将军之前玩忽职守，没有加强位于夏威夷西边2000英里外威克岛的防御。到12月中旬他才想起组织更多的飞机和一个陆战营去援救威克岛。日军要攻占中途岛，是因为这个岛就在日本防御圈的边上。美军需要威克岛作为战略前哨。而金梅尔的轻敌使得戴夫劳斯没能得到足够的部队。

日军的轰炸最终击毁了普特南的5架"野猫"。12月23日，一支千人规模的日军从4个海滩涉水登陆。在激烈的肉搏战中，陆战队员在滩头挡住了敌人的攻势。然而，在几个小时毫无希望的战斗后，守岛部队司令官温菲尔特·斯科特·汉密尔顿海军中校通知戴夫劳斯投降。在击沉了4艘日军舰船、杀伤了千余名日军后，陆战队员们放下了武器。威克岛防御战成了美国人重振旗鼓的标志性事件。1942年，威廉·班迪克斯和罗伯特·普莱斯顿出演的电影《威克岛》，吸引了数以千计的年轻人参加陆战队。

右图：詹姆斯·P.戴夫劳斯少校带领第1守备营于1941年10月15日到达威克岛，但是F4F-3"野猫"战斗机直到11月27日才到。在英勇奋战之后，戴夫劳斯在日本战俘营里度过了之后的4年。

2000名日军乘冲锋舟登陆。他们来到了第1陆战营阵地附近时,在月光下被全歼。更多的敌军士兵蜂拥而至,并建立起滩头阵地。他们占领了丹佛炮兵阵地,霍华德上校只得派出了他最后的预备队——司令部和勤务部队的陆战队员。天亮时,已经有超过150名陆战队员伤亡。

陆战队员接管了科雷吉多尔岛上的大多数火炮阵地,攻击横行的日军坦克,但到中午时分,淡水、食品已经耗尽,弹药几乎告罄。温赖特将军告知本间他准备投降。当霍华德上校接到命令时,他眼含泪水命令副官烧掉团旗和军旗。面对无情的现实,"上帝啊!"他倒抽一口冷气说道,"我要成为第一个带领全团投降的陆战队军官了。"其实,他已经没有一个团的兵力了,1430名陆战队员已经伤亡了687人。后来,在日军战俘营中,第4陆战团又有239人死亡。

菲律宾的战斗远比日本帝国大本营想象的时间要长。但这里的拖延对于整体的战局而言也不是太重要了。5月初,日军横扫了东印度群岛、新加坡、马来亚和缅甸,开始向南经过所罗门群岛向新几内亚进军。然而两艘美国航空母舰——"列克星敦"号(CV-2)和"约克城"号(CV-5)挡在了日军的进军路线上。1942年5月8日,珊瑚海海战中,这两艘航空母舰击退了日军进攻新几内亚莫尔兹比港的部

上图:1942年3月在菲律宾战役中,看不到头的日军队伍挤在通向巴丹半岛的几条小路上。

下图:1942年3月6日,科雷吉多尔守军被迫向日军投降。挤在人群中的陆战队塞缪尔·霍华德上校掩饰不住自己"带领一个团投降"的沮丧神情。

上图:日军庆祝攻克巴丹半岛上的奥利安。1942年4月9日,共有75000名美菲军人投降,其中包括105名被困于包围圈中的陆战队员,而其他陆战队员则设法撤退到科雷吉多尔岛。

队。此时距日军袭击珍珠港整整6个月。美国海军开始了反击,陆战队也随之开始反攻的步伐。

陆战队在中途岛

威克岛陷落后,中途岛成了美国在太平洋中部最前沿的基地。这个小岛位于火奴鲁鲁以西1150英里。尼米兹海军上将的密码专家们破译了日军密电,得知山本计划对中途岛发起大规模进攻,以诱歼美国海军太平洋舰队。尼米兹随即制订了美军的伏击计划。他将航空母舰"企业"号(CV-6)和"大黄蜂"号(CV-8)交给雷蒙德·A.斯普鲁恩斯海军少将指挥,将"约克城"号(CV-5)交给弗兰克·杰克·弗莱彻海军少将指挥,并为他们派出了特遣编队以对付南云的航空母舰打击编队。南云编队中包括"赤城"号、"飞龙"号、"加贺"号和"苍龙"号航空母舰,日军主力舰队由山本直接指挥,进攻中途岛的部队由近藤信竹海军中将指挥。

尼米兹同时指示驻中途岛陆战队上校哈罗德·D.香农加大侦察机的空中侦察力度。香农将命令传达给伊拉·E.凯姆斯中校,他指挥的陆战队第22航空大队(MAG-22)有不少古董飞机,其中,陆战队侦察轰炸机第231中队(VMSB-231)装备17架沃特SB2U"守护者"俯冲轰炸机,陆战队战斗机第221中队(VMF-221)装备着14架同样不堪一击的布鲁斯特F2A-3"水牛"战斗机和少量的早期型格鲁曼F3F-3"野猫"战斗机。1942年3月,一个16架道格拉斯SBD-2"无畏"俯冲轰炸机中队加入航空群,这给了他们对敌反击的一线希望。

上图：1939年陆战队开始换装道格拉斯SBD-1"无畏"轰炸机。这型飞机后来又有很多改型，机上装备了3挺12.7毫米机枪，能够在机腹挂载1000磅炸弹，两翼上可以各挂载一枚100磅炸弹。

1942年6月4日破晓时分，中途岛上的雷达站探测到了南云将军的第一波36架"瓦尔"俯冲轰炸机、36架"凯特"鱼雷轰炸机、36架"零"式战斗机。15分钟后，凯姆斯中校命令MAG-22大队能够升空的飞机全部起飞。弗洛伊德·B.帕克斯少校带领VMF-221中队"水牛"战斗机迎头拦截日军进攻机群。洛夫顿·R.亨德森少校带领VMSB-241中队16架SDB-2"无畏"俯冲轰炸机向东方40英里外的集合点飞去，他们将在那里等待南云航空母舰位置的情报。本杰明·诺里斯少校带领速度较慢的SB2U"守护者"机群跟在亨德森后面。

起飞15分钟后，帕克斯在距中途岛30英里外目视发现由"零"式护航的"瓦尔"轰炸机群。老旧的"水牛"战斗机从17000英尺的高度俯冲下来，避过"零"式战斗机来攻击轰炸机。在第一轮攻击中，14架"水牛"中7架被打成了火球。在第二轮攻击中，又有6架"水牛"栽进大海，后来有2架"野猫"也是如此。在20分钟一边倒的空战中，VMF-221中队几乎全军覆没，但是32架日军"瓦尔"轰炸机也没有一架飞到中途岛。

正在此时，亨德森少校接到了南云航空母舰位置的情报。他带领16架"守护者"到9000英尺高度解散编队，各自对敌航空母舰飞行甲板投弹。"零"式战斗机从航空母舰上飞过拦击准备俯冲投弹的

上图:格鲁曼F4F"野猫"战斗机可以最早追溯到20世纪30年代早期。第二次世界大战爆发之时,陆战队装备的战斗机大多数是F4F-3型。与日军"零"式战斗机相比,该机飞行速度太慢,最终被F4F-4和F6F"地狱猫"战斗机取代。

SBD机群,击落了包括亨德森少校座机在内的一半轰炸机。只有8名飞行员返回了中途岛,并报告称没有取得战果。

VMSB-241中队的第二个机群,由诺里斯带领的17架老式"复仇者"没有将航空母舰当作目标,而是飞向了"榛名"号和"雾岛"号战列舰。在机群接近到投弹距离前,就被"零"式战斗机击落了3架"复仇者"。俯冲投弹期间,理查德·E.弗莱明上尉的座机被击中起火。弗莱明驾驶座机向距离最近的日军战舰撞去,击伤了"三隈"号巡洋舰,他被追授了荣誉勋章。

无一战果,诺里斯带领飞行中队回到了中途岛,此时岛上已经被火海浓烟笼罩。夜幕降临时,他带领其他飞行员驾驶6架能飞的"守护者"再次起飞。搜索敌航空母舰未果,飞行员们返回了中途岛,但诺里斯没能回来。

敌人航空母舰消失的原因很快就清楚了。白天的战斗中,"企业"号、"大黄蜂"号、"约克城"号上的俯冲轰炸机已经将它们全部击沉。美国航空母舰在中途岛的胜利成为扭转战争全局的转折点,这些完全掩盖了陆战队航空兵做出的贡献。MAG-22航空大队有48人阵亡,39人负伤，飞机也所剩无几，但是陆战队的飞行员们击落了 43 架敌机，另外，岛上高炮还击落了 10 架敌机。

太平洋战场的重组

切斯特·W.尼米兹海军上将从 1941 年 12 月 31 日起开始指挥太平洋舰队，在他成为太平洋战场和东所罗门群岛作战行动总指挥时，参谋长联席会议作出的安排看起来就有些混乱了。麦克阿瑟上将的辖区是西南太平洋，包括西所罗门群岛、新几内亚和澳大利亚。虽然这种安排还没有正式确定，但仍然为陆军、海军和陆战队划出了各自临时的责任区。

1941 年 5 月 27 日，美英签署了《ABC-1 号参谋部协定》，罗斯福总统授命美国地面部队对德作战，协定还规定了美英两国参谋长成立联合参谋机构并一同工作。珍珠港事件后，联合参谋机构将对日作战扩充到协定内容之中。这样就出现了皇家海军主要负责大西洋战场、美国海军主要负责太平洋战场的局面。与此对应，美国陆军将主要担负北非和欧洲的战事，霍尔库姆的舰队陆战队负责太平洋战场的两栖作战行动。尼米兹海军上将需要自己的地面部队，霍尔库姆为他提供了这些部队。麦克阿瑟上将负责指挥西南太平洋战区的美国陆军和盟军部队，但是他被告知不要期待太多的协助。

根据这个协定，美国海军作战部长厄内斯特·J.金海军上将授权尼米兹组织对南所罗门群岛的进攻行动，代号"瞭望塔"。金认为，麦克阿瑟的西南太平洋战区部队无力对所罗门群岛采取行动，必须由海军和陆战队来填补这个空白。虽然要求陆军派出部队支援，但他对此丝毫不抱幻想。金没有等待陆军的回复，完全将进攻瓜达尔卡纳尔岛的任务交给了陆战队。

金在太平洋战区使用陆战队作战的计划可以追溯到 1921 年陆战队上校"皮特"·艾利斯制订的"橙色计划"中的"密克罗尼西亚前进基地行动"。20 年来，陆战队研究制订了一系列代号"彩虹"的战争计划。"彩虹-2"计划假定以海军兵力为主导的对日战争情况下，陆战队将扮演重要的角色。"彩虹-2"计划在德国入侵丹麦和挪威时被否决，但是当国会授权为

上图："飞龙"号航空母舰上的幸存者被陆战队员押送到珍珠港，这艘航空母舰是南云编队 4 艘航空母舰中最后沉没的一艘。1942 年 6 月 5—6 日的中途岛海战标志着日军海军在太平洋走上下坡路。

上图：霍尔库姆司令官的"舰队陆战队"概念在 1942 年的作战中取得了巨大的成功。照片为美国海军"企业"号航空母舰的飞行甲板，上面挤满了道格拉斯 SBD"无畏"轰炸机和格鲁曼 F4F"野猫"战斗机，这些飞机的飞行员既有海军的，也有陆战队的。

"两洋"海军拨款时，此计划又被重新提及。霍尔库姆司令官决定，在增加数量的同时加强舰队陆战队现代化建设，以增强陆战队整体的实战能力。两栖作战不是海军最首要的任务，但是对于霍尔库姆来说答案却是肯定的。这样的部队需要 30 艘大型运输船、11 艘两栖补给船、1400 艘新型登陆艇、500 辆两栖车辆以及舰炮支援兵力，还有实力远强于目前状况的陆战队航空兵——这也意味着陆战队需要增加数千名飞行员和航空兵保障人员。1940 年，罗斯福总统签署了这个法案，第 1 和第 2 陆战师、第 1 和第 2 陆战队航空联队随之成立，同时还成立了数个舰队陆战队守备营。

金上将的前任海军作战部长哈罗德·R.斯塔克海军上将曾经建议成立第 3 个陆战师，然而霍尔库姆最终建立起了 6 支陆战师和 5 支航空联队，并将它们一个接一个地派往太平洋战场。

作为《ABC-1 号参谋部协定》的结果，陆战队从未参加欧洲的战事。在这个战区服役的陆战队员几乎全部部署在大西洋舰队的舰船上，个别情况下，部分陆战队员与战略情报处（OSS）合作在北非

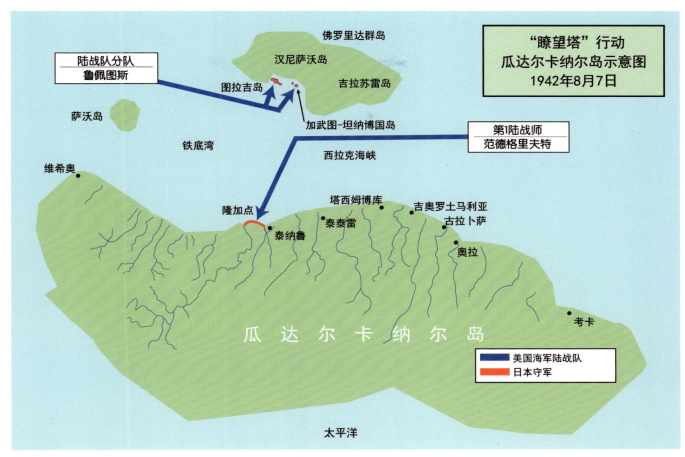

上图：1942年8月7日，在对瓜达尔卡纳尔岛的两栖进攻作战中，陆战队员毫不迟疑地投入与伪装良好的日本海兵（日军将陆战队称为"海兵"——译者注）的战斗。

和欧洲执行隐蔽任务。他们与在法国、德国、意大利和南斯拉夫的游击队并肩作战，其中，陆战队员彼得·J.奥蒂斯上校，因为在法国抵抗力量中的英雄事迹获得了两枚海军十字勋章。虽然如此，陆战队的主战场仍然在太平洋。

瓜达尔卡纳尔岛（"瞭望塔"行动）

中途岛的胜利加快了"瞭望塔"行动准备工作。1942年6月底，亚历山大·A.范德格里夫特少将把第1陆战师分散部署于新西兰和萨摩亚进行了为期6个月的训练。第2陆战师的部分单位还在运输途中，他计划将其作为预备兵力。南太平洋舰队司令官罗伯特·L.戈姆利海军中将反对这次行动，他认为现有的资源并不够。瓜达尔卡纳尔岛从未正式测绘过，人们只是知道那里是低潮时显现出的一些暗礁。还没有哪个陆战师之前参加过大规模的两栖

上图：帕里斯岛训练营在训练步兵的同时也训练飞行员。照片中的学员刚刚完成飞行训练，很快就要开赴太平洋战场。

作战行动。范德格里夫特认为，1943年2月之后才能实施行动，但是参联会批准了"瞭望塔"行动并将进攻瓜达尔卡纳尔岛的日期提前到了1942年8月7日。

航空侦察查明日军正在瓜达尔卡纳尔岛隆加角附近建设机场时，准备工作进一步加快了。鉴于敌军已经在瓜达尔卡纳尔岛对面的佛罗里达群岛建立了水上飞机基地，参联会将图拉吉、加武图和坦纳博格岛添加为进攻目标。

1942年7月份，范德格里夫特在斐济对第1陆战师进行战前整训。他担心陆战师没有准备好登陆日的行动，而且海军的支援力量也没有准备好。在斐济组织的预先演练一塌糊涂，突击舰船触礁搁浅，海军舰炮毫无准头，支援飞机错过目标。这时，弗莱彻将军又开始拆台，他的航空母舰要离开瓜达尔卡纳尔岛4天去掩护里奇蒙德·凯利·特纳海军少将的两栖突击兵力，所以只能提供两天的空中掩护。特纳希望其中1个陆战团留在船上准备"下一步的行动"，但是后续行动的计划却根本不存在。当弗莱彻和特纳还在争吵的时候，范德格里夫特的陆战队员一心只想参战杀敌。

1942年7月31日夜幕降临时，第1陆战师驶向所罗门群岛开始了美国在第二次世界大战中首次地面进攻行动。"永当先锋（First to Fight）"的称号在陆战队漫长历史中又获得了新的意义，他们已经踏上了通向最终胜利的漫长道路。

1942年8月7日清晨，在海上漂了一周后，数千名紧张兴奋的陆战队员乱哄哄地爬下运输船舷上的换乘网跳进登陆艇中。他们紧张地听着数百门海军舰炮正在轰击标记为"红滩"的登陆地域。登陆艇呈突击队形高速驶向瓜达尔卡纳尔岛海边的白色沙滩，上下颠簸，令人眩晕作呕。他们的目标——瓜达尔卡纳尔岛，位于所罗门群岛南部，长 90 英里、宽 25 英里，远远看去，是一个被浓密丛林掩盖的岛屿。

1942 年 8 月 7 日 9 点 10 分，运输第 5 陆战团第一波登陆部队的登陆艇群抵滩。瞪大眼睛的陆战队员们跳进绿色的海水中，冲向椰树林寻找掩蔽。除了海军舰炮炮弹持续呼啸而过飞向岛屿深处，没有什么别的声音。这次突袭让 2230 名日本军人和朝鲜建筑劳工大吃一惊。他们一枪未发就逃进了丛林。范德格里夫特将军亲自上岸指挥进攻行动，整个行动中没有出现伤亡。一个小分队前往勘察那个几近完工的机场，发现机场已经被日本人放弃了。机场上大量的补给油料和食品一点没动，施工机械设备还保持着工作时的状态。

当部队在瓜达尔卡纳尔岛展开建立警戒区时，第 2 陆战团和第 1 伞兵营在图拉吉、加武图和坦纳博格岛登陆。他们发现日本人非常有战斗力，这可不是个好兆头。敌人藏身于洞穴和树林中，夜间出来渗透陆战队的防线。一名上尉急于展示消灭洞穴内日本人的技术，过大地估算了 TNT 的用量，结果把自己的裤子炸飞了。为了清理敌人的据点，陆战队员们在第二次世界大战中第一次呼叫美国海军舰炮支援。实战中的空中支援打击对于陆战队员

下图：伊文思·F. 卡尔森中校指挥的第 2 突击营的幸存者站在美国海军"舡鱼"号潜艇甲板上，即将靠上珍珠港的码头。

上图:"卡尔森的突击队"成功完成了对马金岛的佯动袭扰作战,霍兰·史密斯将军称其为"一个骗局"。陆战队员们在作战完成后回到了"舡鱼"号潜艇上报告任务完成情况。

和敌人同样危险。为了这3座与瓜达尔卡纳尔岛相邻的小岛,陆战队付出了阵亡108人、失踪140人的代价。

陆战队在瓜达尔卡纳尔岛的困境

瓜达尔卡纳尔岛上的陆战队员们在1942年8月8日夜间再次震惊了,弗莱彻将军通知特纳和范德格里夫特将军,他不再等待上级的批复了,要直接将航空母舰特遣队撤离战区。没有了航空兵力,只留下了几艘巡洋舰和驱逐舰,两栖特遣编队的舰船彻底失去保护。8月9日夜,日军一支分舰队从"槽海"袭来,击沉了4艘美军重巡洋舰(萨沃岛海战),特纳匆忙撤离,船上的物资也没有来得及卸下。范德格里夫特早晨迅速清点了物资,得知登陆部队目前只有支持37天的粮弹物资,远少于作战计划中90天的储备量。特纳还带走了第2陆战团的团部和团属武器装备,以及整个第10陆战团的第3营。

范德格里夫特指挥岛上的11000名陆战队员一起,围绕机场建立起了更宽的警戒区,并且让第1工兵营操纵日本人的施工机械来完成跑道工程。如果海军不愿意帮忙,他们就只能把希望寄托在能在这条跑道上降落的陆战队飞行员身上了。

血岭之战

1942年9月初,范德格里夫特需要瓜达尔卡纳尔岛上每一名处于半饥饿状态的、身患疟疾、脚长脓疮的陆战队员都动

> "在所有与所罗门战役相关的事情中,让我印象最为深刻的是我们根本没有准备后续的行动。我们夺取了一个战略据点。陆战队能守住么?这个问题值得质疑。"
> ——美国陆军米拉德·F.哈门少将
> 于1942年8月11日写给
> 乔治·马歇尔上将的信

仙人掌航空队

日本帝国大本营很快意识到了美国在瓜达尔卡纳尔岛获得航空兵基地的危险性。白天的飞机轰炸和夜间的舰炮轰击使亨德森机场坑坑洼洼,这个机场以中途岛战役中捐躯的洛夫顿·R.亨德森命名。在日军夜间登岛的增援部队火力之下,第1工兵营马不停蹄地完成了主跑道,同时砍倒丛林,开辟出两条辅助跑道。

1942年8月18日夜间,日军驱逐舰编队在隆加角以东20英里外放下了815人增援部队。第1陆战营A连发现一支日军巡逻队沿海滩活动,立即歼灭了他们。几个小时后,第1特种武器营击退了日军沿腾那鲁河的猛烈攻势。

1942年8月20日,陆战队第1航空大队(MAG-1)的两个中队在亨德森机场着陆,他们是由约翰·L.史密斯少校指挥的VMF-223中队(装备格鲁曼F4F"野猫"战斗机)和由理查德·C.曼格鲁姆上校指挥的VMSB-232中队(装备SDB"无畏"式俯冲轰炸机)。这两个中队成为"仙人掌航空队"中最早的单位("仙人掌"是瓜达尔卡纳尔岛的代号)。史密斯和曼格鲁姆也有幸成为第二次世界大战中第一批在美国人夺取的机场上降落的飞行中队长。亨德森机场给他们印象是"污染飞机发动机的黑色尘土能清理出一碗来……(当下雨时)整个(机场)变成了一个黑泥潭,起飞就像是……从蜂蜜铺的跑道上拉起来一样"。范德格里夫特用这些飞机去袭扰日军向岛上输送增援部队的行动。在瓜达尔卡纳尔岛的前十天里,"仙人掌"航空队击落了56架敌机,自身损失11架。当日军的运输船队在田中赖三海军少将指挥的巡洋舰驱逐舰编队护送下抵达瓜达尔卡纳尔岛外海,准备进行第二次大规模登岛作战时,"仙人掌"航空队的飞行员们发起了进攻,击伤了"神通"号巡洋舰和一艘运输船,迫使田中的"东京快车"增援计划流产。田中迅速改变了战术,开始在夜间使用驱逐舰将增援部队和物资卸载上岸。岛上的陆战队员将这种夜间活动称为"东京快车",当"仙人掌"的飞行员们击沉了日军"朝雾"号驱逐舰后,陆战队员为飞行员们的胜利而进行了庆祝。

左图:1943年2月24日,陆战队第223飞行中队约翰·L.史密斯少校被授予荣誉勋章,这是为了表彰他在所罗门群岛战役中英勇作战,取得击落了16架敌机的骄人战绩。

下图:亨德森机场的陆战队员将一架在机库中被日军炸弹击伤的F4F-4"野猫"战斗机拖出来,同时用沙土和化学灭火器灭火。在简单的维修后,这架飞机又恢复了正常状态。

起来守住机场,顶住日军向岛上派出的增援部队。他把梅里特·A."红麦克"·爱迪生上校的第1突击营和伞兵营从图拉吉岛调回瓜达尔卡纳尔岛,以侦察日军在机场东面丛林中的行动。爱迪生在塔西姆博库附近进行了两栖登陆,遭遇1000名装备了火炮的日军。他从敌侧翼进攻,将他们赶入丛林,缴获了一个装有绝密文档的文件包,从中发现了第一张准确的瓜达尔卡纳尔地图。在翻译了这些文件后,范德格里夫特发现他对于日军指挥官川口清健少将的推测是准确的,日军试图迂回机动越过丛林,占领914米高的山岭以俯瞰亨德森机场。范德格里夫特命令爱迪生前出监视山岭正面,并将第11陆战团(该团是炮兵部队——译者注)的105毫米榴

下图:1944年1月在布干维尔岛托金那角登陆后,陆战队突击营的战士们已经成为富有经验的丛林战专家。在攻占了日军的地下掩体后,他们合影留念。

弹炮和两个包含大量病号的步兵营配属给他。

川口认为他的3路攻击部队在海上和空中兵力的协同下,可以占领亨德森机场。但他忽视了部队行军到山岭之上已经过于疲劳,也没有料到爱迪生的陆战队员已经构筑好工事等待他们的到来。

9月12日黄昏,一架被戏称为"洗衣机查理"的日军飞机飞过亨德森机场,投下一枚绿色照明弹,这表示川口开始指挥3450名日军部队越过山岭向机场袭来。爱迪生的两个营在被称作"血岭之战"的战斗之前已经打退了日军两轮进攻。清晨时分爱迪生开始反攻,但是发现敌军太强。他撤退回来,再次开始防守,向前向后各构筑了一条防线。整个白天,"零"式战斗机都在头顶呼啸,不断对山顶从容地扫射投弹。

9月13日入夜,川口部队突入爱迪生的中心阵地。担负防御任务的伞兵营退到了主防线,开始坚守阵地。爱迪生召唤第11陆战团5营的105毫米榴弹炮群支援,利用弹幕的掩护退到了后方防线。"好的,突击营,就这样了。"爱迪生的吼叫声压过了枪炮轰鸣,"我们要在这里坚守。如果这些日军打进了机场,第1师的麻烦就

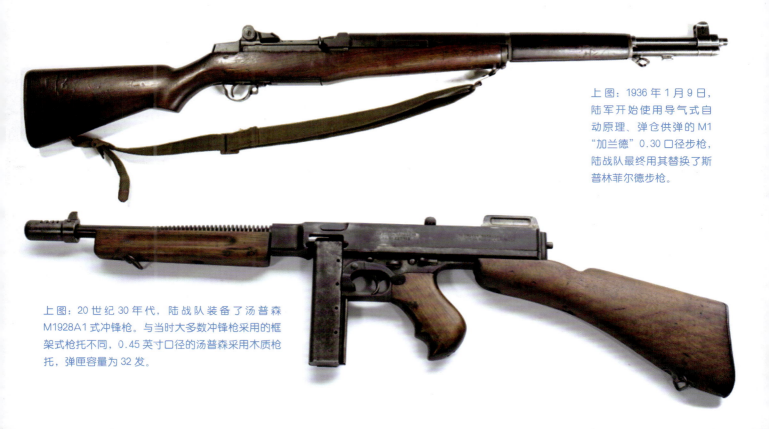

上图:1936年1月9日,陆军开始使用导气式自动原理、弹仓供弹的M1"加兰德"0.30口径步枪,陆战队最终用其替换了斯普林菲尔德步枪。

上图:20世纪30年代,陆战队装备了汤普森M1928A1式冲锋枪。与当时大多数冲锋枪采用的框架式枪托不同,0.45英寸口径的汤普森采用木质枪托,弹匣容量为32发。

上图：梅里特·A."红麦克"·爱迪生上校指挥第1突击营和伞兵营，他带领850名陆战队员在"血岭之战"中，击退了由3450名精锐组成的日军突击部队，保住了亨德森机场。

上图：陆战队第1航空联队指挥官罗伊·盖格准将，1942年，他接过了瓜达尔卡纳尔岛作战指挥权。他后来晋升为少将，负责指挥太平洋战场上的两栖作战行动。

大了！"为阻拦日军的攻势，第5营发射了1992发105毫米炮弹。列兵艾尔文·雷诺德此时手持勃朗宁自动步枪（BAR）趴在掩体里忍受着真菌感染之苦，他回忆道："日本人整晚都跟我们混战在一起。天哪，你都能闻见他们的味儿。"

整个夜间，川口部队的攻势不断被美军的手榴弹和勃朗宁自动步枪的弹雨击退，只能盘踞在山岭上死守。美军设在隐蔽处的迫击炮为了尽可能地压制日军攻势，甚至达到了发射速度的极限。9月14日天亮时，600多名日军横尸山岭。川口命令部队撤回丛林时，又有900人因伤病阵亡。

经历了两个地狱般的夜晚后，"红麦克"·爱迪生已经掌握了日军的战术原则。"我希望日本人能够从美国战士的身上学点东西。日本人表现不错，但是我认为我们表现更好。"爱迪生的"血岭之战"成为陆战队极富感召力的经典战例，他因此获得了荣誉勋章。

肃清瓜达尔卡纳尔岛

1942年9月18日，第一批援军——第7陆战团的4262人抵达瓜达尔卡纳尔岛，由于麦克阿瑟的阻挠他们此前一直滞留在萨摩亚。与该团一道前来的指挥官是刘易斯·B."挺胸"·普勒中校，一名非凡的富有经验的作战军官，在其他人眼里他是"一个彻头彻尾的战士，晚生了200年，疯子一个"。

范德格里夫特现在有了23000人的兵力，但是其中有三分之一的兵员已经由于疟疾、营养不良、痢疾、丛林真菌感染和战斗疲劳症失去了战斗力。他必须将他们全部动员起来，因为日本人不会接受失败的结局，继续将数千名兵力投入疯狂的自杀式攻击。罗伊·S.盖格准将指挥的"仙人掌航空队"保持了最大出动率，击沉了半数向瓜达尔卡纳尔岛输送援兵的日军运输船。威廉·F."公牛"·哈尔西海军上将于1942年10月取代了戈姆利海军上将就任南太平洋舰队司令官，他在圣克鲁兹海战（1942年10月26日—27日）中成功阻止了日军大举增援瓜达尔卡纳尔岛的企图。36000名增援瓜达尔卡纳尔岛的日军有半数阵亡在途中。11月中旬，日军帝国陆军（IJA）决定撤出瓜达尔卡纳尔岛上一度非常强大的陆军第23师团幸存者。仅在此次战役中，第23师团就有14000人阵亡或失踪，这还没有计算之前的损失。美国陆战队及增援的陆军部队阵亡1600名官兵，负伤4200人。

1943年2月9日，瓜达尔卡纳尔岛被彻底占领。陆战队员们可以喘口气了，他

上图:亚历山大·A.范德格里夫特少将在瓜达尔卡纳尔岛指挥第1陆战师。图中是1942年11月,他正在带领包括霍尔库姆司令官和爱迪生上校在内的一群军官视察基地。

亚历山大·阿彻·范德格里夫特将军(1887—1973年)

1887年3月13日出生在弗吉尼亚州的夏洛特威尔,"阿彻"·范德格里夫特毕业于弗吉尼亚大学,1908年加入陆战队。1909年被授予少尉军衔,在其后的15年间先后在加勒比和中国担任基层军官。1937年,霍尔库姆司令官将范德格里夫调回国内,给他当了4年的军事秘书。范德格里夫特申请担任指挥官。1942年,霍尔库姆将其晋升为准将并任命为第1师师长。

1942年3月,范德格里夫特在北卡罗来纳州勒琼堡接任师长。他在6月接到开赴南太平洋的命令时,该师组建工作才刚刚开始。1942年8月7日,他带领陆战队员在瓜达尔卡纳尔岛登陆。夺岛战斗一直持续了数月之久。战斗中需要克服重重困难:日军的猛烈抵抗,海军不可靠的后勤和支援,然而范德格里夫特的第1陆战师顽强地守住了亨德森机场。在12月9日被第2陆战师和第25步兵师替换下来后,范德格里夫特带领全师撤回澳大利亚布里斯班进行休整,恢复战斗力后准备进攻布干维尔。

1944年1月1日,他奉调回国担任陆战队第18任司令官。范德格里夫特将军将陆战队扩编为战时规模的485000人和6个陆战师。他最辉煌的时候还不是在瓜达尔卡纳尔岛,而是在1946年,国会讨论将美国武装部队整编为3部分——陆军、海军和空军,准备裁撤陆战队。5月6日,他来到参议院海军事务委员会出席听证,说道:"情绪不能主导对于国家安全事务问题的讨论。我们以现在和过去为傲,但是我们没有满足于现在和过去的成绩,没有觉得国家应该感激我们并应该为我们做些什么。如果陆战队员作为战士,在170年的时间里没有取得什么成绩,那他就应该离开。但是我想你们会同意我的说法,那就是他已经为自己赢得了满怀尊严和荣誉而离开的权利,而不是屈服于陆军部,认定他已经毫无用武之地而被迫裁撤。"

这场讨论的结果就是1947年的《国家安全法案》,其中明确陆战队是美国海军部的一部分,并且拥有舰队陆战队、地面部队和航空兵部队的永久编制。

们马上将挥师所罗门岛链，直指新不列颠和日军重兵驻守的拉包尔基地。

所罗门群岛战役

为有效威慑位于拉包尔的日本海空军基地，陆战队面临着必须在所罗门群岛中部建设中转机场的问题。瓜达尔卡纳尔岛战役后，日军转而采取守势，让这一任务更加困难。随着1943年的到来，麦克阿瑟计划调动陆军部队在新几内亚发动攻势，企图在新不列颠岛上从侧翼包抄拉包尔。哈尔西则计划运用他的舰船和陆战队兵力通过逐步攻占整个所罗门岛链的方式包围拉包尔。随着美军的航空母舰陆续恢复作战能力，尼米兹计划组织太平洋战场上的第3支两栖作战部队。

1943年2月23日，攻克瓜达尔卡纳尔岛12天后，特纳将军组织第3陆战突击营和一个海军战斗工兵营在位于亨德森机场西北方150英里外的拉塞尔岛登陆。登陆未遇抵抗，海军工兵开始修筑一条简易跑道，以便MAG-21航空大队的飞机能够支援对新乔治亚岛的进攻行动。

1943年6月30日，就在麦克阿瑟着手进行新几内亚作战的同一天，特纳发动了"脚指甲"行动并开始进攻新乔治亚岛。特纳命令陆战队第9守备营于伦多瓦岛登陆，这里与敌人在蒙达点的空军基地隔着潟湖相望。塞缪尔·B.格里菲斯中校带领第1陆战突击团第1营在蒙达点后方登陆对敌实施封锁。在进攻开始前的6月21日，登陆作战就提前开始了，当时麦克尔·S.库兰中校的第4突击营在蒙达东边的赛吉角登陆，其目的是解救遭敌人追击的滩头观察员唐纳德·G.肯尼迪。日军在战斗中负隅顽抗。新乔治亚岛之战美军最终投入了包括陆军增援部队在内的30000兵力，经历了5次两栖登陆和一个多月残酷的丛林战后终于攻克了蒙达机场。虽然日本人在保卫蒙达的战斗中损失了358架飞机，然而对美军而言，这是一场筹划不力、指挥混乱的战斗。"我们的作战本来不应该如此艰难"，海军历史学

右图："老爹"波音顿早期的座机是布鲁斯特F2A战斗机，一名飞虎队员称F2A是"战斗中彻底的废物"。当换装了机动性敏捷的沃特F4U"海盗"战斗机后，他在空战中击落了28架敌机，成为陆战队的头号王牌飞行员，荣获荣誉勋章。

上图:格利高里·"老爹"·波音顿少校是陆战队历史上最富有表现欲和进攻精神的飞行员之一,他在VMF-124中队指导下属飞行员,这个中队的外号是"黑羊"。

家塞缪尔·艾略特·莫里森坦率地说。

1943年8月10日,VMF-123和VMF-124两个飞行中队开始使用蒙达机场。这一次哈尔西吸取了新乔治亚岛得来的经验——"避敌之实,击其所虚"。陆战队采取"蛙跳"方式绕过了重兵防守的科隆班加拉岛,攻占了防守相对较弱的维拉拉维拉岛,建立了另一个机场,这里距拉包尔又近了50英里。在后续作战中,31岁的格利高里·"老爹"·波音顿少校在他的第一次任务中击落了5架敌机。他的VMF-124"黑羊"中队,在进驻维拉维拉岛的第一个月内共击落了57架敌机。波音顿以28架的战绩成为陆战队头号王牌飞行员,并获得荣誉勋章。

1943年11月9日,范德格里夫特被召回华盛顿就任陆战队司令官,盖格少将接替了他的位置并接管第1陆战两栖军(I MAC)。当时太平洋战场共有3个陆战师,第1师正在准备进攻新不列颠岛的格洛斯

上图：在布干维尔岛丛林战中，第2突击团的陆战队员们用军犬搜寻敌军，还利用军犬向指挥所传递信件。

女陆战队员

第二次世界大战期间，陆战队直到 1943 年 2 月 13 日才开始征召女性，当时海军部长弗兰克·诺克斯在"女性预备役计划"执行方面对霍尔库姆司令官多有抱怨。数千名女性充实到了陆战队序列中。人们并不祢她们为"女士"，而是用字母缩写给了这些预备役女兵一个不受欢迎的"WR"（Women Reserve）的称号，尽管不少女性参加陆战队的热情高于男性陆战队员。截至战争中期的 1943 年 12 月，总共有 3201 名"WR"在陆战队服役。

霍尔库姆也开始面临女陆战队员加入后出现的新问题。有些激进的团体敦促他将陆战队变成一个不区分性别的组织。埃莉诺·罗斯福希望他让女性全过程参加基础训练，包括战地勤务和轻武器训练。霍尔库姆顶住了这些压力，将他的女性预备役士兵们分配到管理和文书工作岗位上。女性从来没有参加地面或空中战斗，但是她们遵守陆战队的条令和纪律，担负起了太平洋战场上后方的勤务工作，减轻了男性兵员的负担。

鲁丝·切尼·斯特里特上校接管预备役部队后，她为女性开设了车辆修理、卡车驾驶、机要密码和伞具维护训练科目，并开辟出了十余个新岗位。1944 年 6 月，预备役部队达到了 1000 名军官和 18000 名女兵的规模。战争结束时，23000 名女性参加了陆战队预备役部队。即使是霍尔库姆司令官也惊奇地说："在陆战队几乎所有的岗位上，女性都能和男性一样出色地工作。她们的工作成绩远远超过了男性……更为重要的是，她们是真正的陆战队员。与 WACS 和 WAVES 不同，预备役女陆战队员绝不仅仅是个缩写词。"正如霍尔库姆迟来但坚定的肯定："她们是陆战队员。"

4 太平洋危机（1941—1943年） | 133

上图：第3陆战师绕过了日军的据点，在东面的奥古斯塔皇后湾登陆，第2突击团沿着皮瓦河旁的小路推进，将数千名布干维尔岛丛林内的敌军分割孤立开来。

特角，第2师的任务是吉尔伯特岛的塔拉瓦，第3师的目标则是建有5个机场的大岛——布干维尔，这里距离拉包尔的最近距离只有200英里。

布干维尔（"樱花"行动）

1943年10月28日，维克多·H.克鲁拉克中校的第2伞兵营进攻舒瓦瑟尔岛以分散日军注意力。"陆战队伞兵"只击毙了一支10人日军巡逻队中的7人，这样其他人就能逃到上级那里提供错误情报了。

11月1日，当日本人准备在舒瓦瑟尔岛战斗时，艾伦·H.特内基少将指挥第3陆战师在布干维尔岛西侧海滩的奥古斯塔皇后湾登陆。陆战队吸取了新乔治亚岛作战的教训，尤其是改进了战斗装具和后勤补给，这些工作为战斗的胜利做出了很大贡献。然而在作战中，仍有一些部队在难以越过的沼泽地附近登陆。陆战队还明白了一个道理，在布干维尔岛上自己建设机场比步履艰难、伤亡惨重地抢夺一个机场容易得多。这条战略指导原则与两栖

4　太平洋危机（1941—1943年）　　135

左图：1943年12月30日，退入新不列颠岛格洛斯特角附近丛林深处的日军重新编组，而后发起了反击。第1陆战团第2营正在用机枪反击敌军攻势。

作战的一条公理不谋而合：能够在无防御的海滩登陆时，绝不要去进攻重兵防御的滩头。

古贺峰一海军大将集中了驻拉包尔日军所有战舰迎击陆战队在布干维尔岛滩头的攻势。两支美国海军特混舰队在奥古斯塔皇后湾遭到袭击，1艘轻巡洋舰和1艘驱逐舰被击沉，日军全身而退，无一损失。

在与陆军部队并肩作战的3周时间内，陆战队员们处在战争以来最恶劣的战斗条件中。他们之前也经历过数次血战，但是

下图：1943年12月26日，陆战队员在新不列颠岛伯根湾从LCI登陆艇上涉水登陆建立滩头阵地，这里处于日军在岛上格洛斯特角以东机场的飞机打击半径内。

完善近距离空中支援

下图：陆战队飞行员成了提供近距空中支援的专家。在1944年2月埃尼威托克环礁的战斗中，飞机正在扫射掩蔽在堑壕中的敌人，地面引导员趴在几百码外的沙地上。

海军工兵在布干维尔岛上铺设的跑道上，第3陆战师空中引导员约翰·加伯特中校正在与VMTB-143和VMTB-144飞行中队驾驶TBF"复仇者"轰炸机的飞行员一起工作。他训练飞行员们向第9陆战团第2营阵地前120码投放100磅炸弹。近距空中支援并不新鲜，但是在瓜达尔卡纳尔岛战役之前，空中打击都是按照预先计划执行的，没有通过无线电通信与前沿部队达成直接协同。陆战队近距空中支援战术诞生在十几年前尼加拉瓜的丛林里。在皮瓦村战斗中，TBF轰炸机炸毁了陆战队员面前几十码的日军阵地，标志着这一战术在布干维尔岛的丛林里又迈出了新的一步。

都无法与布干维尔岛上的噩梦相提并论。泥泞的沼泽地取代了热带密林,其间是陡峭的山岭,之后又是沼泽地和丛林。每隔几百码的地形几乎都是相同的。每走一步,陆战队员们都会遭遇隐蔽的椰子木构筑的工事和暗堡。

每个下午都在下雨,衣服和鞋子就从来没有干过。阳光根本无法穿透密林,林中始终保持高温高湿的状态。入夜后,陆战队员们蜷缩在潮湿的洞里盖着斗篷休息。一个陆战队员写道:"这里冷得要命,让你觉得自己快死了。"

布干维尔岛战斗的第一天里,没有人睡得着觉,每个声音听起来都像是日本人正在爬过防线。热带飞虫和其他一些东西不断地被吸进陆战队员的鼻孔,蚂蟥在他们身上纵情开荤。"跟布干维尔岛比起来,"一名陆战队中尉回忆道,"我所听说的地狱里的每一件事都如在郊外野餐一般。"

陆战队员们从来没有打算攻占全岛,只要夺取足够修建机场的空间就足矣。海军工兵们一直紧随其后,他们身后的丛林里是数千名或死或病的日军。

1943年底,形势对哈尔西来说已经非常明朗了,没有必要再对拉包尔发动地面进攻了。尼米兹将军已经发动了在太平洋的战役将其孤立了起来。12月26日,第1陆战师在新不列颠岛西侧登陆,占领了足够修建机场的地盘。从这些新机场上起飞的陆战队航空兵摧毁了极具价值的拉包尔基地,至此,所罗门战役除了清理残敌的任务,已经宣告结束。

5

跳岛作战
（1943—1945年）

1943 年 1 月中旬，在丘吉尔首相和罗斯福总统召开的卡萨布兰卡会议上，金上将推进对日战线至中部太平洋的建议得到认可。回顾了 1921 年的"橙色计划"后，参联会准备按照尼米兹的倡议，用"蛙跳"方式夺取能够为 B-29"超级空中堡垒"轰炸机建立机场的大型岛屿，最终将日本本土置于轰炸机作战半径中。这个计划还呼吁建立一系列战斗机-轰炸机基地以发起进攻作战，尽一切可能打击日军的海、陆部队。为了推进这一计划，尼米兹申请了更多的航空母舰、飞机和陆战队。

塔拉瓦和马金环礁位于所罗门群岛东北方向 1000 英里处，这里地处赤道，是日军吉尔伯特群岛驻军的前哨。尽管从

下图：钱斯-沃特海鸥型机翼的 F4U-1"海盗"战斗机正在布干维尔岛上刚夺取的机场滑行，准备起飞袭击拉包尔。自从陆战队飞行员开始换装"海盗"战斗机，他们拥有了太平洋战场上飞行速度最快、机动性最灵活的"'零'式战机杀手"。

> "即使你们（海军）抵近到 1000 码的距离（来支援进攻），你们好歹还有点装甲掩护。你们要知道陆战队员就凭着刺刀冲过海滩，他们仅有的防护不过是一件卡其布衬衫。"
> ——朱利安·史密斯少将在贝蒂奥岛对 H.F. 金曼海军少将说

左图:丢掉新不列颠岛格洛斯特的机场后,日本人发起一场反击,却被两名陆战队炮手和几名弹药手操纵的一门75毫米轻型榴弹炮无情地击溃了。

地图上看不过是几个小点,这里却是通向马绍尔和马里亚纳群岛的垫脚石。这些环礁并不像典型岛屿一般有沙质海滩,而是遍布着剃刀般锋利的暗礁和沙洲环绕的水下山峰,暗礁和沙洲之上珊瑚密布。这里几乎没有适合登陆的地段,低矮的环礁根本无法为输送登陆部队的运输船提供掩护。

塔拉瓦环礁是由一系

左图:高级军官在美国海军"马里兰"号战列舰上开会讨论塔拉瓦进攻计划。在座的从左到右依次是:第2陆战师参谋长梅里特·A.爱迪生上校;第2陆战师10团指挥官托马斯·L.伯克准将;第5两栖突击编队第2大队指挥官哈里·W.希尔海军准将;第2陆战师指挥官朱利安·C.史密斯少将。后排站立的是第5两栖突击编队第2大队参谋长托马斯·J.瑞恩海军上校;海军塔拉瓦岛前进基地司令官杰克逊·R.泰特海军上校。

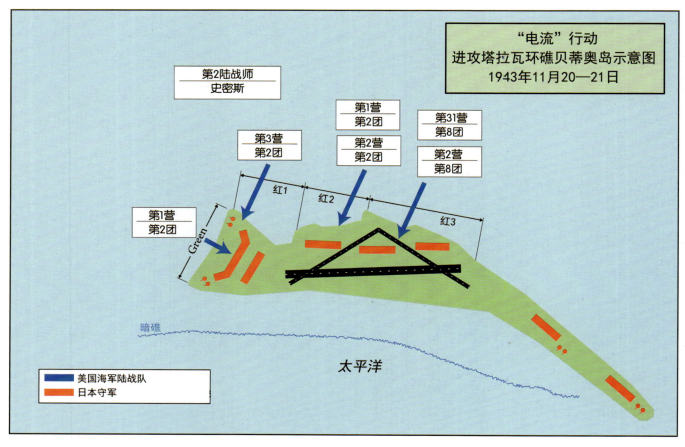

上图:虽然塔拉瓦环礁的海滩在进攻前都已经印制出了清晰的海图,但在潟湖内很浅的暗礁却没有探明。登陆艇操作员完全失去了判断力,有些登陆舰在暗礁上搁浅,其他登陆舰在敌人的猛烈火力下花很长的时间来寻找浅滩上的航道。最终,许多人员都没能正确地离艇,有些士兵在深水中淹死,更多的士兵挣扎着爬上了错误的海滩。

列平缓低矮的小珊瑚岛构成的三角形岛链,其弦长 31 英里,底边长 18 英里。面积 300 英亩的贝蒂奥岛就在底边上,它处在环礁的最西端,整个环礁唯一的机场就在这里。日军守备部队深藏在加固的地堡之下,能够有效抵御最猛烈的海空火力打击。美军在筹划进攻塔拉瓦、马金和阿帕曼马岛的"电流"行动时,未掌握这些情况。

塔拉瓦——"电流"行动

尼米兹任命斯普鲁恩斯海军上将指挥第 5 舰队,特纳将军指挥进攻部队,霍兰·M.史密斯少将指挥新组建的陆战队第 5 两栖军(V Amphibious Corps)。

组建第 5 两栖军的想法来源于陆战队在所罗门战役中得到的经验。在太平洋战场作战中,尼米兹始终将两栖突击作战当作陆战队的使命任务。霍兰·史密斯在朱利安·C. 史密斯少将的第 2 陆战师和陆军 165 步兵团基础上组建了第 5 两栖军，后来将其投入进攻马金岛的战役。史密斯将陆战师留了下来，准备实施对贝蒂奥岛的进攻作战。陆战队员在新西兰进行了为期 7 个月的临战训练，战斗力大为提高。

斯普鲁恩斯将军组建起了太平洋战场上最为强大的特遣编队，他认为其舰队必定能将贝蒂奥岛炸成一堆碎石。但他不知道日本海军柴崎惠次将军指挥 4836 名守军已经完成了布雷和设障作业，准备将美军运输船逼到岸炮的火力封锁区内。日军用椰子树环岛建起了一座 5 英尺高的防护墙，其间构筑了 106 座钢筋混凝土结构的、装备 13 毫米机枪的暗堡，还有 14 门海岸炮、25 门野炮和 14 辆坦克。

虽然斯普鲁恩斯一向以思维缜密、行事稳健而著称，但陆战队员们对他们即将面临的敌情有着比他更深入的认识。1943 年 11 月 20 日上午 5 时，战列舰和巡洋舰开始了 60 分钟的对岸火力准备，战役拉开序幕。舰载机随后进行了轰炸，全岛似乎已经被扫平。陆战队员们跳下登陆艇开始组织进攻。几艘驱逐舰小心翼翼地驶入潟湖中提供火力支援。贝蒂奥岛被炮弹炸点腾起的烟尘云雾所笼罩。当第一波两栖履带车抵滩时，陆战队员们觉得岛上不可能有人活得下来，但是他们错了。炮击停止后，日军部队从地堡中蜂拥而出，对美军登上"红滩"1 号、2 号和 3 号的部队射出了致命火力。

一些陆战队员徒步涉水 700 码才登上滩头，他们在水中步履蹒跚，成为绝佳的射击目标。这些准备在"红滩"2 号登陆的部队临时躲在伸入潟湖的栈桥码头后隐蔽。半数的两栖履带车都在水中被击毁，那些侥幸抵滩的多半也跑错了地方。没有车辆能够跨越岛上的防御墙，全都被迫停了下来。登陆艇搁浅在距离滩头数百码远的暗礁上。陆战队员们跳入水中，有些小个子直接被沉重的装备拖入水底淹死。登错滩头的陆战队员们找不到原来的队伍，但是他们重新自行组织了起来。有两个营

上图：虽然猛烈的海军火力完全破坏了贝蒂奥岛的地面，然而敌军在"红滩"1 号和"红滩"2 号之间巨大的防弹掩体却毫发无损，日军在这里据守了 4 天，最后被陆战队员们从正面强攻了下来。

上图：在1943年11月20—21日，贝蒂奥岛进攻战的收尾阶段，陆战队员伤员被装在橡皮艇上拖出暗礁，在那里有较大的船只将他们运往后方基地的医院治疗。在贝蒂奥岛上共有1500名陆战队员伤亡。

右图：陆战队狙击手正在被炸断的椰子树后隐蔽，狙击手们向敌人碉堡的射孔开枪，射杀那些龟缩在碉堡里的日军海兵。

在中型坦克的支援下发动进攻，他们穿过机场的滑行道建立了300码长的警戒区。营指挥官准备召唤支援以迎击日军的夜间进攻，然而他们的通信系统已经被彻底炸毁了。

整个夜间直到次日清晨，增援部队抵达，美军各部的阵地连接了起来。全师在坦克和火焰喷射器的支援下一寸一寸向前推进。到第二天入夜，戴维·休普上校的第2陆战团穿过机场抵达了南部海滩，将贝蒂奥岛一分为二。为了消灭这4836名守岛日本海军步兵，陆战队阵亡985人，伤2193人，这样的伤亡记录的确让人瞠目。在塔拉瓦，陆战队在4天半内的人员损失就相当于在瓜达尔卡

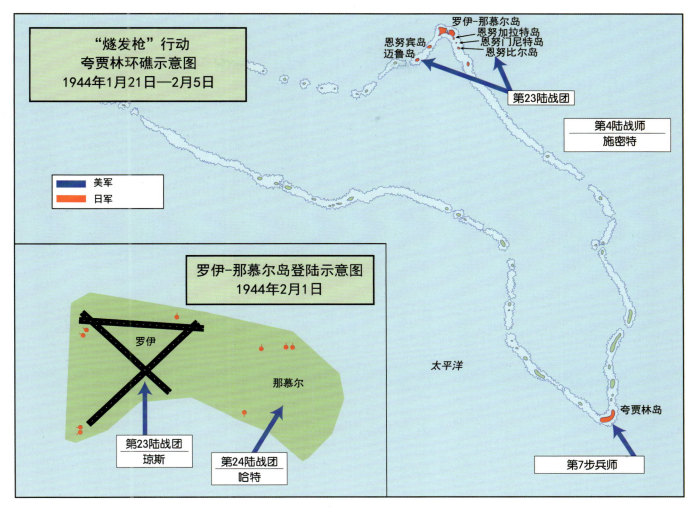

上图：日军有几处小型基地分散在夸贾林环礁的岛链上。最重要的目标是坐落在环礁的最北端的双子岛（罗伊－那慕尔岛），日军在这里建有一个机场。第23和第24陆战团于1944年2月1日在罗伊那慕尔岛登陆，顺利攻占了全岛。

纳尔岛6个月的全部伤亡。显然，必须要改变战法了。

夸贾林环礁——"燧发枪"行动

攻克吉尔伯特群岛后，尼米兹开始做进攻马绍尔群岛（代号为"燧发枪"行动）的最后准备，他也给了陆战队改进两栖作战战法的时间。鉴于斯普鲁恩斯的预先火力准备在塔拉瓦收效甚微，海军开始装载更多穿甲炮弹来对付钢板加固的暗堡和密集障碍物。水下爆破组（UDT）参加了突击行动，为登陆车船炸平暗礁清障。陆战队得到了装备反碉堡武器的新型两栖坦克和履带车辆。陆战队员成了盟军中的"小白鼠"，陆战队战术专家们预测这些小的

上图:攻占夸贾林环礁的罗伊－那慕尔岛后,一等兵 N.E. 卡灵站在外号"杀手"的一辆中型坦克边上,这辆坦克上还驮着一辆被击毁的日军轻型坦克。

特少将新组建的第 4 陆战师担负罗伊－那慕尔岛进攻任务,把进攻夸贾林岛的任务交给了查尔斯·H. 科利特少将的第 7 步兵师。

1944 年 1 月 29 日,为期 3 天的海上和空中火力准备覆盖了整个环礁,与塔拉瓦的预先火力准备相比,这次要有效得多。马克·A. 米切尔海军中将的航空母舰舰载机几乎彻底摧毁了强大的日军第 24 航空战队。水下爆破组清除了潟湖水下障碍,2 月 1 日早晨,240 辆 LVT 两栖突击车和 75 辆 LVT-A 两栖坦克分别运送第 23 陆战团和第 24 陆战团至罗伊岛和那慕尔岛登陆。迄今最大的纰漏是海军没有按照原计划将第 24 陆战团输送上岸。守岛日军负隅顽抗,近乎疯狂,但陆战队员们吸取了在塔拉瓦的教训,彻底击溃了守军。罗伊－那慕尔岛上的 3600 名守军只有 91 人活了下来,其他人或阵亡或自杀。第 4 陆战师共 195 人阵亡、545 人负伤。

改进能够让他们排除障碍顺利登陆。

霍兰·史密斯将第 5 两栖军充实到"燧发枪"行动任务兵力中。夸贾林环礁是进军日本本土迈出的巨大一步,此处位于塔拉瓦西北方 750 英里。日军在另一个环礁埃尼威托克岛的海军基地,在夸贾林西北方 360 英里处。罗伊－那慕尔岛位于夸贾林岛北部 50 英里处,地处群岛的最北端,由于整个岛都是日军机场,所以这里成为首要目标。史密斯派出哈里·施密

埃尼威托克岛——"法警"行动

1944 年 2 月 18 日,夸贾林岛的战斗已经无需第 5 两栖军的预备队参加了,霍兰·史密斯调派他们进攻埃尼威托克岛。亨利·W. 希尔海军准将的火力支援分舰队重创了三座主要岛屿上的守军。托马斯·W. 华生准将指挥第 22 陆战团在恩

盖比岛登陆,该岛上建有日军在群岛唯一的机场,防御最为严密。夜间,第5两栖军的侦察连与轻炮兵营登陆上了恩盖比岛附近两个无人小岛,对日军展开了彻夜炮击。早晨,第22陆战团在中型坦克的支援下登岛,顺利占领了全岛,消灭了日军由2200名老兵组成的第1机动旅团中的半数,并在中午时分彻底攻克该岛。

随后,第106步兵团开始进攻埃尼威托克岛,遭遇敌军猛烈抵抗后攻势受阻。华生派出第22陆战团第3营前往增援,这个陆战营担负了绝大多数作战任务。2月21日,华生对第106步兵团的表现彻底失去了信心,将其撤出了帕里岛的战斗,由第22陆战团接替。陆战队员们最终扫平了该岛守军,彻底将其占领。付出了阵亡339人的代价后,华生的部队全歼了三座岛上的日军守敌。

下图:第4陆战团的陆战队员正在涉水登上圣马蒂亚斯群岛中的埃密劳岛,这里位于新爱尔兰岛和海军上将群岛之间。1944年3月20日,美军完成了对拉包尔的合围。

右图：埃尼威托克岛是太平洋上另外一块重要的垫脚石。这里共有 2586 名日军据守在环礁中 3 座主要岛屿上。第 22 陆战团在陆军第 106 步兵团的协同下，1944 年 2 月 18 日开始进攻作战，很快就占领了所有岛屿。

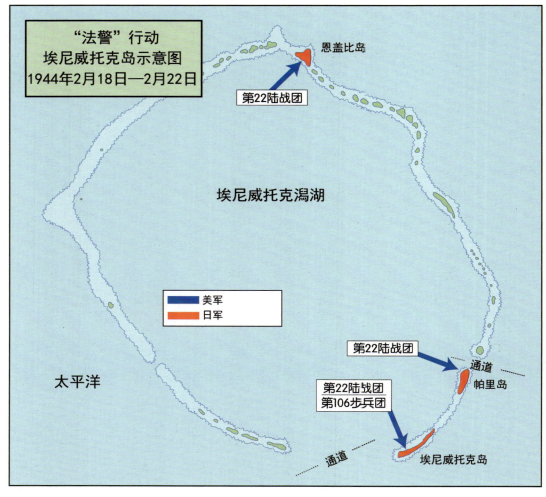

埃尼威托克岛战役中，米切尔将军将其航空母舰特遣编队派往加罗林群岛东南，打击了日本在特鲁克的海军基地，共击沉了 200000 吨舰船，击毁 275 架飞机。

战术学习曲线

每次战役后陆战队都要调整两栖突击作战原则。在陆战队向关键的前沿观察点派出专业通信小组后，海军舰炮支援效果大为改观。新型 LCI-G（武装步兵登陆艇）登陆艇批量投入作战后，能够使用艇载火箭炮和 40 毫米火炮提供火力支援。1944 年初，履带式两栖车的美国国内产量达到了每月 500 辆。同时，新型的运输后勤补给的两栖卡车（DUKW）也开始投产。

左图:在争夺埃尼威托克岛上机场两天两夜的战斗后,3名衣衫褴褛、蓬头垢面的陆战队员简单休息一下,19岁的一等兵法里斯·M.图依正拿着咖啡杯。

海军也开始在黑夜中发射照明弹照亮整个战场,让日军的反攻无所遁形。可挂载火箭弹的新型飞机能够精确地打击并彻底摧毁临近滩头的目标。第4陆战师在经历罗伊-那慕尔岛之战后,构建起了高效的战术空中观察系统,能够发现平时不易从空中发现的敌方地面目标。专门建造的指挥舰船为控制和协调登陆和抢滩行动提供了机动的指挥所和通信中心。

自从瓜达尔卡纳尔岛战役之后的每一场战役,谁来负责指挥两栖登陆作战的问题一直存在争议:是由特纳这样的海军军官指挥,还是由陆战队军官来指挥。1942年,金上将规定,登陆部队的指挥官应该与海军兵力指挥官平级,互为协同关系。尼米兹进一步明确,在登陆进攻发起后,由登陆部队的指挥官指挥全部战斗行动。

特纳始终在排挤霍兰·史密斯。金认为,平息这场内斗最好的方式就是给特纳和斯普鲁恩斯各加一颗将星,而保持霍兰·史密斯军衔不变。海军部长弗兰克·诺克斯否决了金的建议,将史密斯同样提升为中将。史密斯的晋升并没有改变他对特纳的态度,对指挥权问题的争论还在继续。

上图：1945年6月的冲绳岛战役中，一名飞行员正在执行近距空中支援任务，驾驶着沃特F4U战斗机向日军在首里的工事发射火箭。

战术航空兵的演进

1943年，换装海鸥型机翼的沃特F4U-1"海盗"战斗机替代格鲁曼"野猫"战斗机后，陆战队航空联队的战术角色发生了重要的变化。"海盗"战斗机417英里的飞行时速超过了任何日军飞机。盖格将军当时是陆战队第1航空联队指挥官，他在1943年中期离开前线第二次担任陆战队航空兵指挥官。虽然存有争议，但"海盗"战斗机成为陆战队历史上认同度最高的飞机。陆战队驾驶"海盗"战斗机成为王牌飞行员的包括：击落28架的格利高里·"老爹"·波音顿少校、击落25架的罗伯特·M.汉森少尉和击落21架的肯尼斯·A.沃尔什少尉。

第二次世界大战期间，陆战队航空兵扩充为5个联队，下辖31个大队、145个中队，共计112626名官兵。金海军上将认为这个计划太大，但是陆战队更多地利用陆地机场以弥补航空母舰的不足。范格里夫特司令官同意裁掉一个联队，将飞行员提供给金上将的护航航空母舰。很快，混编了"海盗"战斗机和"复仇者"鱼雷轰炸机的飞行中队就从航空母舰上起飞了。1944年，陆战队开始使用新型的战术飞机，包括格鲁曼F6FN"地狱猫"夜间战斗机和海军型北美B-25"米切尔"（PBJ）中型轰炸机。

右图：在冲绳岛战役中，陆战队第33飞行大队的军械员在F4U"海盗"战斗机机翼下挂装5英寸火箭弹。火箭弹上的保险销直到起飞前都不能拔出，通电也只能在起飞前完成。

> "我们现在对平坦的环礁已经了如指掌。我们学会了如何完全摧毁环礁守敌,但是现在面对的是山地和日本挖掘的洞穴。从今天往后的一周内,会死不少的陆战队员。"
>
> ——霍兰·史密斯将军
> 摘自罗伯特·谢罗德《西向的路上》

马里亚纳群岛

从战争开始之时,金海军上将就坚定不移地认为,马里亚纳群岛是控制中太平洋战区的关键。这里位于埃尼威托克岛以西1000英里,构筑于塞班岛、提尼安岛和关岛的机场是进攻敌军海空兵力的战略基地。如果亨利·H.“哈普”·阿诺德将军的B-29“超级空中堡垒”能够从塞班岛起飞,其作战范围就可以覆盖帕劳、菲律宾、日本本土等。而且金一直在寻找诱使日军主力舰队出击的办法,他相信进攻马里亚纳群岛能够达到这个目的。

1944年3月12日,霍兰·史密斯和特纳将军开始筹划"征粮者"行动。在解决了进攻小型岛屿和珊瑚环礁的问题后,参谋人员们开始将精力放在了这些有着山地地形的大型岛屿进攻作战问题上。这些岛屿丛林茂密,共驻有60000名日本守军,其中一半驻扎在塞班岛上。与环礁不同,塞班岛被72平方英里遍布暗礁的海域所环绕,而且岛上有大量平民居住。

1944年2月23日,"征粮者"行动已经进入最后的准备阶段,米切尔将军的航空母舰特遣编队进入了马里亚纳群岛附近海域,轰炸了岛上敌军机场,开始在空中保持活动以夺取空中优势。斯普鲁恩斯将军负责指挥"征粮者"行动,共有800艘舰船担负支援和输送3个陆战师、2个陆军师和1个加强陆战旅的任务,进攻部队共计127000人。特纳任联合远征部队的指挥官,霍兰·史密斯指挥第5两栖军,负责登岛进攻作战。前任陆战队航空兵指挥官盖格将军担任第3两栖军指挥官,担负攻占关岛的任务。

下图:7月初,第2陆战师的士兵在向北迂回穿过山地时,缴获了一门敌人的步兵炮。他们掉转炮口,射击岛上行政中心加拉班的日本守军。

"征粮者"行动

1944年6月15日上午,在包括动用了航空母舰舰载机在内的长时间火力准备后,第5两栖军的第2陆战师和第4陆战师在塞班岛西南侧登陆,计划从侧翼包抄重要的查兰卡诺阿城。4艘战列舰、8艘巡洋舰和7艘驱逐舰对滩头进行徐进弹幕射击,伴随第一波陆战队员的24艘LCI武装登陆艇也开始用40毫米炮扫射滩头。陆战队员们跃进寻找掩蔽物的时候,700辆履带两栖车开始开辟通道并向内陆推进,其中68辆专门加装了装甲和新型75毫米火炮。护航航空母舰上起飞的"海盗"战斗机飞过上空,提供近距空中支援。陆战队在6英里长的登陆正面共投入了8000名兵力。史密斯将滩头完全托付给了陆战队员,将陆军的第27步兵师和第77步兵师留作预备队。

第2陆战师师长托马斯·E.华生少将率部向北进攻塔帕丘山,这座山高1554英尺,位于塞班岛中部。第4陆战师师长哈里·施密特少将率部向菲纳苏苏山移动,这是一座挡在通向阿斯利托机场道路上长而窄的山岭。日军斋藤义次中将正在山岭上等待美军的到

对页图:1944年6月15日,两个陆战师开始进攻塞班岛。在这太平洋第一次大规模两栖作战中,美军的所有精力都集中在攻占阿里斯托机场上,B-29轰炸机从这里起飞可以直接轰炸东京。塞班岛上共有29662名日军,比珍珠港方面的预测多了10000人。正如梅里特·"红麦克"·爱迪生准将的预言,"这一次绝不会轻松。"

下图:1944年6月23日,第2陆战师的士兵们小心翼翼地穿过遍布废墟的加拉班城郊,他们准备进攻岛上的通信和指挥中心。

右图：第4陆战师的士兵从查兰卡努阿南侧登陆，他们正在爬过海滩向预定位置前进，日军的机枪和狙击步枪子弹从头顶呼啸而过。

来，他用大量野战炮、半埋入地下的坦克和工事中的步兵构筑起了防线。斋藤在滩头击败美军的计划已经宣告失败，夜幕降临之时，陆战队已经登陆了20000名士兵、7个装备轻型榴弹炮的炮兵营和两支装甲部队。

向内陆的推进遇到了很强的抵抗。只有战斗经验丰富的第4陆战师第25营完成了当天的目标，他们占领了岛屿的右侧外部侧翼。敌守军隐蔽在山岭上俯瞰滩头，完全压制了第2陆战师。半夜时分，敌军从掩体洞穴中出动，在一个装甲营的加强下对第6陆战团发起反击。反击登陆失利后，斋藤加速了自己的溃败。在海军舰炮支援下，第6陆战团给敌人造成了重大杀伤，击退了日军的反击攻势，但自身也伤亡严重。当史密斯将军得知他的陆战队员们损失了2000人和半数装甲两栖车辆后，对海军说道："我们在登陆之前还是没有给敌人造成足够大的伤亡。"

在陆战队员们建立滩头阵地并反击日军的反攻时，海上作战也取得一个重大战果。正如金上将预料的，日本海军派出小泽治三郎海军中将带领5艘战列舰、13艘护卫舰、28艘驱逐舰、9艘航空母舰和473架舰载机前来支援斋藤。小泽不想让自己的战舰冒险，派出舰载机进攻米切尔的航空母舰。他计划让飞行员进攻米切尔舰队完毕后降落在马里亚纳群岛上的机场，重新加油挂弹后起飞，返回日军舰队的途中再次进攻美军航空母舰。然而，小泽的如意算盘落空了，米切尔的航空母舰舰载机已经破坏了全部的陆地机场。最终的结果是，小泽在菲律宾海海战中损失了3艘航空母舰，米切尔的飞行员击落了小泽舰队的数百架飞机，此战后来被称为"马里亚纳猎火鸡"。

1944年6月17日，霍兰·史密斯登上塞班岛，在查兰卡诺阿开设指挥所，命令第27步兵师登陆增援第4陆战师。5天后，陆战队宣告完全占领了包括阿利斯托机场在内的塞班岛南部地区。

当陆战队从阿利斯托机场向北部进攻时，脚步明显慢了下来。陆军指挥官和陆战队指挥官出现了作战指导的分歧。第27步兵师师长拉尔夫·史密斯少将主张谨慎进兵，霍兰·史密斯认为此时海军舰队已经离开战区进攻提尼安岛，登岛部队支援

下图：第4陆战师的第一登陆波次在查兰卡诺亚（Charan Kanoa）以南的滩头登陆，两栖车将陆战队员们卸载下来建立防御阵地。后续还有3个波次的登陆部队正在从海上赶来。

下图:由于在塞班岛上运输车辆不足,图中的陆战队员们正试图赶着这头不听话的公牛,将一架满载补给和弹药的牛车拉往前线。前线的一个营正在急切地呼叫,请求运输补给。

掩护兵力出现了漏洞,必须以最快的速度进攻。6月24日,拉尔夫·史密斯仍然畏缩不前,霍兰·史密斯解除了他的职务,这使得陆军和陆战队之间的关系骤然紧张,几乎进入了内斗的状态,这种斗争对打击日本人一点好处也没有。

7月6日,陆战队将最后的日本守军压缩至岛屿北部的狭窄地域内。斋藤将军把他所有的参谋人员召集起来吃了一顿蟹肉罐头,他站在一块石头上,面朝东方高喊"天皇万岁",然后用佩剑切腹自杀。一天后,在附近的一个洞穴里,指挥奇袭珍珠港的南云忠一海军中将用手枪自杀。

7月9日陆战队完全占领塞班岛后,发生了数千日本军人和岛上居民大规模自杀的一幕。日本军人在悬崖上站成一排,

霍兰·史密斯的论战

霍兰·史密斯在1916年得到了"嚎叫的疯子"这个外号,当时他是一名在多米尼加共和国服役的少尉。1917年6月他晋升上尉军衔,调往法国大名鼎鼎的第4陆战旅第5陆战团,回国后他开始大力推动研究两栖作战的研究发展。

他总是非常好斗,在陆战队那些出色的司令官中,他是一名卓越的战术家、一名高超的战略家,也是一名严厉的上司。在史密斯手下服役的陆战队员都说他是一名精力充沛、积极进取的司令官,他易怒、爱争吵,和美国最具特色的司令官乔治·巴顿将军一样。1944年6月24日,他解除了美国陆军第27步兵师指挥官拉尔夫·C.史密斯少将的职务,这一事件充分展示出陆战队的作战原则和陆军更为保守的作战方式有分歧。拉尔夫·史密斯的离职,加剧了陆战队与陆军的纷争。特纳和斯普鲁恩斯将军赞同这一做法,而尼米兹将军试图淡化这一事件。

在太平洋战争中,有5名陆军将军被解职,但陆战队只有一名军官被解职。拉尔夫·史密斯是否如霍兰·史密斯所说的缺乏"进攻精神",这一点尚存争议,但是第27步兵师的进攻速度比两翼的陆战师都慢得多。在向塞班岛重镇加拉班进军途中,第2陆战师在左翼向城郊推进,第4陆战师拔除了右翼多个据点后穿过塞班岛到达开曼半岛。两翼部队的前进速度完全超出了第27步兵师,而第27步兵师一直都困在中部停滞不前。

霍兰·史密斯解除了拉尔夫·史密斯的职务后,新闻记者把这场争端变成了尖锐的军种之争。

1944年7月12日,在塞班岛战事平息前,美国陆军中将罗伯特·C.理查德森没有征求上司尼米兹的意见就赶了过来,为他的朋友拉尔夫·史密斯辩论。理查德森聚集了一群人为史密斯讨还名誉,他把自己放到能够审判陆战队军官和海军军官的位置上,而这些人既不是他的手下也不对他负责。理查德森后来直接跑到了第27步兵师,在没有经过霍兰·史密斯同意的前提下开始颁发奖章。斯普鲁恩斯恳请霍兰·史密斯在会见理查德森的时候不要发火,这对于"嚎叫的疯子"来讲并不容易。虽然在太平洋战场上伟大的胜利主要应归功于陆战队,理查德森却堵住了第4陆战师的哈里·施密特少将,对他说道:"你和你的司令官并不像陆军的将官一样胜任大兵团作战指挥。我们在调动部队方面比你们有更丰富的经验,但你们却胆敢换掉我们的将军!你们陆战队怎么说也不过就是一群海滩上跑腿的。你们懂什么地面战斗?"

霍兰·史密斯控制住了情绪,但是特纳和斯普鲁恩斯却将这场论战一直持续到了1948年。直到1967年1月12日霍兰·史密斯去世,这场争论才平息。这给了历史学家们一个重新开始研究这个几乎被人遗忘的军种竞争的插曲的机会。

上图:1944年6月24日,暴躁的霍兰·史密斯中将解除了陆军第27步兵师拉尔夫·史密斯少将的职务后,军种之间的论战接踵而来。照片摄于1945年2月19日,霍兰·史密斯(右)、里奇蒙德·凯利·特纳海军少将(左)和陆战队哈里·史密斯少将来到第5两栖军的指挥所里,跟踪掌握硫磺岛战役战况。

下图：被第 2 陆战师围困在加拉班北部的一名日军试图逃到塔腊潘港内几艘已经起火的船上去。对于这名死在海滩上的日军士兵来说，他没有机会逃出生天了。

仪式般地被他们的同伴斩首，岛上居民全家站在 1000 英尺高的马比角悬崖纵身跳入海中。日本军官告诉岛上居民，如果他们被美军抓住，就会被当作奴隶卖掉。陆战队员们用扬声器喊话，竭力阻止这场悲剧，但是无济于事，马比角的悬崖下布满了尸体和摔成重伤的人，当救生艇试图拯救幸存者时，螺旋桨被海里的尸体挡住无法工作。

战斗在 7 月 12 日结束时，岛上 30000 名守军中只有几名俘虏幸存了下来。美军伤亡 16525 人，其中阵亡 3426 人，伤亡人员中有 12934 名陆战队员。

塞班岛战役、"马里亚纳猎火鸡"以及击溃日本海军的菲律宾海战决定性地改变了战争中双方的角色。日本战略家意识

上图：一辆"大水牛"履带式两栖登陆车满载第4陆战师的一个班冲往提尼安岛北部海滩，同时，塞班岛上的第24野战炮兵群在3000码的距离外轰击日军海滩上的守军。

到，B-29机群现在已经能够抵达日本本土，他们承认"随着塞班岛的失陷，战争失败了"。此战直接影响到了双方的高层政局，1944年7月18日，日本裕仁天皇命令东条将军和他的军人内阁集体辞职，而在地球的另一边，富兰克林·罗斯福于1944年11月第4次当选美国总统。

提尼安岛——"完美的两栖作战"

1944年7月12日，还在与陆军争吵的霍兰·史密斯即将接任新组建的太平洋舰队陆战队司令，他将第5两栖军交给施密特将军指挥，相应地，施密特将第4陆战师交给了克利夫顿·B.凯茨少将，他在4年之后成为陆战队第19任司令官。

施密特将注意力放在了提尼安岛上，这是一个在塞班岛南面3英里外的小岛。提尼安岛水下暗礁环绕，有大量岸炮严密防御，是陆战队员们面临的又一个难题。施密特将陆军第24野战炮兵群部署到塞班岛南侧，轰击隐藏在提尼安岛北部山区的日军大规模炮兵阵地。拉尔夫·史密斯被解职一事，在司令部里仍是余波未平，

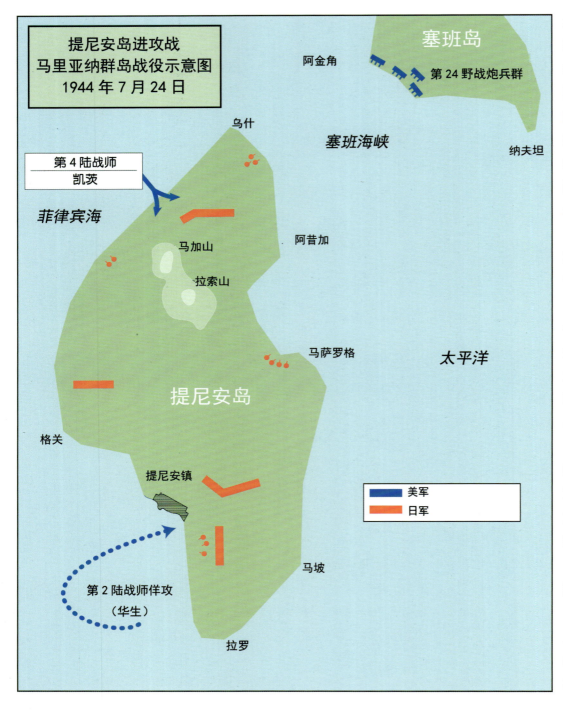

施密特只好把陆军第27师留在了塞班岛上,而将两个损失较重的陆战队师当作进攻的先头部队。他计划派华生将军的第2师对该岛南部的提尼安镇发起佯攻,而凯茨的第4师同时在西北部海岸登陆。

角田觉治海军中将和绪方敬志陆军大佐负责指挥岛上的9162名日本海陆军部队官兵,他们预计美军将在提尼安镇附近发动进攻,因为岛上没有其他适合登陆的海滩了。由于塞班岛射来的炮火不断,角田停止了在岛屿北侧修筑工事的行动,他将劳工集中到岛屿南部修筑工事加强提尼安镇的防御。

施密特的战略非常奏效。1944年7月24日,华生的第2师对提尼安岛发起了一场堪称经典的佯攻,同时,凯茨的第4师3个步兵连搭乘 24 辆两栖履带车在西北侧海滩登陆。黄昏时，凯茨已经有 3 个团和 4 个榴弹炮营共计 15614 人登陆。8 月 1 日，在付出阵亡 328 人、伤 1571 人的代价后，第 4 师占领了该岛，霍兰·史密斯称赞这是"太平洋战争中一场完美的两栖作战"。

关岛——"搬运工"行动

对关岛的进攻作战需要一个不同于以往的方案。这个岛地形与塞班岛类似，但面积更大，岛上分布着丛林、山峰和山脉。与塞班岛不同的是，关岛上的查莫罗土著居民欢迎美军，所以重新夺回该岛既有象征意义，也有战略意义。

高品彪中将指挥着关岛上的 19000 人的陆军步兵第 29 师团，岛上驻扎有装备了 55 门岸炮的海军守备部队。日军没有得到足够的弹药补给，军官们有大量的威士忌、清酒和朝日啤酒，他们向指挥官分发这些酒以激励士兵们战斗到死的勇气。

盖格将军领受了攻占关岛的任务。他计划由第 3 陆战师打先锋，该师由安德鲁·H.特内基少将指挥，他将莱缪

对页图：塞班岛战役结束 12 天后，第 4 陆战师已经遍体鳞伤、疲惫不堪，但依旧对提尼安岛北部海岸发起奇袭，同时，第 2 陆战师对岛上首府提尼安镇进行佯攻。

左图：1944 年 7 月 22 日，霍兰·史密斯中将（左二）与海军和陆战队的指挥官们在关岛阿山附近的临时指挥所内会谈。

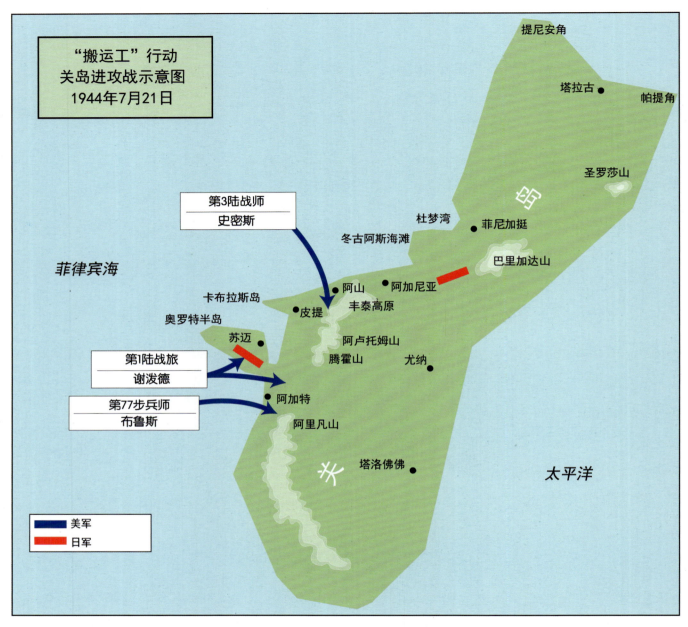

尔·C.谢泼德准将的暂编第1陆战旅和安德鲁·G.布鲁斯少将的第77步兵师派往另一处海滩登陆。在这次进攻中，盖格与理查德·L.康诺利海军少将合作，康诺利是一个不说废话的老兵，直接看着盖格的眼睛说道："我的目标是把登陆部队送到滩头站住脚。你告诉我，你希望我怎么做来完成这个目标，这样我们的任务就完成了。"康诺利履行了自己的承诺，海军全力支持持续了13天的登陆作战，战列

左图:第3陆战师的一名陆战队员爬上一栋两层楼建筑的阳台楼梯,有一名日军狙击手在楼内隐蔽作战,同时还有更多的日军狙击手正在关岛的阿山地区活动。

舰、巡洋舰和舰载机重创了敌人在海滩和内陆的防御兵力。

1944年7月2日,第3陆战师在关岛西海岸靠近首府阿加尼亚的地段登陆,海军水下爆破队之前已经清理了滩头,当陆战队员们登上海滩时,还看到了UDT留下的"欢迎陆战队上岸"的标语牌。暂编第1陆战旅和第77步兵师在奥罗特半岛南边的阿加特附近海滩登陆。在完成了一次完美的钳形合围攻势后,盖格将日军困在了半岛上并包围了日军机场。7月25日,日军发起了两次疯狂的反击,但是全部被击退而且伤亡惨重。残酷的战斗还在继续,最终在8月10日,数千日本陆军溃兵逃入了丛林,有组织的抵抗停止了,但零星的战斗一直持续到战争结束。最后一名日军幸存者一直坚持到1960年才走出丛林投降。

盖格和康诺利在关岛发展出的战术原则为两栖作战树立了新的标准。与海军和陆战队的飞行员一起,康诺利改进了火力支援战法,能够让海军舰炮和空中支援火力同时轰击同一个目标,即在飞机俯冲轰炸时,海军舰炮平射同一目标。这种战术的成功很大程度上归功于将陆战队的飞机部署到护航航空母舰上,同时向登陆的步

对页图:日军在关岛上的密林中散布着19000名守军。登陆部队指挥官陆战队罗伊·S.盖格少将,计划在1944年7月21日进攻该岛。计划中,第3陆战师从北部的奥罗特半岛登陆,一支陆军和陆战队混编的步兵部队将在南部登陆,两支部队登岛后,同时向敌军主力接近。

上图：陆军和陆战队进攻部队登上关岛 8 分钟后，两名美军军官借来了登陆艇上的钩杆当作旗杆升起了星条旗。

对页图：1944 年 9 月 15 日，进攻佩莱利乌岛前，第 1 陆战师指挥官威廉·H. 鲁佩图斯少将预言："我们将会有一定的伤亡，但是你们一定要让我相信这个过程要尽可能短，变成一次快速行动。作战再艰难也要快，如果我们能在 3 天内完成，那用两天就可能完成。"但是后来作战中，计划完全被打乱。陆战队员经过奋力一战攻克了机场，但后面用了两个月的时间才扫清了乌莫伯格山里的日军。

兵部队派出专门为其提供支援的陆战队空地协同小组。

佩莱利乌岛——"僵局"行动

太平洋战争中最具争议的作战行动发生在菲律宾海上的帕劳、恩古路和乌利西岛。1944 年 7 月 31 日，麦克阿瑟的部队攻克新几内亚，打开了通向菲律宾的道路。帕劳的佩莱利乌岛位于莱特岛东南方约 500 英里处。与特鲁克岛类似，佩莱利乌岛当时看起来并不算太重要，但是尼米兹决心消灭岛上敌军。尼米兹还需要占领乌利西岛作为前进基地，这个岛距离莱特岛 700 英里，敌人没有驻军。尼米兹同时还决定必须攻占恩古路岛，因为这个岛就在帕劳岛和乌利西岛之间。时任第 1 陆战师师长的威廉·H. 鲁佩图斯少将没有预料到佩莱利乌岛能够在 2～3 天内被攻克，尼米兹可能也考虑过其他的行动代号，最后选用"僵局"这个代号准确地表述出了佩莱利乌岛进攻战的战局。

为了实施"僵局"行动，盖格将军将第 81 步兵师部分单位加强给鲁佩图斯。由于拉尔夫·史密斯事件的影响，鲁佩图斯决定这次夺岛作战不用陆军的支援。盖格提醒他，中川州男大佐指挥的 10700 名守军全都来自日军最精锐的一个步兵师团，鲁佩图斯仍然不为所动。航空侦察员

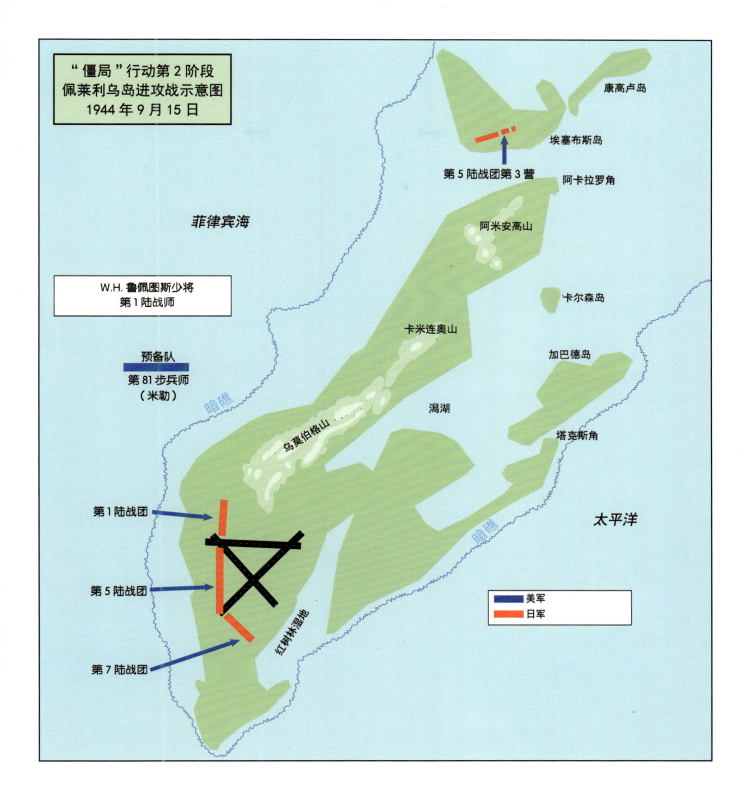

上图：未知的珊瑚礁和红树林迟滞了对佩莱利乌岛的攻势，一个陆战队步兵班在一辆"鸭子"车下隐蔽，远处有两辆两栖履带车正在海滩上燃烧。

下图：在佩莱利乌机场远端建立起的脆弱的警戒区内，陆战队一等兵道格拉斯·莱特斯利特（右）怀抱着他的0.30英寸口径机枪和战友一等兵杰拉尔德·彻斯比一起抽烟打发时间。

发现日军在乌莫伯格山上构筑了数百个蜂巢般的洞穴工事，这些洞穴从岛屿中部开始绵延至岛屿最西端的一个机场。鲁佩图斯计划用第1陆战师的老兵迅速攻占机场并尽快控制全岛。

1944年9月15日，鲁佩图斯的3个团在距日军机场500码的地段登陆，而后激战了5天才攻克机场。刘易斯·B."挺胸"·普勒上校指挥的第1陆战团杀进了乌莫伯格山上坚固的防御工事中，一路上不断地呼叫支援。普勒认为，海军倾泻到岛上的1406吨弹药根本没有碰到敌军在山岭上构筑的工事的一根毫毛。

此时战况比原定计划拖延了几天，鲁佩图斯决定停止进攻，将山上的守敌围困起来，这样就留下了数千名躲在洞里的日军骚扰机场。盖格已经失去了耐心，命令陆军第321步兵团前往增援。鲁佩图斯发现乌莫伯格山不是一道山岭，而是五道山岭，其间还有坑道连接，只能一个接着一个地打。鲁佩图斯想象中的3天"快速行动"结果耗费了一个月多，其他地方战斗也并不顺利。10月16日，陆军第81步兵师将陆战队接替下来，他们又打了6周才宣告彻底占领该岛。陆战队在佩莱利乌岛进攻战役中阵亡1252人、伤6526人，陆军阵亡208人、伤1185人，这是美日战争中伤亡比例最高的一次战役。守岛日军只有302人投降。在此后的职业生涯中，

5 跳岛作战（1943—1945年） | 167

> "如果军事指挥官在预测战局时都能如用狙击步枪射击般准确，那么对帕劳的进攻战就不会遭到这么多挫折。"
>
> ——杰西·B.奥尔登多夫海军少将
> 1950年3月25日

鲁佩图斯一直在对这场战役进行反思。

陆战队在菲律宾

1944年10月20日，麦克阿瑟为了实现重返菲律宾的承诺，开始进攻莱特岛。这个远征行动基本是联合行动，陆战队只是配角。4个已经投入战场的陆战师需要休整，而且第5、第6陆战师还处在训练阶段。

霍兰·史密斯出借了第5两栖军的炮兵部队，由托马斯·E.伯克准将指挥1500名陆战队员加强陆军第24炮兵群。在莱特岛进攻战中，伯克展示了陆战队两栖战术指导原则赋予的特殊技能，他们在登陆后能够协调所有的地炮、舰炮和空中支援火力。

10月25日，第1陆战队航空联队长拉尔夫·米切尔少校在莱特岛的塔克洛班机场着陆，来给他的飞行员找活干。几天后，他带来了威廉·威利斯上校指挥的

上图：1944年9月下旬，陆战队进攻乌莫伯格山时，佩莱利乌岛上的地面作战陷入了僵局。一名陆战队侦察兵背后晃晃悠悠地背着一台步话机，右手捏着电台话筒，在山上寻找日军的踪迹。

MAG-12航空大队，其中包括VMFN-541夜间战斗机中队。当莱特岛作战于11月底结束时，5个陆战队飞行中队共击毁了63架敌机，击沉7艘驱逐舰、17艘运输船，并击伤了另外12艘船只。麦克阿瑟授予MAG-12航空大队陆军嘉奖，说道："你们的夜间战斗机中队一次又一次地创造了光辉的战绩。"

1944年11月间，在麦克阿瑟进攻吕宋岛前，米切尔发现，不论是陆军还是海军，他们对近距离空中支援战术的理解都无法与陆战队相比。他将基斯·B.麦卡琴中校的MAG-24航空大队从所罗门群岛调来，专门为陆军飞行员们讲解近距空中

右图：1944年10月20日，进攻的矛头迅速指向了菲律宾，登陆艇群一窝蜂似的向莱特岛海岸冲去，美国和日本的战斗机此刻正在上空展开决斗。

支援战术。当麦克阿瑟命令第1骑兵师进攻马尼拉城时，他指定MAG-24航空大队掩护该师的左翼。在威廉·C.切斯陆军准将的第1旅带领全师进行进攻的时候，他要求陆战队的空地协同吉普车始终跟在他身后。在报告战况的时候，他对师司令部说道："我从来没有见过像陆战队飞行员们为我们提供的如此高效和精确的近距离支援。"当陆军骑兵第1师攻入马尼拉外围时，陆战队员们把奎松大道当作临时机场，驾驶俯冲轰炸机在大街上起降。到1945年2月份，所有在菲律宾的陆军单位都希望由陆战队飞行中队为他们的地面行动提供支援。

硫黄岛——"特遣队"行动

硫黄岛，一个8平方英里的火山岛，正好处在塞班岛到东京长达1800英里长连线的中点。这个日军控制的小岛上已经有了两座可用的机场，第3座正在建设中。在进攻日本的整体战略中，硫黄岛的意义不大，但是如果当做应急着陆机场，这个岛的意义十分重大。陆战航空队司令官阿诺德将军力劝尼米兹攻占该岛，这样一来战斗机就可以全程为轰炸机提供掩护，并且能为迫降的飞机提供一个备降基地和中途加油站，B-29机群就可以携带更多的炸弹。1944年10月3日，参联会批准了

"特遣队行动",尼米兹的参谋们开始为陆战队筹划另一个重大任务。

1944年,日军派栗林忠道中将指挥硫黄岛守军,命令他将该岛变成登陆者的死亡陷阱。除了一座坐落在岛屿南端地势较高的火山——折钵山,硫黄岛上只有黑色的粗砂地、裂缝里不断散发硫黄臭气的石头地和一些长势不良的灌木丛。栗林指挥着21000人的步兵守备部队修筑了暗堡和碉堡群、隐蔽的炮兵阵地、混凝土加固的洞穴,所有这些工事用长达13000码的地道相连。他调来了上百门大口径岸防炮,修筑了隐蔽的炮兵阵地。守岛部队手中还有90门迫击炮和火箭发射器、69门反坦克炮、200挺机枪,储备了大量的弹药,还将24辆坦克半埋地下构筑成口袋形的伏击阵地。

1944年10月,霍兰·史密斯和特纳开始筹划"特遣队"行动。史密斯选定施密特将军作为先头部队,特纳选定希尔将军提供舰炮火力支援——这两名老兵在以往的两栖作战行动中都有不错的战绩。史

下图:1945年3月2日,道格拉斯·麦克阿瑟将军站在星条旗下,他的参谋们列队参加解放科雷吉多尔岛后的升旗仪式。

上图：1945年2月19日（硫黄岛登陆日），正在艰苦奋战中的第4陆战师，他们在提尼安岛战役后刚刚得以恢复和加强，此刻正趴在硫黄岛1号机场附近的海滩。此战是第4陆战师在13个月里担负的第4次进攻任务。照片远处一艘LSM中型登陆舰正在向滩头卸载装备。

右图：在实施进攻硫黄岛计划前一天，陆战队韦德中尉正在给他的连队明确登陆和岸上进攻目标的具体情况。

对页图：3个陆战师参加了硫黄岛进攻战，这个8平方英里的小岛上驻守着21000名经验丰富的日军老兵。霍兰·史密斯将军预测："我们应该料想到此战的损失将超出以往任何一次中太平洋战区的作战。"即使如此，他也低估了损失。此战开始于1945年2月19日，在长达五周残酷战斗中，第5两栖军阵亡5981人，负伤19920人。

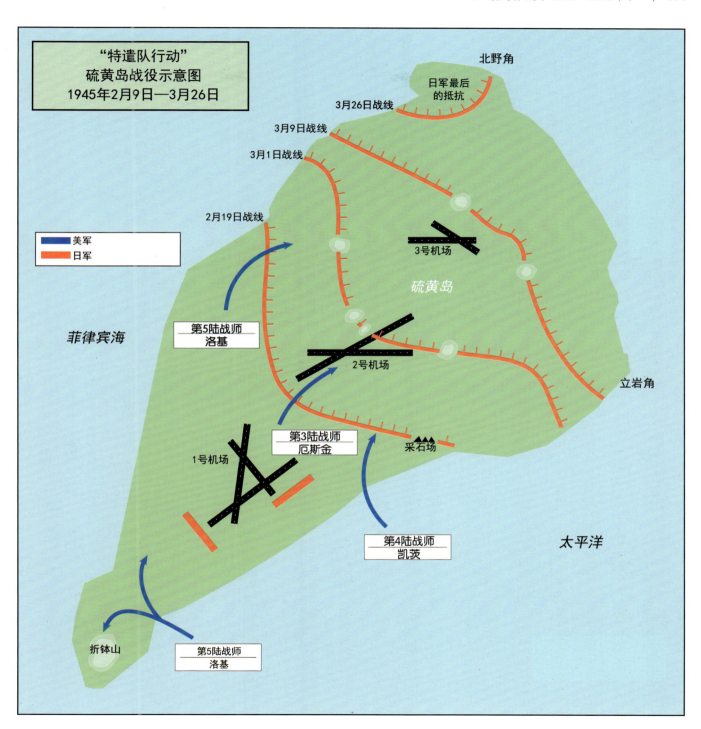

上图：第5陆战师的官兵涌上硫黄岛的海滩，他们开始一寸一寸地向折钵山山顶前进，很快就陷入了日军的迫击炮、野战炮和机枪火网之中，日军在山上的火山灰和岩石中构筑了许多暗道，并将其连成了网络。

下图：当第27陆战团2营士兵登上硫黄岛南端附近的海滩后，趴在岛上唯一的天然屏障——黑色粗砂砾堆成的沙埂后面，远眺着一座气氛诡异不祥的死火山，那就是他们的进攻目标——折钵山。

密斯希望这是一次纯粹的陆战队战役，他完全使用第5两栖军的兵力担负此次任务，给了施密特将军第3、第4师，并且加入了新组建的第5师，还给该师充实了不少老兵。施密特将格雷夫斯·B.厄斯金少将的第3师当作海上预备队，由凯茨将军的第4师进攻毗邻1号机场的海滩，凯勒·E.洛基少将的第5师在折钵山附近的南部海滩登陆。计划中由第4师和第5师向北进攻敌重兵防御的本山高原，第28团担负最困难的进攻任务，抢占能够俯瞰全岛的制高点（折钵山）。

从1944年11月初到1945年2月中旬，B-24和B-29轰炸机群连续对该岛轰炸了72天。史密斯希望将进攻再推迟10天以组织进一步轰炸，但是最后他只得到了3天。他得到的航空侦察照片显示，轰炸期间敌人的防御反而增强了，防御阵地由450个增加到了730个，岸炮阵地也增加了一倍多。1945年2月16日，威廉·H.P.布兰迪海军少将指挥6艘战列舰和5艘巡洋舰，再加上护航航空母舰上的"野猫"和"复仇者"飞机，向栗林的岸防炮和高射炮阵地倾泻了14000枚16英寸、14英寸、8英寸炮弹和各种炸弹。雨雾气象条件使瞄准目标非常困难，在登陆日前一天天气好转时，布兰迪发现了更多的炮兵阵地，数量超过任何人的估计。然而，当霍兰·史密斯预测伤亡将达15000人时，根本没人相信会有这么多。

1945年2月19日,第一缕晨光洒向平静的海面之时,海面上星星点点地出现了斯普鲁恩斯第5舰队的450艘舰船,史密斯亲眼看着482辆LVT两栖运输车在布兰迪的徐进弹幕掩护下集结。68辆LVT两栖运输车在距离海滩4000码处解散冲向海滩。45分钟后,履带式装甲两栖运输车群运载着右翼洛基的第5师和左翼凯茨的第4师登上了黑色沙滩。日军栗林忠道犯了一个致命的错误,他在陆战队向岛上推进了300码后才命令部署在两翼的防守部队开火。陆战队员们顶住了敌军的火力,开始还击。夜幕降临时,超过30000名陆战队员在坦克和炮兵的支援下建立起了滩头阵地。在付出伤亡2400人(其中阵亡600人)的代价后,洛基和凯茨的陆战师占领了岛上南部瓶颈处,将折钵山上的守敌和日军主力部队隔离开来,同时在1号机场站稳了脚跟。

陆战队员们稳固地占领了全岛后,战斗就变成了用时间将敌军消耗完毕的问题。在哈里·B.利弗西奇上校第28团的左翼,他们在3天的艰苦战斗中用火焰喷射器和炸药包不断地将折钵山的守敌从洞里赶出来。1945年2月23日,他们在顶

下图:陆战队员在硫黄岛站稳脚跟几个小时后,数百艘登陆艇抵滩,带来了成吨的弹药和给养。

上图：第一波陆战队员们登上硫黄岛海滩不久，一艘 LST 登陆舰与"哈特福德"号运输船并靠装载水陆坦克。

下图：截至登陆日当天下午，数十辆废弃的卡车和履带车扔在了海滩上，急救站也开始接收伤员并准备将他们用小艇送到医疗船上。

峰升起了星条旗。次日，第 3 陆战师登岛，成功突破了日军横跨全岛保护 2 号机场的钢铁防御带。现在美军已经有 82000 人登岛，第 4 陆战师在左侧，第 5 陆战师在右侧，第 3 陆战师在中部，官兵们蛇一般地穿行在冒着硫磺臭气的洞穴、环形山一般的峭壁、积水的工事中清扫残敌。直接穿过了 2 号机场后，所有的 3 个师集中进攻重兵防御的跨越岛屿的中部丘陵地带。突破防线的战斗得益于炮兵和舰炮雷鸣般的火力支援，还有厄斯金第 3 师迂回到了日军的后侧。

当陆战队继续进攻日军守敌、向岛屿的北部推进时，海军工兵已经清理出了 1 号机场供飞机降落。陆战队的"海盗"飞机，随后第 242 鱼雷轰炸机中队和陆军的第 7 战斗机大队从阿加尼亚飞来。在陆战队的指导下，陆军飞行员很快就掌握了近距空中支援的技术。夺岛战斗一直到 1945 年 3 月 26 日才结束，当天栗林忠道中将切腹自尽。几架执行轰炸日本本土任务中被击伤的 B-29 轰炸机在这个机场紧急降落。到战争结束时，总共 2251 架次 B-24 和 B-29 轰炸机在硫黄岛迫降成功，在硫黄岛的 24761 名空勤人员感谢为此在硫黄岛浴血奋战的陆战队员们。

伤亡记录高得吓人，虽然当初没人相信霍兰·史密斯 15000 人伤亡的预测，但将军的估计最终还是保守了。第 5 两栖军

上图：一名陆战队观察员在硫黄岛前线发现了一个日军机枪火力点，正在图上标定其位置，并通报支援炮兵和身后的迫击炮阵地。

左图：随军摄影记者乔·罗森塔尔用胶片记录了这一历史性时刻：陆战队员登上了折钵山顶并升起了星条旗。至今这张照片仍然被当作美国在第二次世界大战中最经典的场景。

右图：第4陆战师的炮兵正在轰击硫黄岛上2号机场北侧山地上的敌军，此时2号机场附近已经全部被废墟覆盖，双方正在此处苦战。

右图：派往第5陆战师的海军牧师约翰·H.加布里斯少尉，跪在一名负伤的陆战队员身边，后者刚刚从50码外的一个炮兵阵地被送下来。

共伤亡了 25851 人，其中 5931 人阵亡。岛上超过 20000 名日本守军中，只有 216 人投降幸存。美军有 22 名陆战队员被授予荣誉勋章，其中 12 名被追授。史密斯称硫黄岛战役是"我们 168 年历史上最为惨烈的"，这场战役几乎让陆战队损失了整整 3 个师的兵力。

1945 年 3 月 26 日，在攻克硫黄岛两天后，进攻冲绳岛的预先火力准备开始了。

冲绳岛——"冰山"行动

冲绳岛是盟军进攻日本本土岛屿的一块垫脚石。日本无法承受失去冲绳岛的后果，向岛上派出了 115000 名陆军和海军守岛部队。与硫黄岛上的栗林一样，牛岛满中将认为任何企图在滩头上打垮美国人的想法都是不现实的，击败进攻部队最好的办法是诱使他们进入岛屿南部的首里地区构筑严密的防御阵地内。牛岛寄希望于日本海军和成千架的"神风"自杀飞机击败斯普鲁恩斯的第 5 舰队，阻止美军向登岛部队提供舰炮和空中支援。

在对牛岛的作战计划一无所知的情况下，西蒙·玻利瓦尔·巴克纳陆军中将和斯普鲁恩斯策划组织了一支超大规模的进攻部队，由 1457 艘舰船和超过 183000 名官兵组成。巴克纳的第 10 集团军编有盖

上图：硫黄岛上，负伤的陆战队员正在帮助海军医护兵搀扶一名伤势更重的伤员，将他送往距离火线不远的急救站。

下图：第 5 陆战团 2 营 A 连的陆战队员发现唯一将潜伏在坑道中的日本人赶出来的办法就是用"巴祖卡"火箭筒或者火焰喷射器对付他们。

格将军的第 3 两栖军和约翰·S. 霍奇少将的第 24 军。盖格麾下有第 1、第 2、第 6 陆战师以及提供近距空中支援的陆战队第 2 航空联队。

1945 年 4 月 1 日,在为期一周的猛烈轰炸后,第 1 陆战师在佩德罗·A. 德尔瓦耶少将的指挥下在读谷机场附近登陆。第 6 陆战师在莱缪尔·C. 谢泼德少将的指挥下,掩护德尔瓦耶的右翼和陆军部队的左翼。第 2 陆战师是盖格的海上预备队,绕过冲绳海角在东南方的海滩发起佯攻。具有讽刺意味的是,第 1 陆战师和第 6 陆战师登岛时只遇到了轻微抵抗,但第 2 陆战师却承受了最大伤亡,有两架"神风"飞机撞上了他们的运输船。由于"神风"飞机的威胁,第 2 陆战师驶回塞班岛附近海域待命。

第 6 陆战师很快拿下了读谷。1945 年 4 月 2 日,第 6 工兵营部分修复了机场。第 6 陆战师开始向北推进,直指本部

对页图:日军在冲绳岛上部署了超过 11 万名守军,他们大多数位于读谷机场以南的防御阵地内。1945 年 4 月 1 日进攻开始后,此战成为太平洋战场地面作战中唯一一次不是由陆战队指挥的战斗。

下图:被日军狙击手火力压制得极其不耐烦的第 6 陆战师的陆战队员们将一个炸药包扔进了坑道,并将其成功引爆。

半岛,而此时第 1 陆战师已经扫平这个半岛。霍奇的陆军部队返回了南部,进攻从西海岸的那霸开始经首里堡垒直到东海岸中城湾——敌军重兵防守的地域。日本守军采用了陆战队员们在硫黄岛见识过的各种战法,但是霍奇的第 24 军却没有这种经历。当第 6 陆战师向本部半岛稳步推进的时候,牛岛的首里防线已经挡住了霍奇的第 24 军。

盖格建议在首里发动一次两栖登陆行动以结束战斗,但是巴克纳以太过冒险为由否决了这一建议。他命令已经损失较重的第 6 陆战师从本部半岛南下,与他一直舍不得使用的第 1 陆战师会合。在陆军部队防守自己的阵地时,第 6 陆战师以惨重伤亡为代价,攻占了敌军在首里防线西侧

下图:首里附近的塔糖山上,第 1 陆战师的一名陆战队员用"汤普森"冲锋枪对日军狙击手射击,掩护他的同伴低姿前进。

上图：陆战队员向首里防线推进，当他们试图通过一片被称作"公墓山"的开阔地时，突然被日军火力压制。

3个重要的支撑点：糖包山、马掌山和半月山。战争中最精锐的部队——身经百战的第1陆战师，攻克了霍奇前进道路上最重要的障碍——圆锥山和塔糖山（牛岛防线上重兵盘踞、最危险的死亡陷阱）。

第10步兵师与牛岛的那霸守军在小禄半岛形成僵局，盖格说服了巴克纳，采用代价最小也是最简单的打破瓶颈的办法——在敌人后方发起两栖登陆行动。维克多·H.克鲁拉克中校用5天时间拿出了计划。1945年6月4日，第4、第29陆战团搭乘LVT和LCT两栖运输车登陆后迅速向内陆推进，与第6陆战师会合后，日本人被挤进了角落里。

1945年6月15日，牛岛从他的指挥所里窥视到了这一切，他向东京发电："敌军坦克正在进攻我的司令部。海军基地的部队已经全部光荣献身。"牛岛关掉了无线电台后自杀。3天后，在冲绳岛战役的最后阶段，一枚流弹炸死了巴克纳。盖格将军接过了第10集团军的指挥权，成为战争中唯一指挥集团军规模部队的陆右图：一架陆战队的F4U"海盗"战斗机正在执行近距空中支援任务，对日军在首里附近山上的据点齐射了一组8枚5英寸火箭弹。一架陆军的P-38战斗机跟在"海盗"战斗机后面拍下了这张照片。

下图：首里战斗中，一名陆战队员在被称作"死亡谷"的低地冒着日军的机枪火力跃进。在8小时内有125名美军伤亡。

战队指挥官。陆军官兵不愿意看到一个陆战队的将军发号施令,将已经退役的约瑟夫·W.史迪威将军召回替换了盖格。

战争结束

1945年5月7日,在冲绳岛战役期间欧洲战事结束。美国开始抽调更多的兵力到太平洋战场准备进攻日本本土。8月6日,有超过30万人的部队在冲绳岛进行训练,当天,一架名为"伊诺拉·盖伊"的B-29轰炸机飞过本州岛,向广岛扔下了第一枚原子弹,杀死了50万名居民中的8万人。3天后航空队在九州岛的港口

下图:1945年6月9日,第15陆战团的炮兵正在将105毫米榴弹炮转移阵地。一名陆战队员骑在炮管上以帮助其他人调平炮身。

城市长崎扔下了第二枚原子弹,杀死了超过2万人。8月15日,日本宣布无条件投降。从冲绳岛到伊利诺伊州的皮奥里亚,每一名美国人都在庆祝对日战争胜利日(V-J Day)。

1945年9月2日,日本人在停泊在东京湾内的"密苏里"号战列舰上正式签署了投降书。麦克阿瑟代表盟军签字,尼米兹代表美国受降。盖格代表陆战队出席了庆祝仪式,同时他也代表了为了不朽的太平洋战争胜利而捐躯的86940名陆战队员。整场战争中,共有80位陆战队员获得了荣誉勋章。

战争中,陆战队6个师共执行了15次大型两栖登陆作战行动,航空兵击毁了2355架敌机。从1941年12月的70000人规模开始,第二次世界大战中,共有670000名男女军人在陆战队中服役。在对

下图:原子弹扫平广岛几天后,一名日军士兵正在荒无人烟的平地上勘察。

5 跳岛作战（1943—1945年）

日战争胜利日当天，陆战队仍有458000名官兵。忽然间，陆战队再一次面临着未来的生存危机。

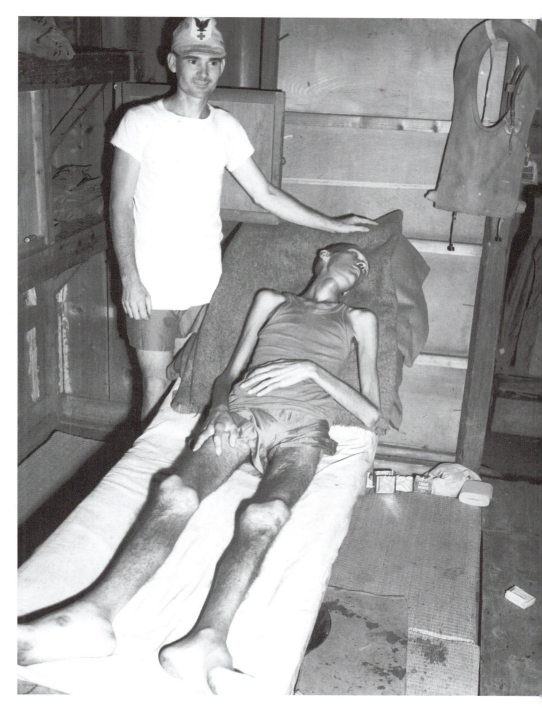

右图：1945年8月15日，陆战队、陆军航空队和海军的人员抵达厚木机场开始寻找美英战俘。在一次由海军中校罗杰·辛普森和哈罗德·格拉森执行的任务中，格拉森进入了东京附近破烂不堪的青森集中营内，照片中是第一名被发现的战俘，已经奄奄一息，他被迅速用担架抬走接受治疗。

6

朝鲜半岛战争
（1945—1960年）

第二次世界大战结束之后，陆战队还要完成很多艰巨任务，包括50万官兵的复员和退役。施密特将军的第5两栖军（辖第2、第5陆战师）本来是准备用于进攻九州岛的。日本投降后，这两个师被范德格里夫特司令派去执行占领军任务。1945年12月，第5陆战师调回本土撤编。7个月后，第2陆战师也被调回本土，但大西洋舰队陆战队维持现役。

1945年9月，范德格里夫特把凯勒·洛基少将的第3两栖军（辖第1和第6陆战师）调往中国，去那里解除63万日本军队的武装。

因为没有更多的任务，到1946年中期，范德格里夫特解散了第3、第4、第6陆战师，将陆战队总员额降为10万人。保留第1陆战师作为太平洋舰队陆战队维持现役。

科林斯计划

1944年，当霍兰·史密斯和拉尔夫·史密斯在塞班战场上浴血奋战的时候，那些养尊处优的陆军将领就开始动起歪脑筋了。两年之后，马歇尔将军的助手J.劳顿·科林斯中将，终于炮制出了一份提案，图谋削减海军规模，并将陆战队这支两栖地面部队撤销。科林斯的提案还包括卡尔·W.斯帕茨将军的建议，即

> **"一种新的军事哲学"**
>
> 不仅仅要对上一场战争进行总结，也要对下一场战争进行思考。这意味着当未来趋势不是很明显时，你可以进行预先构想，并发展出未来的战争概念、作战原则和新型武器。
>
> ——摘自维克托·克鲁拉克《永当先锋》

将陆军航空队从陆军中分离出来，组建独立的美国空军，因为他们认为，未来战争将是依赖空中力量的核战争。海军部长詹姆斯·福莱斯特之前并不了解"科林斯计划"的细节。直到向杜鲁门总统汇报陆战队在战后的作用时，他才惊奇地发现，在陆军提交的计划中，"近海作战行动可以由海军独立实施"，陆战队没有存在的必要。另外，科林斯建议将陆战队的总员额降至6万人以下，战时不得扩充，并提议撤销陆战队预备役部队，还要将陆战队的飞行员分给空军或者海军，同时，陆战队的士兵不再作为战斗员，而仅仅作为登陆艇的成员以及海滩勤务队。

科林斯进一步提议设立国防部部长一职，该职务有权决定军种的职责和任务，而无须接受国会监督。这项提案将使陆战队脱离国会的庇护，而且让艾森豪威尔的参谋军官科林斯可以操纵陆军部以凌驾于所有军种之上。时任海军部长福莱斯特曾在1945年踏上过血流成河的硫黄岛。当年，他告诉陆战队员们，他们为陆战队赢

下图：1945年，第3两栖军没有回国，而是去中国接受日本军队投降。陆战队的卡车拖挂105毫米榴弹炮穿街而过。（青岛中山路——译者注）

克利夫顿·B.布莱德索·凯茨上将（1893—1970年）

上图：克利夫顿·B.布莱德索·凯茨上将从1917年起就成了陆战队军官。1948年出任司令后，他极力抵制裁并军种和缩减陆战队的计划。

下图：在朝鲜半岛的卡里山，几名陆战队伤员在海军医护人员照看下，准备送上直升机后送到野战医院。

克利夫顿·B.布莱德索·凯茨经历过两次世界大战。1918年，他曾经历贝劳森林、圣米歇尔等战斗，在马斯阿尔贡遭遇毒气袭击而受伤。1943—1945年间，他转战于瓜达尔卡纳尔岛、塞班岛、提尼安岛和硫黄岛。1948年1月1日，凯茨成为陆战队第19任司令。之前，在国会军种事务委员会编写《1947年国家安全法》期间，凯茨又进行了一场激烈的"战斗"。在他的不懈努力下，陆战队终于战胜了"科林斯计划"，成功地确立了自己作为两栖戒备部队的地位。1948年，陆战队仍然面对着几个老对手——陆军、航空队和美国总统。

虽然《1947年国家安全法》承认了陆战队的传统地位，但是凯茨还是要一边与老对手较量，一边为陆战队建立新理念。随着直升机的发展，他预感到，航空母舰上搭载的旋翼飞行器将取代登陆艇实施两栖攻击行动。凯茨的"垂直登陆"理念可以让突击队在两栖登陆阶段，免受岸滩防御设施、潮汐或海浪的威胁。在那个时候，凯茨只有5架双人直升机，没有可用于试验的航空母舰，还遭到海军的很多非议。

凯茨没有理会那些嘲讽，他在陆战队学校开设"直升机部署"这门课，还从海军那里借来了老旧的"帕劳"号航空母舰用于试验。受凯茨的激励，直升机生产商对陆战队的直升机计划产生了浓厚的兴趣。他们着手改进旋翼飞行器，随后诞生的皮亚塞茨基HRP-1"飞行香蕉"成了那个时代最大的旋翼机。

在直升机的开发过程中，1949年3月，刘易斯·A.约翰逊出任国防部部长。他一上任就准备撤销第一任部长福莱斯特创立起来的所有项目。虽然约翰逊没有权力撤掉整个陆战队，但是他可以裁减陆战队的规模。凯茨奋起反击，直到朝鲜半岛战争爆发的时候还在与约翰逊争得不可开交。

凯茨与杜鲁门也一直合不来。1950年9月，仁川登陆前几天，国会建议在参谋长联席会议中增加一名陆战队将领。杜鲁门回敬道："给我听好了，陆战队就是海军的治安部队，只要我还是总统，这就不可能改变。"这段话被媒体捅出来后，杜鲁门为自己的鲁莽向凯茨表示歉意。出于礼貌凯茨接受了道歉，但是在回到办公室之后，他把墙上的杜鲁门照片翻扣着挂起来，并一直保持那个样子。

得了 500 年的未来，而现在，他却陷入了两难的境地。

1946 年 5 月 6 日，当福莱斯特部长还在束手无策的时候，59 岁的范德格里夫特司令将一份提案摆在了参议院海军事务委员会的桌前。当参议员们还在惊异于老英雄胸前的勋章时，范德格里夫特坚定地看着每一位议员，解释为什么科林斯计划要"裁撤陆战队"不合理。他没有讨价还价，更没有乞求，他斩钉截铁地告诉议员们，早在 1798 年，陆战队就"为自己争取了存在的权利，这是国会所赋予的权利"。在高层辩论期间，杜鲁门总统把范德格里夫特拉到一边，并问道，"你们陆战队不相信任何人，是吗？"范德格里夫特的回答是，"总统说的没错"。

1947 年 7 月 26 日，杜鲁门总统签署《国家安全法》。大部分如科林斯所设想，该法案创建了国防部部长一职，将美国空军设立为独立军种，另外，就像范德格里夫特主张的那样，还加了一项关于保留陆战队的条款：

下图：在一辆开往朝鲜半岛南部指挥所的吉普车上，从左到右依次坐着马修·B.李奇微中将、多伊尔·希基少将和道格拉斯·麦克阿瑟上将。8 天之后（1951 年 4 月 11 日），麦克阿瑟被解职，不再担任"联合国军"司令。

> "说到陆战队,你们都应该知道陆战队是什么货色。那就是一小队满嘴海军俚语,脏兮兮的泥腿子。我们将会把陆战队丢给陆军,让这群家伙派上用场。也让他们离精锐的海军士兵们远一点。"
>
> ——弗兰克·阿姆斯特朗准将
> 《周六晚间邮报》,1949年2月5日

"……陆战队要为联合武装部队提供组织有效、训练有素、装备精良的舰队陆战队,并与空中支援部队一起,参与舰队对海军前进基地的进攻和防御作战,参与组织实施与海军战役密切相关的所有地面作战。"

福莱斯特当选第一任国防部部长。1948年1月,克利夫顿·B.凯茨上将出任陆战队第19任司令。陆战队着手准备面对下一场挑战。

半岛战争爆发

国防部部长刘易斯·约翰逊也没能在更糟糕的时候裁减陆战队的规模。1950年,他虽然把陆战队现役员额减少到78000人,但是,凯茨司令手上有9万名经过第二次世界大战洗礼的预备役部队。每年,这些预备役人员都要在训练场接受两周的训练。然而,每个陆战团已经缩减到营的规模,每个陆战连也只有两个排的兵力。

1950年6月25日,半岛战争爆发。仅仅几个月前,远东战区总司令麦克阿瑟将军刚把最后一批美国部队撤出半岛南部。

两天之后,杜鲁门命令麦克阿瑟动用美军的空中和海上力量支援。可是,直到朝鲜人民军占领汉城之后,他才告诉麦克阿瑟,可以动用美军地面部队。6月30日,麦克阿瑟空运至半岛南部的仅有的一支部队是从驻日美军第24师抽调的兵力。此时,人民军的闪击战已经彻底击溃了毫无斗志的轻装韩国部队。

这6天里,杜鲁门还在对半岛的局势举棋不定时,凯茨将军已经下命令让第1陆战师做好参战准备。在华盛顿,当杜鲁门和参联会认为半岛冲突只是"治安事件"时,凯茨司令找到海军作战部长福莱斯特·谢尔曼,告知他,陆战队可以提供一个旅的兵力。谢尔曼问道:"需要多长时间准备?"凯茨回答:"两周。"随后,谢尔曼发给麦克阿瑟一封私人信函,询问他是否需要空运一个齐装满员的陆战旅。此时,麦克阿瑟手里虽然有驻扎在日本的第7、第25步兵师,但是战斗力不强、装备破旧而且缺少训练。7月2日,麦克

阿瑟致电参联会，要求尽快派遣陆战队支援。

当参联会还在商议麦克阿瑟的请求时，凯茨将军不请自来。绝境之中，参联会接受了凯茨将军的提议，因为，171年来的事实证明，陆战队是唯一一支随时准备战斗的美国军队。

5天后，爱德华·A.克雷格准将的第1暂编旅在加利福尼亚州彭德尔顿兵营组建完毕。这个旅由雷蒙德·L.穆雷中校的第5陆战团和托马斯·J.库什曼准将的第33陆战航空大队组成。1950年7月12日，全旅6534名官兵在圣迭戈登船。凯茨司令为他们送行，并致辞，"小伙子们，几个月之内搞定，然后我就过去看你们。"

当第1暂编旅还在赶赴釜山的路上时，谢菲尔德将军已经飞抵东京，并私下拜访了麦克阿瑟。在会谈中，麦克阿瑟把谢菲尔德带到一幅朝鲜半岛地图前，用他的手杖指着仁川这个城市。"如果我手里只有

下图：1950年8月17日晚间，部署在釜山防御圈洛东江突出部的第5陆战团第2营一个机枪组，正在支援陆军第24步兵师作战。

上图：在朝鲜战争初期，首次出现的喷气式战机还不成熟。由陆战队飞行员驾驶的沃特F4U-5N"海盗"战斗机表现出极佳的昼夜近距离空中支援能力。

第1陆战师这支部队，"他说道，"我将让他们在这里登陆，切断进攻釜山的北方军队后勤补给线，将其击溃或迫使其撤退。"谢菲尔德回答道，只要麦克阿瑟向参联会提出请求，陆战师将在9月1日前做好一切准备。申请函由谢尔曼起草，麦克阿瑟签署后将它提交到华盛顿。经过会商，参联会批准了麦克阿瑟的请求，凯茨司令随即开始动员第1陆战师。

釜山防御圈

1950年8月3日，克雷格将军的第1暂编旅登陆釜山，并迅速投入到对外围防线的争夺战中。在那里，装备破旧的南方军队正在美国陆军第24师的支援下顽强防御。人民军在镇东里港口南部至浦项东部一线的广阔地域发起攻击。几个小时后，从美国航空母舰"西西里"号（CVE-118）上起飞的VMF-214中队（"黑羊"中队）F4U-4"海盗"战斗机取得了对雅克战机的第一个战果。

1950年3月7日，在镇东里地区解救了陆军第27团之后，第5陆战营遭遇了人民军的凌晨攻势。美军和北方军队间的第一场大规模战斗爆发了。在阻止敌人的推进之后，陆战队发起了反击，经过激烈交战，夺回了人民军占据的高地。两天后，在"培登海峡"号（CVE-116）航空母舰上起飞的"海盗"战斗机支援下，全

直升机——一种新理念

1946年7月,太平洋舰队陆战队司令盖格将军在参观了比基尼环礁的核爆炸试验后,迅速撰写了一份全新的两栖作战理论并立即呈交给了范德格里夫特总司令。范德格里夫特召集了一个研讨会,主要议题是讨论陆战队如何实现突然、迅速和多向的作战能力,并在即将到来的核战场上确保生存。研讨会最后形成的结论是"垂直输送",即在两栖作战时,陆战队不应乘坐低速的排水型登陆艇从正面突击上陆,而是应该使用舰载直升机直接飞越滩头阵地。

1948年,爱德华·C.戴尔上校组建陆战队第1直升机中队并开始在匡提科训练使用西科斯基直升机。那时的直升机只能运送两名全副武装的陆战队员。梅利尔·B.特温尼上校和维克多·H.克鲁拉克上校开始编写直升机两栖作战条令(Phib-31)。8月份,第1中队接收了第一批皮亚塞茨基HRP-1直升机,该型机可以携载6名全副武装的陆战队员。

特温尼和克鲁拉克继续推动发展更好的旋翼飞行器。1950年,第一批西科斯基HO2S-1直升机实现侦察功能。一年之后,第161运输直升机中队带着更大的西科斯基HRS-1直升机抵达朝鲜半岛,执行人员和物资运输任务。HRS-1是第一种可以不需要专用机场的直升机。

在朝鲜半岛的两年里,HRS-1和HO2S-1直升机共运输了超过6万人次部队、750万吨物资和9815名伤员。

上图:一架西科斯基HRS-1"契卡索"直升机在空中悬停。陆战队员们将装有1000磅弹药和物资的运输网袋挂在机腹,准备送往12英里外的前线。

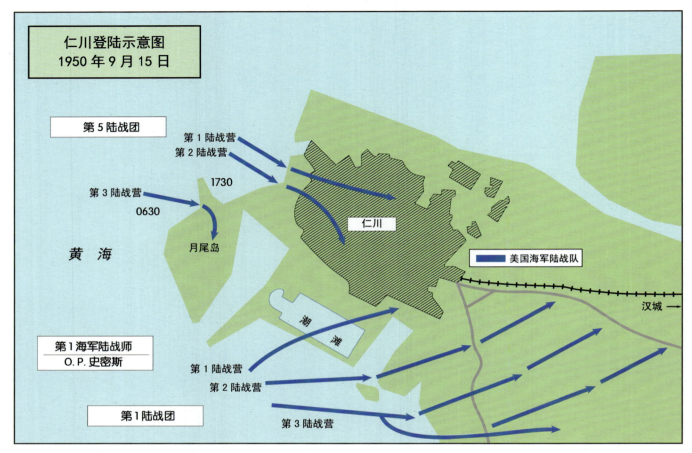

上图：麦克阿瑟将军选择第1陆战师作为进攻仁川的先头部队。陆战队按计划攻下了每一个目标，为陆军第10军开辟了通路。

旅出击，将敌人赶出了防御圈外3英里，并攻占了人民军在晋州的指挥所。

1950年8月12日，当暂编旅向泗川推进时，第5陆战团第3陆战营收到了一份紧急救援令。25英里之外釜山防御圈被打开了缺口，敌军一支2000人的部队渗透进入防线包围了两个陆军炮兵营。直升机迅速将第3陆战营投送到那一区域，阻截了人民军的渗透，并歼灭了该部敌人。

6天的战斗中，陆战队舰载第513夜间战斗机中队、第6舰载观察机中队以及两个战斗轰炸机中队，使用直升机和轻型飞机为地面部队提供了直接火力支援。而人民军第4师已经突破了洛东江以北30英里地段，将第24步兵师赶了回去。克雷格将军不得不调遣兵力去填补缺口。

在沿洛东江一线的残酷战斗中，陆战队使用火箭筒摧毁了一些T-34坦克，打退了人民军不间断的渗透，夺回了几处制高点，并在8月18日开始逐点清除人民军阵地。人民军潮水般渡过洛东江准备重新集结。陆战队第 33 航空大队和舰载第 513 夜间战斗机中队沿江清除了人民军目标。科林斯上将写信要求克雷格将军讲解陆战队是如何做到的。

麦克阿瑟希望把克雷格的暂编旅投入仁川登陆作战。1950 年 9 月 5 日,陆军第 2 师接替了陆战队的防区。第 1 暂编旅从釜山凯旋,骄傲地加入了第 1 陆战师的序列。克雷格的战例为现代战争添加了新的篇章。他第一次将空中和地面部队以任务编组的形式置于统一指挥之下,实施协同作战。在 38 天时间里,陆战队仅以 902 人伤亡(172 人阵亡)的代价守住了 380 英里的防线。在 3 场主要战斗中,没有一名陆战队员成为俘虏。第 33 陆战航空大队出动了 1500 架次直升机,其中有 1000 架次是为地面部队实施近距离空中支援,而且,这次战争中,陆战队第一次将直升机投入战斗。

仁川登陆

参联会不相信凯茨的第 1 陆战师可以按照麦克阿瑟的时间表做好进攻仁川的准备,更糟糕的是,参联会没有立即批准这一调兵计划。麦克阿瑟向参联会连发了 3 份申请函,才调动第 1 陆战师。凯茨向参联会保证,第 1 陆战师将做好进攻仁川的所有准备。

杜鲁门漫不经心地批准之后,凯茨立即着手动员陆战队后备部队。为了召集所需的兵力,凯茨向东海岸的第 2 陆战师借了 6800 人,将他们运往彭德尔顿兵营。他还从驻地中海的第 6 舰队抽调第 6 陆战团第 3 营经苏伊士运河运到日本。他又从世界各地的警戒哨所中拼凑出 4500 人。加上已经在朝鲜的克雷格旅,凯茨在 53 天的时间里,为一个满编主战师集结了 24000 名陆战队员,并为航空联队准备了另外 4000 人的补充兵力。

上图:1950 年 9 月 15 日,第 5 陆战团正在向滩头前进,执行战争史上规模最大的一次战术突击行动。为了爬上仁川岸边的峭壁,他们必须携带梯子。

> "我们会在仁川成功登陆,然后击败他们。"
>
> ——麦克阿瑟将军对他的计划人员说

1950年8月22日,师长奥利弗·P.史密斯少将带着他的作战参谋抵达东京,此刻他还不知道,麦克阿瑟已经决定将9月15日作为登陆日。他了解到,要想在仁川周边的峭壁实施登陆,必须达到33英尺高的潮面,而只有9月15日或者10月中旬才满足这一登陆条件。史密斯不能确定他的部队可以在这么短暂的时间内完成登陆,但是麦克阿瑟要求他必须完成任务。麦克阿瑟希望史密斯的第1陆战师打头阵,爱德华·M.阿尔蒙德少将的陆军第10军及陆军第7步兵师紧随其后。

无论参联会还是史密斯都不赞同麦克阿瑟制订如此冒险的"仁川—汉城"作战计划。甚至第7舰队司令亚瑟·D.斯特鲁布尔将军也表达了他的怀疑。然而,史密斯没有对决策提出质疑,参联会也没有提出太多的反对,麦克阿瑟的冒险计划得以实施。

该计划分四个步骤:首先,在仁川登陆;接着,夺取东边20英里的汉城金浦机场;然后,穿越朝鲜半岛,切断人民军的后勤补给线;最后,阿尔蒙德的第10军和釜山防御圈北面华尔特·H.沃克中

左图:9月15日,在海军舰炮猛烈轰击之后,罗伯特·D.泰普利特中校率领着第5陆战团第3营的官兵乘登陆艇向烟雾笼罩的月尾岛进发。

上图：攻下仁川之后，陆战队又为陆军第10军开辟通路，夺取金浦机场和汉城，从而让南方政府可以从釜山搬回首都。

仁川—汉城进攻战役

1950年9月15日清晨5点45分，压制住月尾岛上的敌人之后，海军停止了炮击。过了几分钟，罗伯特·D.泰普利特中校带领第5陆战团第3营的官兵乘登陆艇向海滩推进。此时，刚从釜山赶来的VMF-214和VMF-323"海盗"中队飞过头顶，为登陆部队提供空中掩护。6点15分，空中攻击停止，3艘火箭支援舰发射的5英寸火箭弹瞬间覆盖了滩头。15分钟后，陆战队登上月尾岛，夺占了阵地。7点整，麦克阿瑟站在指挥舰"麦金利山"号的甲板上看到泰普利特将美国国旗插上了无线电山。麦克阿瑟转向随行人员说："成功了。让我们来杯咖啡吧。"这座小岛是登陆仁川的主要通道，第3陆战营迅速在全岛展开扫荡。

整个白天，海军舰炮和空中打击都在持续攻击仁川港。下午5点30分，第5陆战团第1和第2营抵达了仁川岸边的峭壁。依靠便携攀登梯，陆战团翻过峭壁向汉城前进，其间只遇到了轻微的抵抗。

右翼方向，在另一批海军火力掩护下，刘易斯·B.普勒上校的第1陆战团从仁川南部登陆。普勒率全团官兵向北推进，直指铁路线和公路，阻截人民军的增援兵力。到了下午，整个战役的突击上陆阶段圆满完成，其间只有22名陆战队员阵亡，174人受伤。

史密斯将军安排南方的陆战队断后，然后继续进攻汉城。9月17日，第5陆战团第3营夺取了位于仁川和汉城中间的金浦机场。

夜幕降临时，第一架直升机载着谢菲尔德将军和克鲁拉克上校在机场降落。两天后，第33陆战航空大队进驻金浦机场，开始为阿尔蒙德的陆军第10军提供空中支援。

普勒的第1陆战团沿仁川—汉城公路向永登浦推进，打退了人民军的几次反击。9月21日，普勒发现人民军大部分依托苏制坦克布防在汉城外线。当A连绕过人民军侧翼突击时，全团其他部队从正面摧毁人民军坦克，实施强攻，到早晨，全团成功突进永登浦。随后，第1、第5陆战团渡过汉江，与第7陆战团和第7步兵师一道攻进汉城。经过3天的逐屋争夺，第10军重新占领了汉城。

左图：1950年9月20日，第1陆战师进入汉城后立即陷入艰苦的城市巷战。

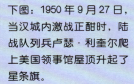

下图：1950年9月27日，当汉城内激战正酣时，陆战队列兵卢瑟·利奎尔爬上美国领事馆屋顶升起了星条旗。

将的第 8 集团军两面合围。科林斯和奥马尔·布莱德雷将军对两栖作战嗤之以鼻,但是麦克阿瑟坚持他的计划,并要求陆战队做开路先锋。

复杂的指挥链也可能造成进攻行动的混乱。这场战役的主要兵力,一个是作为突击部队的史密斯第 1 陆战师,另一个是作为海军支援部队的詹姆斯·H.多伊尔少将第 1 两栖大队。统一指挥这些兵力的是麦克阿瑟的参谋长,阿尔蒙德将军,一位陆军将领。他反对在潮汐条件不明的情况下贸然进攻一个严密设防的城市。沿朝鲜海岸有更好的登陆地点,但没有一个像仁川这样接近首都汉城和金浦机场。事

下图:并不是所有的近距离空中支援都来自陆地机场。1951 年 11 月 10 日,军械员们将 500 磅和 100 磅炸弹送上"好人理查德"号航空母舰的甲板,用于执行打击北方军队的任务。

上图：三八线以北几英里的一个村庄内，一队陆战队巡逻兵接近一处农庄，这里有一个狙击手一直在前沿阵地附近频频给美军制造麻烦。

后证明，麦克阿瑟应该把指挥权交给史密斯，让阿尔蒙德继续做参谋，但是让一个陆战队将领指挥一支陆军军团会让参联会觉得尴尬。

仁川的复杂地形让人望而却步。海峡口的进出流速达到8节，登陆地点大多是悬崖，即便有泥滩的地方也布满了暗礁。涨潮时，潮水猛烈拍打着花岗岩峭壁。岩石结构的月尾岛通过一条600英尺长的防波堤连接到海岸，防卫着仁川港的入口。

第5陆战团第3营必须在大部队登陆前，趁早潮夺取月尾岛，然后第1陆战师在晚潮时对仁川发起总攻。登陆窗口在早上7点和晚上5点15分各有短短的30分钟时间。更糟糕的是，第7陆战团没有按时到达集结地域，不能参与攻击行动。虽然人民军在仁川只有2200人，但是他们在整个汉城—金浦地区部署了超过21000人的部队，成功的希望非常渺茫。阿尔蒙德将军一直在抱怨这个九死一生的冒险计划。

上图：朝鲜中部杨口郡附近，第1陆战师的一个重机枪小组在交战。

下图：1950年11月1日，在陆战队航空队的支援下，第7陆战团穿戴着御寒的装备穿过咸兴，走向通往长津湖的漫漫未知路。

祸不单行，此时此刻有两场台风正威胁着运输船队的安全，可能会造成作战时间推迟，但是，麦克阿瑟顶住一切压力，维持原定作战计划。

钳形攻势

仁川计划虽然遭到很多军事专家的反对，但最后所取得的结果大大超过了麦克阿瑟自己的预料。随后，沃克将军的第8集团军冲出釜山防御圈与第10军一道对人民军实现钳形合围。在这场战役中，第33陆战航空大队起飞2500架次，其中大多数是近距离空中支援任务。此役，陆战队伤亡2774人，其中457人阵亡。

胜利让麦克阿瑟忘乎所以，他获得杜鲁门的授权，为第8集团军制订下一步作战计划，越过三八线，夺取北方首都平壤。史密斯的第1陆战师划归阿尔蒙德将军的第10军管辖。不久两人之间爆发了一场争论。阿尔蒙德要求史密斯从元山东岸发起两栖攻击，但是史密斯主张从陆路穿插进入元山会更快一些。史密斯的争辩

> "我们没有撤退，而是在向相反的方向进攻。"
> ——奥利弗·P.史密斯将军
> 摘自安德鲁·基尔的《新生》

毫无作用,阿尔蒙德坚持认为两栖登陆作战会更"简单"。

10月12日,第1陆战师航渡到元山时,海军发现敌人在元山港布设了上千枚苏制水雷,于是,陆战队不得不在日本海漂了一个星期,以等待海军清除水雷。当陆战队好不容易登陆上岸时,南方军队早已拿下了元山城,此刻他们正在兴致勃勃地观看鲍勃·霍普慰问团的演出。

10月20日,沃克的第8集团军攻下平壤之后,麦克阿瑟决定继续推进至朝鲜和中国东北的边界——鸭绿江。

阿尔蒙德命令第10军的部队分头向半岛东部进发,第1陆战师在左路,第7步兵师在右路,第3步兵师殿后。在兴南地区,陆战队前进到长津湖水库的西面,与此同时,第7步兵师和南方第1军也占领了水库东侧。10月21日,第7步兵师的先头部队抵达边境附近的惠山郡。在10月19日,30万名中国人民志愿军进入朝鲜半岛战场。

下图:1950年11月28日,在长津湖西面,第5、第7陆战团开始撤往江东里指挥所。

上图：第 1 陆战师的前沿战斗让人想起第一次世界大战中的"无人区"。前方一个碉堡被引爆了，碎片四散飞溅，一名陆战队员手持步枪正准备进攻。

长津湖

1950 年 11 月 17 日，第 7 陆战团抵达长津湖水库下游处的下碣隅里，等待史密斯后续部队的到来。麦克阿瑟之前保证"带着小伙子们回家过圣诞"。没有其他部队比第 1 陆战师更渴望尽快结束半岛战事。史密斯将军带领士兵们艰难地推进到鸭绿江，并在 11 月 27 日的暴风雪中，将两个团的兵力调往柳潭里。那天晚上风雪交加，气温骤降，由宋时轮将军指挥的 3 个师的中国人民志愿军突然袭击了柳潭里的这两个陆战团。宋时轮计划用 4 个师的兵力分割包围这两个陆战团，并切断他们与下碣隅里史密斯指挥所之间的通路。陆战队坚守了两天，而此时，位于朝鲜西岸的沃克第 8 集团军正在从鸭绿江全线溃退。阿尔蒙德惊慌失措，急令第 1 陆战师和长津湖东面的陆军部队迅速撤往靠近日本海的兴南港。第 7 步兵师和韩国第 1 军迫不及待地执行了撤退的命令，但是，陆战队在下碣隅里重新集结，准备执行史密斯将军的另一项计划。

11 月 29 日，长津湖地区第 1 陆战师被包围了。在长津湖的另一面，第 7 步兵师和韩国第 1 军也被包围了。虽然阿尔蒙德不同意史密斯的突围计划，但他不得不命令这两支部队向史密斯靠拢，因为这是唯一的希望。史密斯派遣普勒准将打开下碣隅里的突围通道。普勒的部队发起攻击，打开了仅有的一条生路，并构筑了坚固的防御阵地。经过 5 天的激战，12 月 3 日入夜之后，从柳潭里撤下来的第 5、第 7 陆战团官兵高唱着"陆战队之歌"，迈着整齐的步伐走进下碣隅里。他们带着随身的武器、堪用的装备和 1500 名伤员。史密斯在下碣隅里通道坚守了 3 天，其间，陆战队的 R4D 直升机和空军的 C-47 运输机从这里接走了 4400 名陆战队员和陆军步兵。

12 月 6 日，史密斯命第 1 陆战师打头阵，沿着江东里（Koto-ri）一条 56 英里长的狭窄的后勤补给线向咸兴地区突围。从陆地和航空母舰上起飞的战斗机为突围提供近距离空中支援。在第一段 10 英里路线上,史密斯的 14000 名陆战队和陆军士兵对抗着 4 个师,有 100 人阵亡,500 人受伤,7 人失踪。江东里以南 5 英里处便是黄草岭,此处有一条长约 10 英里的封冻走廊。为歼灭美军,中国人民志愿军在此处集结了重兵。志愿军采用破坏道路、炸毁山间通道、爆破桥梁的方法阻挡美军陆战队突围,但史密斯通过一条紧急建立的空中走廊得到了桥梁预制构件等设备,维持着撤退通道的畅通。史密斯一直在为阿尔蒙德第 10 军提供增援。

在通往咸兴的"另一个进攻方向"上,史密斯的"陆战队－陆军－南方联军部队"与志愿军 4 个军 14 个师战斗,伤亡 38000 人。自从登陆元山以来,陆战队自身就有 4400 人伤亡,其中 718 人战死,192 人失踪,还有数百人严重冻伤。

下图:1950 年 12 月,从长津湖突围之后,陆战队员们在第 1 陆战师咸兴墓地的十字架前为死去的战友默默祈祷。

右图：第5和第7陆战团正在从长津湖撤退，他们在江东里方向打开了一条通道。两辆M26"潘兴"坦克在前面开道，一些陆战队员紧随其后。

右图：当下碣隅里的陆军和陆战队员们重新集结撤退时，陆战队的F4U"海盗"战斗机为他们提供了近距离空中支援。

左图：一架装着4枚凝固汽油弹的F9F"黑豹"战斗机已经瞄准了平壤附近的一处兵站供应中心。另有91架飞机满载着破片炸弹和凝固汽油弹紧随其后。

1950年12月10日，陆战队是美军在三八线以北唯一的部队。接到麦克阿瑟直接下达的撤退命令后，史密斯组织撤军。在这一天，多伊尔将军的特混舰队开始装载105000名美军和韩国部队、91000名平民和35万吨物资撤退。这次任务持续了两个星期，宋将军没有干预美军的撤退行动，只是远远地观望着。

政治战

1951年1月1日，50万中国军队沿三八线发动进攻，并在3天内重新夺取了汉城。马修·B.李奇微中将接手第8集团军指挥权，负责指挥所有地面作战，并将第1陆战师转为预备队。因为没有更多的两栖作战计划，李奇微将陆战队航空队划归空军管辖。陆战队陷入了陆军和空军的战争。

一直到2月24日，情况才稍有改变。陆军第9军指挥官因心脏病突发去世，李奇微派史密斯将军指挥第9军，而第1陆战师由普勒准将接管。李奇微决定由陆战队为先锋发起一场反攻作战。

此时，杜鲁门已经对麦克阿瑟失去了耐心，让李奇微接替了他的指挥权。4月14日，詹姆斯·A.范弗里特中将开始指挥联合国军地面部队。一周后，志愿军发起了一场70万人的春季攻势。

下图：刘易斯·B.普勒准将（1898–1971）1918年加入陆战队，是一名非常优秀的前线指挥官。在朝鲜，他赢得了第5枚海军十字勋章，创下了陆战队的历史纪录。

右图:1951 年,在沿三八线的战斗中,陆战队员们正在发射 4.5 英寸火箭弹。

下图:1953 年春,当和平谈判陷入僵局的时候,第 11 陆战团第 1 火箭炮连半夜发射火箭弹,以阻止对方军队突破该团的防线。

4月22日,在夜间进攻中,普勒将第1陆战师配置在三八线以北30英里的铁三角阵地。志愿军突袭陆战队的左翼,并击溃了韩军第6师。到了清晨,志愿军夺取了纵深10英里、正面宽10英里的阵地。考虑到第9军其他部队已经陷入危险,史密斯命令普勒撤回主防线。普勒杀出一条血路,并营救出了第9军的部分部队。

中国人民志愿军在5月15日再度发动进攻,此次的进攻方向是朝鲜半岛的东侧。而美军第8集团军第1陆战师夺回了大钵盆地(Punch Bowl Area),这是位于三八线以北24英里的火山口。普勒不知道的是,第一次停火协议此时正在酝酿。虽然第一次谈判破裂了,但是战事基本上沿三八线固定下来,对领土的争夺成了政治上的重要需求。随后,在志愿军试图将第1陆战师赶出酒碗山高地的战斗中,陆战队员们体验到了最惨烈的战斗。普勒使用近距离支援飞机和西科斯基HRS-1直升机为第8集团军提供短促攻击、机降增援、空中救护和后勤补给,以坚守这条横

下图:1951年5月22日,三八线以南几英里的地区,陆战队步兵躲在一辆M26"潘兴"坦克后面,准备进攻洪川附近一块激烈争夺的高地。

陆战队的喷气式战斗机

如果不是因为朝鲜半岛战争，陆战队可能还在使用螺旋桨推进F4U-4"海盗"战斗机的某种现代化改进型号，但是，在朝鲜半岛，苏制米格战斗机的出现让陆战队进入了喷气时代。1951年4月，海军第一次使用格鲁曼F9F"黑豹"战斗机执行对补给线的轰炸任务。陆战队也迅速从值得信赖的"海盗"战斗机改飞喷气动力的格鲁曼F9F-2"黑豹"以及麦克唐纳F2H-2"女妖"。喷气式战机的高速度（575英里／时以上）和高升限（44000英尺）使得对地攻击战术发生了变化。坚固的机体平台可以携带机炮、炸弹和火箭弹。喷气式战斗机到来之后，飞行员们执行近距离空中支援任务时的伤亡率降低了一半，而陆战队飞行员们也开始对米格机不屑一顾。陆战队新的夜间喷气式战斗机中队成了空军B-29轰炸机的护航机。那些B-29的成员们特别要求陆战队提供掩护。

克莱顿·C.杰罗姆少将当时任陆战队航空

下图：1951年春，汉城以南的一座机场上F9F"黑豹"喷气式战机正在重新装载火箭弹，准备实施近距离空中打击。

兵驻朝鲜半岛部队指挥官。之前陆军和空军在如何为第8集团军提供空中掩护的问题上产生了分歧。当两个军种的矛盾影响到执行地面作战任务的时候,杰罗姆自告奋勇为陆军地面部队提供掩护。他的飞行员们后来成了第8集团军的战术空军。

1952年10月,弗兰克·E.彼得森少尉完成了他的训练,成为陆战队历史上第一位非洲裔美国飞行员。彼得森在两场战争中飞行了350次作战任务,在朝鲜半岛驾驶的是"海盗"战斗机,在越南驾驶的是F-4D"鬼怪"战斗机。

1950年8月—1953年7月,陆战队第1航空联队执行了超过118000架次飞行,其中,40000架次是近距离空中支援任务。陆战队飞行员证明了自己的多任务能力。他们同时拥有舰上和陆地起降能力,可以昼夜执行任务,能够驾驭从直升机到喷气式战斗轰炸机在内的多种型号飞机。在此后的几十年中,陆战队不断汲取此前经验改进舰队陆战队的作战条令,并通过掌握新的作战方式不断提高在美国武装部队中的地位。

下图:"黑豹"喷气式战机正在朝鲜半岛执行战斗任务。因为是土制跑道,每次喷气式战机起飞时,都要由拖车牵引至待飞区,而不能自主滑行,以避免将尘土吹进其他飞机引擎里。

朝鲜半岛战争中陆战队的作战行动	
釜山防御圈战役	1950 年 8—9 月
仁川—汉城进攻战役	1950 年 9—10 月
长津湖战役	1950 年 11—12 月
联合国军反攻战役	1951 年 3 月
志愿军反攻战役	1951 年 4—5 月
朝鲜东部大钵盆地战役	1951 年 5 月—1952 年 3 月
主防线阵地战	1952 年 3 月—1953 年 7 月
停战后非军事区任务	1953 年 7 月—1955 年 4 月

贯朝鲜半岛绵长的防御阵地。1953 年 7 月 27 日，双方终于签署停战协议，朝鲜半岛全线停火。

李奇微将军到达朝鲜半岛之后，像麦克阿瑟一样，愿意使用第 1 陆战师打头阵。麦克阿瑟要求通过公法（Public Law 416）第 416 条，就是著名的陆战队条款。该条款将陆战队扩编到 3 个师的规模，使陆战队成为美国在全世界范

下图：VMO-6 中队的直升机在朝鲜亮相。这些直升机可以执行伤员后送、兵力投送、兵力撤收等多种任务。

上图：1951年10月11日，当第一轮停战谈判在板门店进行时，联合国军代表是美国陆战队小詹姆斯·穆雷上校，朝鲜人民军队代表是张平山上校。谈判的内容涉及南北双方之间的非军事区。1953年7月23日，双方签署停战协议。该协议确立的分界线还是回到了三八线。

围内保持戒备的两栖力量。

1952年1月1日，谢菲尔德将军取代凯茨成为陆战队第20任司令。他一上任就从华盛顿搬到了匡提科陆战队学校。谢菲尔德按照陆军总参谋部的模式重组了陆战队司令部，重新确立了陆战队的责任。作为参谋长联席会议的成员，他还注重将最新的航空和武器技术引入陆战队的作战理念。

保守落后的陆战队时代宣告终结。现在，以3个常备师为基础的陆战队重建计划开始了。

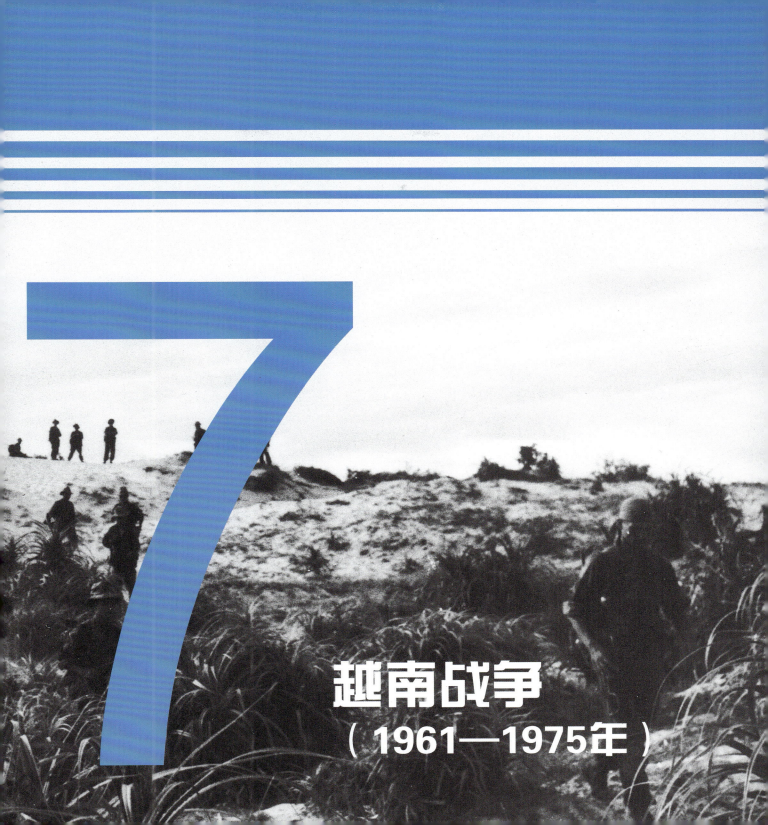

7

越南战争

（1961—1975年）

1946年，美国已经开始小范围介入越南事务。那时，日本人从中南半岛地区被赶走，胡志明开始建立国家，而法国人又试图恢复他们在该地区的殖民地。杜鲁门总统注意到这一矛盾，但并没有干涉。1950年，杜鲁门决定介入朝鲜半岛战争。他还向法国提供武器、装备和军事援助，以支持法国人与胡志明的越盟军队作战。1953年，艾森豪威尔将军击败杜鲁门接任总统宝座，他继续维持援助法国的政策，并极力避免正面卷入冲突。

1954年，越盟军队将12000名法军包围在奠边府。艾森豪威尔的顾问建议他立即出兵干涉，甚至有人建议使用核武器。

> "先是老陆战队，然后是新陆战队，现在却是这些鬼东西。"
> ——查尔斯·科
> 《在越南的年轻人》

为了避免美国在"冷战"期间卷入一场"热战"，艾森豪威尔没有采纳这些建议。到了1954年7月，双方终于停火，法国签署协议，同意以北纬17度线将中南半岛分为两部分。越南北方由胡志明统治，越南南方由吴庭艳（一个受过法国教育并极端反共的天主教徒贵族）领导。艾森豪威尔承诺给予吴政府经济和军事援助。1954年8月2日，陆战队维克托·克罗赞特中校作为军事援助顾问团(MAAG)的成员抵达西贡。最终，经艾森豪威尔批准，这个顾问团增加到685人。

事实证明，吴庭艳没有领导越南南方的能力。他那腐败残暴的政权激怒了广大的工农阶级。越盟开始对吴政府发动游击战争。尽管对吴庭艳非常失望，艾森豪威尔仍然维持着对他的援助。

肖普将军领导下的陆战队

为了对抗东方集团对西欧的威胁，艾

森豪威尔一直对建立北大西洋公约组织（NATO）非常感兴趣，并且反对在远东地区制造麻烦。他还致力于建立一支强大的陆军，而且觉得陆战队的作用非常有限。1959年12月31日，伦道夫·麦克科尔·佩特司令退休了，艾森豪威尔翻遍陆战队高级将领名单，终于找到一个替代人选。1960年1月1日，总统任命56岁的大卫·M.肖普中将担任陆战队司令官。肖普是1926年从迪堡大学后备军官训练团进入陆战队的，他曾经获得塔拉瓦荣誉勋章，并成为参联会成员中第一位有此殊荣的将领。数名陆战队资深中将因为总统的决定而退役，但是，事实证明，肖普是一位纯正的陆战队员，而且他的政治智慧远远超出了艾森豪威尔的预料。

艾森豪威尔本来准备将3个陆战师缩编为团级单位，结果恰恰相反，肖普按照作战要求将陆战队扩编了。另外，他用新式M14型7.62毫米步枪取代了久

下图：1946年，法国派遣4万人的部队占领了越南南方和柬埔寨。8年后，法国仍然在和胡志明的越盟军队作战。在1953年8月25日的卡马尔格行动期间，法国和中南半岛部队从越南中部海岸向内陆前进。

上图：河内正在举行的一场庆祝活动。照片右三是越南北方的政治军事领袖、党的缔造者、年迈的胡志明，最左边的是武元甲将军。

经沙场的 M1，用 M60 机枪替换了老式的 BAR 勃朗宁自动步枪。1960 年，他又扩大了航空队规模，而且为陆战队引入了 F-4B"鬼怪"式喷气战斗机。这种战斗机将装备最新式的武器系统。陆战队的飞行员们驾驶着新战机研究新的战备条令时，另一部分参谋人员正在研究新颖的垂直突击战术。

肖普还致力于改善陆战队的兵源质量。他将佩特将军的"魔鬼幼犬"（Devil Pup）训练计划扩大为全国"体能测试项目"，以往只是每年夏天在陆战队基地为新兵准备几周的入伍训练，现在则扩大为可以让全美高中生在暑期参加体验的公共服务项目。该项目为陆战队源源不断地培养新鲜血液。仅用了一年时间，肖普就让艾森豪威尔对陆战队刮目相看。艾森豪威尔在 1961 年届满之前签署预算案，确定陆战队的兵力规模为 3 个满编师、3 个航空联队以及 175000 人编制。

越南——沸点

1961 年，约翰·F. 肯尼迪总统命令第 7 舰队搭载大批陆战队前往南中国海。1962 年 4 月 12 日，其中的一部分陆战队员在泰国登陆，以阻止越南北方对老挝的袭击。与此同时，陆战队第 363 中型直升机中队进入西贡附近的湄公河三角洲，支援越南南方军队（ARVN）打击游击队的战斗。1962 年，肯尼迪又将驻越南南方的美军顾问团扩大到 4000 人，其中包括 600 名陆战队员。

1962—1963 年的两年时间里，左翼运动扩大到越南海岸之外，在一些国家和地区引发严重危机，包括德国、老挝、柬埔寨、古巴、巴拿马运河区、塞浦路斯、海地、南美、桑给巴尔。越南问题更是逐日升级。

1963年11月,越南南方将军们在肯尼迪政府的支持下发动政变,刺杀了吴庭艳总统。巧合的是,3周后,肯尼迪总统在得克萨斯州达拉斯市遇刺。林登·B.约翰逊继任。之后的18个月间,越南南方政权9次易主。1964年8月5日,约翰逊利用备受争议的"北部湾事件"扩大了美军援助,并命令航空母舰舰载机空袭北方的海军基地和油料库。两天之后,国会授权约翰逊"使用任何手段反击对美国军队的任何武装袭击……",冲突演变为一场"美式"战争,约翰逊将驻越美军从1962年的4000人增加到1964年的23000人。

约翰逊的战略遭到所有真正了解战争的人反对。小华莱士·马丁·格林将军于1964年1月1日被任命为陆战队第23任司令官。

参战

约翰逊总统是一个职业政客,而不是

下图:湄公河三角洲,游击队带着苏制的武器走在一条林间小道上。

上图:船头的游击队员手里拿的是美制勃朗宁自动步枪,这是缴获的美制武器。

右图:戴维·M.肖普司令(1904—1983年)坚定地相信军人应该在文人领袖的指导下为国家利益服务。但是他坚决反对林登·B.约翰逊总统在东南亚地区大规模使用军事力量。

军人。国防部部长麦克纳马拉曾是福特公司总裁,也不是军人,但是,战争却是由坐镇华盛顿的约翰逊和麦克纳马拉一手策划的。他们甚至极其错误地亲自策划每一次空中和地面作战行动。

1965年2月7日,北方武装袭击了一处美国兵营,打死美军8名,打伤126名。随后,约翰逊下令实施"火箭I"行动,轰炸了北方设在非军事区的洞海港。3天后,北方武装反击,袭击了归仁(另一处美军基地)和一个直升机场。作为报复,约翰逊下令执行"火箭II"行动,美国航空母舰上起飞的战斗机轰炸了北方荣市附近的军事目标。随着北方武装发起更多反

越南战争期间的陆战队司令官

早在20世纪60年代初，戴维·M.肖普司令官就公开强烈反对向越南派遣地面部队。在肖普任司令的4年间，格林将军一直是他的参谋长。格林是一位沉默寡言、不苟言笑的佛蒙特人，也是第一位成为陆战队司令官的海军学院毕业生（1930年）。与肖普不同的是，他相信若作战方法得当，完全可以赢得越南战争，但是，需要把战争扩大到越南北方，封锁海防港，毁掉沿红河补给线设置的水渠和水坝，像仁川登陆那样对河内发起两栖攻击。

1967年12月31日，格林结束了任期。一天以后，约翰逊任命莱昂纳德·菲尔丁·查普曼上将担任第24届陆战队司令。约翰逊相信查普曼会比另外两个更优秀的候选人听话。这两位候选人一位是历经3次战争的英雄刘易斯·W.沃尔特，另一位是舰队陆战队的优秀指挥官维克托·H.克鲁拉克。约翰逊很快发现，查普曼像肖普和格林一样对他战争政策感到不满和愤怒。被任命为司令之后，查普曼立即飞到越南考察地面战况，其间恰好赶上"春季攻势"（1968年1月）。不久后，陆战队重新夺回了顺化并在溪山作战基地防御战中与北方军队激烈对抗。查普曼认为，按现在的势头发展，敌人正在衰弱，美国终将赢得战争，但是约翰逊退缩了。查普曼返回华盛顿，惊异地发现总统亲自干预了战争的每一个小细节。

他努力抓住可以让约翰逊和麦克纳马拉转变态度的每一次机会。结果，查普曼还是对决策层彻底失望了，他现在只想让陆战队在撤出越南时能保持最好的状态。1972年1月1日，在让位给罗伯特·E.库什曼之前，查普曼告诉驻越陆战队，不要"留下任何超过5美元的东西"。

上左图：小华莱士·M.格林上将于1964年成为陆战队司令官，他提醒道，美国的军事实力和自信心已经太专注于越南了，以至于不能承受一场没有胜利的撤兵。

上中图：小莱昂纳德·菲尔丁·查普曼上将于1968年成为陆战队司令官，他的任务是将陆战队有组织地撤出越南。

上右图：罗伯特·E.库什曼于1972年成为陆战队司令官，之前他在越南指挥第3陆战两栖军。他经常因为陆战队的装备管理问题与威廉·威斯特摩兰将军激烈争吵。

上图：当美军力量加强时，游击队也增强了袭击力度。西贡的美国大使馆成了标志性目标。1965年，这栋建筑遭炸弹袭击而严重损坏。

右图：刘易斯·W.沃尔特少将（1913—1989）1965—1967年在越南先后指挥了第3陆战师和第3陆战两栖军。沃尔特对小分队作战形式给予了高度关注，而且比威斯特摩兰将军更平易近人。

击作战，约翰逊决定让轰炸行动升级，并批准了"滚雷"行动。这场战役俨然成了麦克纳马拉手下一批"天才们"的游乐场，他相信只要对越南北方施加压力，胡志明就会"妥协"并回到谈判桌，然而，谈判直到1972年12月才姗姗来迟。理查德·M.尼克松总统下令执行"后卫II"行动，终于将越南北方"炸回"了谈判桌。可是，在这数年间，美国人打了一场最不情愿的战争。

岘港的陆战队

1965年3月,总统批准"滚雷"行动之后,弗里德里克·J.卡奇准将指挥的第9陆战远征旅(MEB)第2、第3陆战营登陆岘港。他们的任务是保卫岘港航空基地,因为这里是西贡以北唯一可以部署喷气式战机的场站。

卡奇的远征旅(MEB)是到达越南的第一支成建制作战部队。之前,这两个营被迫待在船上,在港外漂泊待命了两个月。该远征旅接受过克鲁拉克中将的训练,既能与正规军交战,又能打击游击队。岘港的市长和他的幕僚们被陆战队的架势彻底震撼了。他们没有想到陆战队会带来坦克、大炮以及两门可以发射核炮弹的8英寸炮。几天以后,卡奇的第3陆战营搭乘KC-130运输机从冲绳飞抵岘港。当飞机在10000英尺长的跑道上降落时,游击队用炮火"迎接"了他们。

克鲁拉克将军突然发现,驻越美军司令陆军上将威廉·C.威斯特摩兰居然把卡奇的远征旅(MEB)关在岘港航空基地的围墙内执行防御任务。基地所在的城市中有20万人口,游击队

右图:1965年8月3日,当第3陆战师在岘港登陆时,他们很多人还是稚嫩的高中毕业生,根本不知道自己是来干什么的。

就混杂其中。有时候,尽管没有威斯特摩兰的指令,第9远征旅(MEB)也会通过直升机前往岘港外的冲突地点。有一次,陆战队击退了大批试图攻入机场的游击队,自身无一伤亡。

1965年4月10日,陆战队第531舰载战斗机中队的F-4B"鬼怪"战斗机进驻岘港。1965年年中,陆战队航空兵的两个固定翼和两个旋翼飞行大队(第11、第12、第16、第36大队)投入越南作战。

1965年5月初,当威廉·R.科林斯少将的第3陆战师抵达之后,岘港正式成为陆战队司令部。

该司令部将所有陆战队单位,包括航空大队,纳入编制为9000人的第3两栖军(III MAF)管辖。让科林斯感到愤怒的是,越南南方军队指挥官阮正诗将军拒绝给陆战队分配更多的任务,要求他们继续守卫机场。

1965年5月5日,刘易斯·W.沃尔特中将抵达岘港,接任第3两栖军指挥官。他曾

左图：在越南南方的作战行动分4块区域进行，每区由一个军区负责。第1军区大部分由陆战队组成，控制了非军事区到第2军区北部的5个省。

对页图：1965年间，一架西科斯基 CH-34"乔克托人"直升机上的机枪手正在对岘港西北大象谷里的对方军队开火射击。同时，另一架直升机上载着军医正准备降落地面，撤出那里的重伤员。

上图:1968年1月间,从岘港起飞的陆战队第1航空联队VMFA-542中队的两架麦克唐纳道格拉斯F-4B"鬼怪"战斗机正准备对陆战队实施空中支援,以阻截北方人民军步兵师对溪山基地的进攻。

获得过两枚海军十字勋章。此时,威斯特摩兰建议约翰逊总统说,"美国只有主动出击,才能把越南拯救出来……"经总统批准,威斯特摩兰将越南南方分成4个军事区。沃尔特管辖的地方成了第1军战术区。该军区司令部也在岘港,管辖范围从非军事区到第2军区以北,覆盖5个省,面积为10000平方英里。安南山在两个军区之间形成了一条天然的分界线。

阮正诗将军被西贡方面称为"北方战神",指挥着3万人的越南南方军队以及23000人的民兵武装。虽然他的大部分部队很少离开岘港,阮正诗仍然坚持由越南南方军队控制乡村和内陆地区,结果是北方军队占领了大部分村寨。阮正诗希望陆战队继续守卫机场,但是沃尔特现在有足够的兵力去做其他应该做的事情。他想推行自己的计划,以更好地控制住自己管辖的军事区内260万人口。

扩大空中作战规模

沃尔特想要在北部省份获得更多的机场,他没有等待阮正诗将军的批准。1965

年5月7日,克鲁拉克将军派遣第4陆战团第1、第2陆战营和数百名"海蜂"工兵部队登陆岘港以南55英里广信省的一处海滩。这个地区没有名字,克鲁拉克便用自己的中文名"朱莱"命名。陆战队建立防御圈后,"海蜂"大队开始构建第一座用于战术支援的小型机场。这个新型机场类似航空母舰的飞行甲板,有几条拦阻索。1965年6月1日,从菲律宾飞来的第一批陆战队A-4"天鹰"攻击机在一条4000英尺长的铝制跑道上降落了。飞行员们称它为"锡箔跑道"。由于跑道较短,"天鹰"攻击机需要使用火箭助推器短距起飞。攻击机和直升机抵达"朱莱"地区后迅速投入侦察和作战行动。

到1968年,第1军区控制了13条战术跑道和两座喷气式战机机场,一座在岘港,另一座就在"朱莱"。威斯特摩兰试图将沃尔特的F-4"鬼怪"战斗机和RF-8A"十字军战士"侦察机中队转隶给约瑟夫·H.摩尔少将的空军司令部,但是没有成功。威斯特摩兰对陆战队的战术

下图:1967年,陆战队第1航空联队VMFA-211中队的一架道格拉斯A-4E"天鹰"战斗机挂载着破片炸弹准备从"朱莱"航空基地起飞,参加广义省境内的作战行动。

右图：这是 1967 年 3 月 20 日，在关岛阿加尼亚国际机场举行的欢迎仪式上，阮文绍、林登·B.约翰逊总统和阮高其在演奏两国国歌时伫立致敬。

航空支援能力印象深刻，他要求海军部署在近岸航空母舰上搭载更多的陆战队飞行中队。

约翰逊发动侵略

1965 年 7 月 1 日，游击队突破了阮正诗将军的防线，冲入岘港航空基地，击毁 3 架战机。当陆战队赶来驱散游击队之后，沃尔特向阮正诗抱怨陆战队在航空基地的防区范围过于狭小，阮正诗将军表示惭愧。这次袭击事件也使约翰逊总统下决心向前线增兵。1965 年 7 月 28 日，在一次全国电视讲话中，总统宣布将驻越美军从 75000 人增加到 125000 人，其中包括 55000 名陆战队员。约翰逊的战争开始了。他继续向越南投入更多的部队，事实上将陆战队扩充到了 28 万人。

"星光" 行动

1965 年 8 月中旬，在第 1 军区，陆战队部署了 4 个陆战团和 4 个航空大队。沃尔特将军再一次对威斯特摩兰抱怨说，阮正诗没有能力在岘港外围的乡村地区压制北方力量。与此同时，约翰逊总统秘密授权威斯特摩兰加强清剿行动。随后，沃尔特迅速作出反应，派遣巡逻队深入岘港外50英里，打击游击队的重要集结地。

不再束手束脚的沃尔特准备实施"星光"行动，对云祥半岛发起两栖攻击。云祥半岛位于"朱莱"以南15英里，驻扎有游击队人民武装第1团。1965年8月18日，在空中和海上火力支援下，沃特的第7团登陆突击队的4000名陆战队员冲击上岸，由此拉开了美军和游击队之间的第一大规模交锋。随后，从美国海军"硫黄岛"号两栖攻击舰上起飞的直升机搭载其他分队在内陆实施机降。经过6天战斗，陆战队仅仅付出45人的代价便击溃游击队，共毙敌964人，俘虏125人。游击队的幸存者们得到了惨痛教训。他们是不可能在正面对抗中战胜陆战队的。

两个月之后，10月27日—10月28日，

左图：1965年8月，在"朱莱"南部进行的"星光"清剿行动中，陆战队共消灭599名游击队，活捉6人。这6个人正静静地坐在地上等着背景中的那架CH-34直升机将他们带走。

上图：1966 年 8 月 15 日，在广治省进行的"科罗拉多"清剿行动中，来自第 5 陆战团霍尔·L. 考夫曼中校第 2 营 H 连的一名陆战队步枪手，正跳过稻田田埂上的一个缺口。

游击队工兵依靠战术突然性和坚持忍耐力再次发起奇袭，攻击了岘港附近的马鲍尔山陆战队基地，毁伤了 47 架直升机。与此同时，游击队又在"朱莱"发动另一场突袭并毁伤 8 架 A-4 "天鹰"攻击机。游击队通常采用秘密渗透的方式发起攻击，得手后迅速撤入附近的村庄。对陆战队的零星攻击最初来自在平民中潜藏的武装人员。

事实证明，游击队受过良好训练，具备高超的战斗技能，非常善于隐蔽。他们携带着现代化的武器，有充足的后勤补给，被灌输了坚定的信仰，拥护胡志明，愿意为国家牺牲生命。陆战队甚至怀疑阮正诗将军的越南南方武装是否已经被策反了。沃尔特有理由怀疑越南南方军队中的一些军官是否忠诚。

战争升级

1965 年 12 月，当雨季来临的时候，红土公路变得泥泞不堪，充满水分的低云雾遮蔽了地面目标。约翰逊总统暂时下令停止空袭，希望此举有助于促进和平谈判。结果证明这是徒劳的，反而给北方一个多月的时间休整并重新武装起来。当扫荡行动于 2 月份展开时，陆战队发现大量越南北方武装部队已经在第 1 和第 2 军战术区之间的安南山脉展开。

沃尔特没有坐以待毙，他组织 4 个陆战营联合第 1 空中骑兵师对驻守广义省的越南北方 325A 师发动进攻。1966 年 1 月 28 日，越南战争中最大规模的两栖作战开始了。第 1 陆战团第 3 营和第 4 陆战团第 2 营在德福附近登陆。第二天，第 3 陆战团第 2 营由直升机投送到海滩西面 5 英里的地方。第 9 陆战团第 2 营从广义机场出发进入海滩西北面的山脚。一系列战斗打响了，越南北方军队被迫撤进桂山村。战斗期间，陆战队第一次遭遇到越南北方正规军的顽强抵抗。这些正规军装备了苏制武器，如：AK-47 突击步枪、重机枪和迫击炮，以及致命的 B-40 火箭筒（仿制 RPG-2——译者注）。陆战队击败了这批越南北方部队，双方伤亡相当。

1966年3月间，第1陆战师抵达越南与第3陆战师会合。这是自从第二次世界大战以来，首次有两个陆战师部署在同一战区。第1师将两个陆战团派往"朱莱"后，在岘港驻扎下来。而第3师移防到顺化以北50英里的地区。这时陆战队开始接受一项新使命——绥靖战略。

绥靖政策

绥靖政策可以追溯到1965年夏季。那时，沃尔特将军和克鲁拉克将军决定派遣陆战队巡逻队深入岘港周边的乡村，以友善抚慰村民，并甄别出"误入歧途"的游击队分子。在秋季行动中，陆战队抓获了潜伏在村庄中的近400名游击队员。1966年，沃尔特和克鲁拉克坚信这项援助工作以及亲民行动最终会"赢得越南人民的心"。

1966年初，两位将军发起"乡村市场"行动，出动美越联合部队在民兵行动组的协助下扫荡藏匿在社区里的北方特工。"乡村市场"行动的成员动用一切力

下图："哈斯丁斯"行动期间，第4陆战团第2营H连的陆战队员们在一条小河里摸索前进，他们的目标是非军事区附近洞海边上的一处敌军据点。"哈斯丁斯"行动于1966年8月3日结束。

右图：1967年，安和地区遭遇奇袭。战斗中一个陆战队M29迫击炮组将阵地设置在围墙后面，向敌人藏匿的建筑发射81毫米炮弹。

越南战场上的陆战队

陆战队员身上除了沾满稀泥，还挂着一堆武器装备。步枪手通常配一支每分钟可以发射800发子弹的M16自动步枪，还要携带至少150发子弹、两枚手榴弹。除武器之外，机枪组还要在身上挂满1200发弹链，3.5英寸火箭筒小组要携带5具高爆火箭筒和5具白磷火箭筒。每个人都要背着背包、携行具、水壶、钢盔、防弹衣、急救包以及其他杂物。榴弹手要携带40毫米榴弹。步枪手经常还要携带轻型反坦克火箭筒（LAW），背着这80磅的装备穿过稻田、象草和丛林。

右图：1967年3月25日，一名疲惫不堪的年轻陆战队员刚从教林县巡逻归来。他带着一支标配的M16 5.56毫米步枪。M16步枪有一个20发的弹匣，可以半自动或全自动射击。

量阻止对方反击。

但讽刺的是,1968 年 3 月 16 日,第 23 步兵师的威廉·凯利中尉带领着一支纪律涣散的步兵排在美莱村屠杀了 347 名越南平民。

多线作战

1966 年 3 月,北方武装在岘港以南 35 英里的安和镇附近地区包围了一支越南南方部队。为了解救友军,陆战队与越南南方军队一起发动了两次进攻,虽然最终消灭了这股游击队,但是陆战队在西贡掀起的一场抗议活动使这次胜利显得黯然失色。

1966 年春季,北方军队在越南南方地区的活动明显增加。为了阻止北方可能的进攻行动,刘易斯·J.费尔德斯少将将第

下图:1967 年 3 月 26 日,"新堡"行动期间,陆战队员们发现了丛林深处的一个游击队集会点。一名陆战队员用火焰喷射器彻底摧毁了这座茅屋。

1陆战师分散配置在广南、广信、广义地区。伍德·B.凯勒少将的第3陆战师则分布在岘港和非军事区之间的两个省。7月,沃尔特发现越南北方人民军第324B师已经越过非军事区,南下进入最北部的广治省。因为还要面对游击队,沃尔特陷入两线作战。

1966年7月15日,沃尔特发起"哈斯丁斯"行动。由第3两栖军的8000人和南越军队的3000人组成的联合部队对广治省展开了扫荡。在地面直瞄火力支援下,陆战队占领了700英尺高的岩桩山,从这里可以观察到敌人的一举一动。沃尔特投入3个营的兵力搜剿残敌,行动持续了9个多月。

游击队转而采取其他战术。他们在丛林中埋设捕熊夹。这是一种两块钉板组成的古老捕猎工具。当人踩上这种捕熊夹时,钉板会弹起夹紧,将一排排长钉插进腿里。他们还用绊绳连接手雷设置障碍,陆战队员们不得不在战斗巡逻时小心翼翼地前进。游击队还经常诱骗陆战队员们进入雷区,然后迅速消失在丛林里。在种植和收获的季节,游击队还在水稻田里埋设地雷。陆战队不得不使用两栖车辆扫除这些

> "只要你们在那里待着,所有的事情都好办了。你们会去吗?"
>
> ——乐美地方官员询问克鲁拉克将军
> 摘自克鲁拉克《永当先锋》

爆炸装置。跟在这些大家伙后面,背负着深重负载的陆战队员们,每人至少要被甩上 20 磅泥土。

非军事区内的行动

为了阻止渗透,伯纳德·雷纳少将(后来晋升中将)推行了一种"七人钉排"侦察队模式,用于在非军事区和老挝边境地区巡逻,以阻断敌人的补给线路。"钉排"侦察队通常由直升机投送到敌人后方。在侦测到敌人活动后,侦察队可以呼叫地面炮火、武装直升机以及携带凝固汽油弹的战斗轰炸机对敌人进行打击。每个深入敌后的侦察队都分配到了 2 门部署在后方的火炮作为直接火力支援。这种渗透行动可以实现对敌人的持续监视并进行有效打击。

由于美军的伤亡不断增加,约翰逊总统要求统计每日歼敌数量。

1966 年 8 月—1967 年 5 月,陆战队在

对页图:1967 年 7 月,机降到溪山基地之后,第 26 陆战团麦克·依尔洛伊中校第 3 营的一名陆战队员正独自坐在一个瞭望塔上观察敌情。此时,一名陆战队牧师正在 950 高地举行弥撒。

左图:1967 年 7 月 9 日,陆战队第 1 航空联队第 2 轻型防空导弹营将 C 战斗群部署在岘港航空基地附近,用"霍克"对空导弹防御北方可能发动的攻击。

非军事区和9号公路之间的地带发动了4次"大草原"扫荡行动。在这10个月的时间里有525人阵亡，3167人负伤。"大草原"行动在雨季展开，作战规模从7人巡逻队发展到7个美军陆战营和3个南越步兵营联合对抗数个北方人民军步兵师。

"大草原"行动期间，陆战队在非军事区以南14英里处靠近老挝边境的溪山高原建立了一个航空战斗基地。基地被丛林和群山环绕。1967年4月24日，潜伏在山里的北方人民军第325C师伏击了第9陆战团B连。沃尔特将军立即空运部队增援，经过激烈的交战，赶走了这批越南北方军队。战斗期间，人民军另一部从东面攻击了陆战队基地，并占领了9号公路。现在，溪山据点美军只能依赖空中通道提供支援。

1967年6月1日，在指挥第3两栖军两年之后，沃尔特由小罗伯特·E.库什曼中将接替。同时，诺曼·J.安德森少将接替刘易斯·B.罗伯特肖少将出任陆战队第1航空联队指挥官。两个人都参与了"西马伦河"和"野牛"行动的指挥任务，这两次行动规模较大，但是陆战队并没有彻底清除广治省的北方人民军部队。陆战队第11工兵营沿非军事区开辟了一块长9英

右图：1967年12月，在岘港以南10英里的一场战斗中，第3陆战团第2营K连3排的机枪手，一等兵肯尼斯·G.克洛里克正在对狙击手躲藏的草丛射击。

上图：从岘港起飞的VMFA-542中队两架麦克唐纳道格拉斯F-4B"鬼怪"战斗机应地面召唤提供近距离空中支援。那些地面部队正在与溪山周围山区的北方军队交战。

陆战队航空兵

1965年，保罗·J.丰塔纳(Fontana)少将的陆战队第1航空联队抵达越南。丰塔纳的弟兄们根本没有想到在那里一干就是7年。和第12大队道格拉斯A-4"天鹰"一样，两个西科斯基UH-34D直升机中队已经先期到达岘港，开始执行任务。4月10日，第一支陆战队固定翼战斗机中队(VMFA-531)带着F-4B"鬼怪"战机到达越南。这是越战期间设计最成功、生产最多的一型战斗机。

陆战队的固定翼飞机分别扮演不同角色。"鬼怪"式和"天鹰"式执行近距离空中支援任务；格鲁曼A-6"入侵者"执行纵深遮断任务；钱斯沃特F-8"十字军骑士"战斗轰炸机执行多用途任务。"十字军骑士"经常被称为"最后的机炮战斗机"，是非常优异的"米格杀手"，但是它的对地攻击性能不强。

直升机可以执行战斗突击、补给、医疗后送、通信中继、运输和战场观察等任务。贝尔UH-1"休伊"和波音-维托CH-46"海上骑士"取代了老旧的UH-34"海马"。西科斯基CH-53"海上种马"是重型运输直升机，贝尔AH-1"眼镜蛇"则是让人恐惧的空中炮艇。

在鼎盛时期，陆战队第1航空联队下辖6个航空大队、26个中队，242架固定翼飞机和186架直升机。1969年美军开始从越南撤退，大多数陆战队航空部队在1971年回国。少数几个中队直到1972年北方人民军发动复活节攻势的时候才离开越南。

右图:1968年1月20日,溪山基地附近,第26陆战团第3营的戴维·E.罗德上校正在指挥部队阻截从881北高地和881南高地之间突入的北方步兵营。

里宽600码的"火力封锁区",清除了所有植被,在里面布满铁丝网、雷场、传感器、远望塔和碉堡。然而,敌人通常沿西部边缘向溪山渗透,绕开了封锁区。

1967年间,陆战队遭遇了最惨烈的几次战斗,其中大多数发生在非军事区附近针对北越人民军的清剿行动中。虽然陆战队的地面和空中兵力始终控制着越南南方北部边境,但是胜利来之不易,共有3452人阵亡,25944人负伤。当时,驻越美国陆战队有81249人,其中77696人隶属于第3两栖军,驻扎在越南南方第1军区管辖的越南南方北部省份。陆战队总共有33个固定翼航空中队和24个直升机飞行中队,其中14个固定翼中队和13个直升机中队都驻扎在越南。第1军区内共计有21个陆战营、大部分的陆战航空联队、3436名海军人员、31个南越武装营、15个陆军战斗营以及4个韩国陆战营。到了1968年,所有人都投入战斗。

溪山战役和"春季攻势"

溪山基地驻扎着戴维·E.劳德上校指挥的第26陆战团的3500名官兵。1967年4月,人民军部队切断了9号公路,封锁了基地的陆上通道。随后,沃尔特将军给基地派去了增援,并空运了105毫米榴弹炮。1968年1月20日,北方在发起"春季攻势"前10天,派遣两个步兵师共计20000人包围了驻守溪山的6000名官兵。库什曼将军承认,这次危机与1954年法军在奠边府的遭遇极其相似,然而,两者最关键的不同在于,几个月来,美军一直掌握着空中优势。

1月21日,北方开始炮火准备,随后对溪山发起了总攻。约翰逊总统非常恐慌,要求每个小时汇报一次战况。9天以后,北方发起"春季攻势",派出60000人的部队袭击了越南南方全境的所有美军重要据点,甚至包括美国驻西贡大使馆。

"春季攻势"撼动了美国,美军迅速向越南增兵。北方军队的攻势被瓦解了,但是国内没有人相信来自越南的战报。1968年3月1日,克拉克·克利福德出任国防部部长,接替了这场战争的首席设计师麦克纳马拉。三周之后,约翰逊出人意料地召回了威斯特摩兰,并让小克莱顿·W.艾布拉姆斯将军取代了他的位置。其实,威斯特摩兰已经在很大程度上打垮了敌人的进攻,他相信,只要再增兵206000人就可以赢得战争。然而,美军每周500人的伤亡率让约翰逊崩溃了,他决定撤出越南。9天之后,约翰逊下令限制对越南北方,尤其是非军事区附近的轰炸,向越南北方发出和谈呼吁,而且宣布退出1968年的总统竞选。3月份,当约翰逊还在考虑政治选项的时候,陆战队员们仍然在溪山为自己的生存而战斗。5月13日,和谈预备会议在巴黎召开,但是没有取得任何成果。

陆战队在空中和地面战场的不懈努力取得了成效。北方人民军试图接近(溪山)机场的行动从来没有成功过。围困期

左图:1968年在洞海北部的"兰开斯特Ⅱ"行动中,第3陆战团第2营E连的一名战士在布满乌云的天空下射击。该连正在非军事区附近向轻语山杀出一条血路。

间，美军仅损失了 4 架空运补给的运输机。为支援守军作战，空军的 B-52 轰炸机和第 7 舰队的 F-4 战斗轰炸机共向敌人投放了 100 吨炸弹和凝固汽油弹。4 月 12 日，第 1 空中骑兵师和南方空降营在陆路开辟据点与溪山的部队建立了联系，并一举打通了 9 号公路。两天后，北越军队在遭受 9000 人的伤亡之后，撤出了战斗。在 77 天的围困中，陆战队有 205 人阵亡、800 人负伤。

在溪山防御战期间，第 5 陆战团的一个营还协助南方军队夺回了传统圣地——顺化市。该地区是北方在"春季攻势"期间夺取的唯一一处要塞。

来自"海军陆战区"的视角

从西贡出来的美国官员和陆军军官把第 1 军区的辖区称为"海军陆战区"。1967 年 1 月 5 日，"甲板室 V"行动期间，为了在湄公河三角洲部署美军战斗部队，第 7 舰队特种登陆部队（第 9 陆战团第 1 营）由直升机投送到西贡以南 6 英里的地方。在 1967 年的戎斗僵持阶段，特种登陆部队

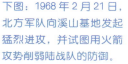

下图：1968 年 2 月 21 日，北方军队向溪山基地发起猛烈进攻，并试图用火箭攻势削弱陆战队的防御。

在"海军陆战区"执行了22次登陆行动。

为了尽快结束战争,艾布拉姆斯将军对第1军区给予了特别关注。他命令撤销溪山战斗基地,所有部队回到9号公路。这项命令让陆战队员们非常困惑,因为从溪山撤退意味着重新为北方人民军打开了向越南南方渗透的通道。艾布拉姆斯还中止了"搜索与摧毁"行动,改用直升机机降部队对敌人阵地发起突袭。他还放弃了"和平村"策略,将陆战队分散部署在大城市周围。

在枪林弹雨的战场之外,还有一场陆战队员们无法理解的冷酷战争。从岘港到非军事区,他们看不到越南战争对美国民众的侵蚀,也看不到国内电视上滚动播放的经过重新剪辑的画面,他们还看不到国内"战场"上,政客们竟然在媒体上指责将军们应该对战争失控负责。

脱身而出

1968年10月21日,约翰逊总统下令暂停"滚雷"行动,这恰好给了北方重新武装的时机。两周后,理查德·M.尼克

下图:1968年1月31日,"春季攻势"期间,陆战队迅速作出反应,打退了游击队在广南省哈默村发动的进攻。

上图:"春季攻势"期间,越南战争中最惨烈的一场战斗发生在圣城顺化。在1968年2月6日的一场战斗中,海军医护兵D.R.豪正在治疗一等兵D.A.克拉姆。照片中的伤员来自第5陆战团第2营H连。

松带着从越南撤军的承诺赢得总统大选。尼克松决定结束越南南方"美国化",改为采用战争"越南化"的新政策。此时,陆战队员们仍然在打一场其他人都不愿意赢得的战争。

1969年3月26日,小赫尔曼·尼科尔森中将抵达岘港,开始接替库什曼将军担任第3两栖军指挥官。库什曼仍然坚信美军会赢得这场战争,尼科尔森却只想尽快结束。尼科尔森把第3两栖军用于训练越南南方陆战队进行两栖作战,但是没人能向这些学徒解释,一支没有海军的陆战队怎么进行两栖登陆。1969年10月,第3陆战师回家了,第1陆战师紧随其后,

接着是陆战队航空联队。1972年3月30日,当北方军队展开"复活节攻势"时,整个越南南方地区只有500名美国陆战队员。

1975年4月30日,西贡陷落。此刻,有一小部分陆战队员驻守在美国大使馆的屋顶,占据了这个城市最好的位置。18个小时内,海军和陆战队的直升机接走了1373名美国公民、6422名当地平民以及989名陆战队员。这批陆战队员是专门留下来掩护撤退行动的。最后一批陆战队员在大使馆的屋顶登机。当直升机飞过城市上空时,陆战队员们从舷窗里看到越南北方的坦克已经冲入了市区。

最后的统计

在14年的战争期间(1962—1975年)美国陆战队有13607人阵亡、88633人负伤,超过了第二次世界大战期间陆战队的伤亡人数。越南战争中,有38名陆战队员被俘虏。有8人在战俘营中死亡,还有49人失踪。陆战队航空兵损失了252架直升机和173架固定翼飞机,大多数是在战斗中被毁。

57名陆战队员获得荣誉勋章,其中有46人是追授。越南战争期间,陆战队非常团结。这里没有黑人或者白人陆战队员之分,只有"绿陆战队员",因为所有人都

上图：M48A3"巴顿"坦克是驻越陆战队机械化营的中坚力量。这种喷火型号可以将燃烧的油料喷到150码之外。1969年时，大约有370辆"巴顿"坦克在越南服役。

左图：1969年12月，第3陆战师第4陆战团B连的一个排，在范德格里夫特战斗基地东面的苏格兰2号地区执行"搜索与摧毁"任务时，正在穿过一条小溪。

上图:一等兵拉里·W.埃兰正在训练一名越南南方士兵架设和操作M60通用机枪。这种机枪既可以抵肩射击又可以放在三脚架上射击。

右图:"雷神"行动期间,第3陆战团第2营E连的非洲裔陆战队员们正在洞海以北的轻语山上进行战斗。拉夫斯·帕特森中士投掷手榴弹时,安东尼·卡特中士正坐在地上看着左边的一个人。"这里没有黑人或者白人陆战队员之分,只有绿陆战队员。"

穿着绿色作战服。总共有448000名陆战队员在越南服过役,其中有41000名非洲裔美国人。最后要特别提出的是,获得荣誉勋章的人员中有5人是因为扑倒在手雷上,牺牲了自己挽救了战友。

陆战队员们回到家乡,却感到非常失落。就像一位三级军士长说的,"在战场上赢得了胜利,却在华盛顿打了败仗。"

1975年7月1日,小刘易斯·H.威尔森将军成为陆战队第26任司令。他因作战英勇,在硫黄岛(Iwo Jima)战役中获得过荣誉勋章,而且参加了越南战争。威尔森了解陆战队消沉的原因,尽力帮助他们找回信念。1975年11月10日,他主持举办了一场盛大庆典,纪念陆战队成立200周年。因为美国人在越南陷入了太多的麻烦,威尔森花费了4年时间才让陆战队为祖国的下一场危机做好准备。陆战队需要的是另一场战争,而不是另一场越战。

8 现代（1961—2006年）

早在1946年,也就是朝鲜半岛战争和越南战争之前,当苏联"铁幕"在东欧落下时,冷战就开始了。3年后,1949年8月29日,苏联人引爆了他们的第一颗原子弹,从而打破了美国的核垄断。接下来的时间里,美利坚合众国一直在与对手做斗争。美国的利益在哪里受到威胁,陆战队就可能会被派遣到哪里。

新的陆战队

1960年,陆战队司令戴维·M.肖普将军发动了一场"战役",以防止陆战队变得"软弱"。那时,肖普并不知道,他将把这些连、排指挥官派往越南战场。在弗吉尼亚州匡提科基地,所有申请进入军官预备学校(OCS)的人都要接受为期10周的残酷训练。超过30%的预备军官因为体能不合格、受伤或者自愿退出而遭淘汰。这里没有任何成功的秘诀,就是坚持

> "在37年的海上服役生涯中,我看到陆战队始终保持着最好的战备状态。"
> ——摘自华莱士·格林司令
> 1965年的国会演讲稿

的毅力和不懈的努力。一名教官说:"如果一个年轻人有正常的体力和健全的心理,他就能够做到。女性也要接受同样的训练,只不过体能标准稍作修改。"

通过适应性训练并不代表结束,要想完成"新兵营"(boot camp)训练,他们还要通过一条1200码障碍跑道。这条跑道模拟了第一次世界大战的森林战场。在这里,他们要翻过几座墙、跳过几条沟壑、爬过铁丝网、通过几座双轨桥、游过一条充满水的下水管道,还要攻入一条敌人的战壕。只有通过这一切考验的士兵才能进入基础训练学校,并授予少尉军衔。在接下来的23周时间里,他们将学习领导艺

8 现代（1961—2006年） | 251

术、战术、轻武器射击维护、优等射手训练、陆上定向以及更多的体能适应性训练。

全能队员

士兵的训练也开始发生变化。在以往的世界大战中，加入陆战队的士兵大多来自底层，具备强健的体魄。朝鲜半岛战争之后，特别是在越南战争期间，社会发生了巨变，"旧人群"和"新人群"一起组成了不好管理的混合人群。严厉的新训教官（DI）们面临着新的挑战。作战训练没有什么改变，但是不能体罚、虐待和随机惩罚。一些曾经非常有效的训练方法，如50个俯卧撑、鞭挞、惩罚性勤务以及语言威胁都要废止。现在的训练中，除了协助整理着装，新训教官们不得触碰新兵。

1975年11月10日，当陆战队庆祝它

下图：在弗吉尼亚州匡提科新兵营，3名新训教官正在向新兵排展示爬过铁丝网的规范动作。这批1989年10月入伍的新兵将要学习基础课程。

上图：在南卡罗来纳州帕里斯岛新兵营，陆战队第2营H连的新训教官史莱斯曼上士正带着一群战士做引体向上，他皱着眉头提醒一些新兵，必须更努力地锻炼才能晋级。

的200岁生日时，外部环境发生了很大的变化。社会文化变得非常宽容，但是陆战队始终要求它的成员能适应高标准的陆战队传统。进行基础军事技能训练时，新训教官的传统方式还是会让大多数士兵感到震撼。从新兵入营的那天起，教官们就要开始强化训练。教官们会执着地盯住着装和内务的每一个细节，他们还会脸贴着脸咆哮出规章制度，有时候语言中带有人身攻击的成分，会让"他"或者"她"感到比在地狱还要可怕。

几个小时痛苦的体能训练之后，是在射击场进行的步枪维护和操作训练。每次考核有50发射击机会，每发满分5分。一名步枪手至少要打满190分才能授予"射手"资格，210分将授予"优等射手"资格，220分将得到"射击专家"资格章。当以排为单位进行射击对抗时，低于190分的步枪手将背起全排的射击装备作为惩罚。新训教官们鼓励排与排之间的竞争对抗，因为这会增强他们的团队意识。

在训练的最后几天里，士兵们要面

对"提高自信心课程"。他们要在一处特别设计的突击训练场地,测试每一个人的力量、敏捷性以及体能。接下来,新兵们要为一系列笔试科目做准备,然后是最后一项体能适应性训练以及由高阶士官(NCO)评估的一系列对抗性考核。结业那天,成绩最优秀的排将被授予"荣誉排"称号。结业庆典时,家人和朋友将受邀参加。这和20世纪50年代完全不同,那时,陆战队员们在结束训练后将直接赶赴指定的单位报到。

年轻的陆战队员们其实明白新训教官的良苦用心。离开新兵营时,每一名陆战队员都知道如何战斗、如何生存以及如何备战。在冷战期间,以及恐怖主义肆虐的时候,这些作战技能将在任何一个地方发挥作用。每一名陆战队员,不论什么时候,都不会忘记他的新训教官的名字。

古巴导弹危机

1962年10月14日,一架U-2侦察机拍摄的照片显示,古巴西部的一处建筑物中有苏制导弹。两天之后,苏联的伊

下图:这些新兵们可能在将来的某一天为国家走上战场。为了让他们经受生理和心理上的考验,新训教官们长期以来一直喜欢使用"对着脸"吼叫的压力训练法。今天的新训教官们有所克制,他们用更好的方法让新兵得到锻炼。在加利福尼亚州圣迭戈新兵训练中心,新训教官们教导体能锻炼方法,而且在每天的高强度训练之前先安排一些低强度的热身活动。

陆战队参加的作战行动(1958—1990年)

黎巴嫩：贝鲁特干涉行动	1958 年 7 月
土耳其：地震救灾工作	1961 年 5 月
英属洪都拉斯：飓风救援行动	1961 年 11 月
泰国：稳定政权行动	1962 年 5 月
古巴：导弹危机	1963 年 10 月
多米尼加：干涉行动	1965 年 4 月
多米尼加：干涉行动	1968 年 4 月
苏丹：保卫美国大使馆	1973 年 3 月
塞浦路斯：保卫美国大使馆	1974 年 8 月
柬埔寨：撤离外籍人员行动	1975 年 4 月
柬埔寨：营救马亚圭斯号货轮	1975 年 5 月
萨尔瓦多：镇压暴乱	1979 年 10 月
伊朗：13 名陆战队员被扣为人质	1979 年 11 月
巴基斯坦：保卫美国大使馆	1979 年 11 月
利比亚：保卫美国大使馆	1979 年 12 月
圣萨尔瓦多城：美国大使馆遭袭击	1980 年 5 月
黎巴嫩：陆战队撤出美国侨民	1982 年 6 月
黎巴嫩：贝鲁特恐怖袭击	1983 年 4 月
黎巴嫩：机场恐怖袭击	1983 年 10 月
格林纳达：驱逐苏联势力	1983 年 10 月
巴拿马：抓捕曼努埃尔·诺列加	1989 年 12 月
利比里亚：撤侨	1990 年 8 月
"沙漠盾牌"行动	1990 年 8 月

上图：1958 年 7 月 15 日，第 2 陆战团登陆黎巴嫩，加强了对贝鲁特国际机场的控制，在外围构筑了沙袋防御工事，并架设了 M60 机枪。（图中是 M1919A4 重机枪——译者注）

右图：多米尼加共和国爆发革命期间，从洪都拉斯出发的美洲多国部队已经第一时间抵达，并开始执行维和任务。1965 年 4 月 28 日，400 名美国陆战队员抵达该国，为陷入危险的美国侨民提供保护。

上图：在加利福尼亚州的29棵棕榈树，陆战队空－地特遣队训练中心，参加步兵军官课程的一群陆战队学员从乘坐的两辆AAV7A1两栖突击车上冲出来。

尔-28轰炸机在古巴机场集结。约翰·F.肯尼迪总统研究了6天之后，终于决定在10月22日对古巴实施海上"隔离"。两天后美国第2舰队两艘航空母舰搭载着第2陆战远征军（MEF）的部队向古巴开进。四百多架陆战队的战机已经准备好保卫关塔那摩领空，并负责在对古巴实施的两栖攻击行动中提供近距离空中支援。8天之内，陆战队动员了一支40000人的特遣部队，这是自冲绳岛战役以来最大的两栖兵力集结。一旦攻击命令下达，第2陆战远征军（MEF）将立即行动。最后，肯尼迪总统和苏联领导人尼基塔·赫鲁晓夫达成和解。肯尼迪承诺不推翻菲德尔·卡斯特罗领导的政府，而赫鲁晓夫同意从古巴撤出苏联导弹和轰炸机，第2陆战远征军（MEF）随即班师凯旋。

肖普将军向舰队陆战队的全体官兵表示慰问，因为他们的快速反应行动圆满实现了联合打击司令部的战略意图。虽然肖普一直要求改进，但是舰队陆战队以优异的战备水平证明，陆战队的"灵活反应"理念和实际交战一样能决定战争的走向。

多米尼加共和国的革命事件

1961年，亲美的独裁者拉斐尔·特鲁西略遭刺杀，多米尼加共和国陷入动乱。当该国试图重建一个稳定政权的时候，美国人只是保持着关注。

由于不再担心美国人会发动侵略，菲德尔·卡斯特罗开始在多米尼加共和国扶植一个左派组织，以增强对该国的控制。之后，肯尼迪总统遇刺，接任者林登·B. 约翰逊又身陷越南泥潭。美国人还在关注着东南亚爆发的冲突时，圣多明各新上台的军政府和左翼反对派在街头展开激战，并很可能引发多米尼加全国内战。

1965年4月25日，约翰逊总统命令海军加勒比海戒备大队的6艘军舰开赴

下图：1985年5月8日，在对多米尼加共和国圣多明各的干涉行动中，第8陆战团第1营进入城内的安全区替换第6陆战团第3营执行勤务。

圣多明各接护美国侨民。第二天，由第 6 陆战团第 3 营和第 264 中型直升机中队（HMM-264）组成的第 6 陆战远征小队（MEU）抵达圣多明各西面位于海纳的一个海军基地。此时，左翼叛乱分子控制了首都的街道，而里德·卡布拉尔总统已经宣布下野，躲了起来。

一部分美国侨民开始在海纳登上两艘海军舰船，还有一些滞留在圣多明各恩巴哈多酒店的美国公民被陆战队的直升机接到了近岸的军舰上。有组织的撤侨行动在 1965 年 4 月 28 日结束了，此时多米尼加军警政府的佩德罗·巴托洛梅·伯努瓦上校要求美军第 82 空降师提供军事协助。与此同时，圣多明各的狙击手开始向驻守美国大使馆的陆战队员射击。到了 1965 年 4 月 29 日，来自第 6 陆战远征小队（MEU）的 1500 名陆战队员登陆上岸。

1965 年 5 月 1 日，陆战队与陆军 82 空降师一道在交战双方之间设置了国际安

下图：1965 年 5 月 8 日，第 6 陆战团 K 连的陆战队员正在与多米尼加士兵讨论作战行动，准备协同对圣多明各市内的武装分子据点发起攻击。

右图：1975 年 5 月 15 日，柬埔寨海域，陆战队员登上被劫持的美国货轮"马亚圭斯"号，发现人去船空。另一批从冲绳出发机降到隆三龙岛的陆战队员们却"捅了马蜂窝"。

全区。最初，陆战队无法分辨平民和反叛分子。随着局势的发展，他们开始了逐屋清剿战斗，找出了那些反叛分子。为了阻止大规模起义，美国向圣多明各派出了 32000 人的部队，其中包括来自 4 个陆战营、2 个直升机中队、2 个战斗机中队的 8000 名陆战队员。

在这场阻止左翼势力在多米尼加扩张并蔓延到海地的维持和平行动中，陆战队有 9 人阵亡、30 人受伤。在多米尼加政权重建期间，陆战队提供了治安保障，直到 1965 年 6 月份才撤出这个国家。

"马亚圭斯"号事件

1975 年 5 月 12 日，西贡陷落两周之后，一艘名叫"马亚圭斯"的美国老式货轮在驶往泰国的途中被一艘来自柬埔寨"红色高棉"的炮艇劫持。格雷德·福特总统决定好好利用这次机会向全世界证明，美国虽然在越南战败，但绝不是一只"纸老虎"。他警告说，柬埔寨方面如果不立即无条件释放货轮，将遭到"严厉的报复"。

1975 年 5 月 15 日，美国开始行动，一个营的陆战队从冲绳岛飞抵泰国准备执行营救行动。当"珊瑚海"号航空母舰（CVA-43）上起飞的战斗机轰炸了柬埔寨的空军和海军基地之后，从"哈罗德·E.霍尔特"号（DE-1074）运输船上出发的60名陆战队员和武装水兵以18世纪的古典登船方式登上了"马亚圭斯"号，却发现这里已经是人去船空了。在此期间，第4陆战团G连的官兵搭乘直升机登上隆三龙岛准备营救"马亚圭斯"号的船员。登上隆三龙岛的美军"捅了马蜂窝"，有41人阵亡，50人受伤，还有5架直升机被击落。实际上，在攻击发起两个小时之前，"红色高棉"早已释放了所有船员，船员们此时已经回到了船上。

陆战队安全警卫营

自19世纪以来，陆战队就被派往世界各地守卫美国的使领馆，但是直到1967年才设立陆战队安全警卫营的编制。这些陆战队员（包括一小批女兵）只装备手枪、霰弹枪和催泪瓦斯，而且直接受使馆官员的指挥。

通常恐怖袭击活动在最初阶段会被发现，但是1971年一名陆战队军士在守卫驻柬埔寨大使馆时丧生。两年后，巴勒斯坦恐怖分子绑架并杀害了美国驻喀土穆大使，其间另一名陆战队员在守卫使馆时丧

左图：在视察匡提科陆战队发展教育司令部的时候，保罗·X.凯利上将正在与公共事务官探讨M16A2的优良性能。

生。1974 年 8 月，当希腊和土耳其因为争夺塞浦路斯开战时，陆战队员守卫着尼科西亚大使馆。1979 年 11 月 21 日，在巴基斯坦伊斯兰堡，陆战队的一支 7 人分遣队用催泪瓦斯对付一大群愤怒的平民，结果美国大使馆被焚毁。同一天，巴基斯坦人还冲击了美国驻卡拉奇领事馆。两名女性陆战队员维基·李·加利亚和贝蒂·乔·兰金，戴着头盔、穿着防弹衣、手拿武器，与男同胞们一样迅速冲到了一线。1979 年 10 月 30 日，同样的问题也发生在中美洲。当时，超过 200 名左翼分子袭击了美国驻萨尔瓦多大使馆，最后被陆战队用催泪弹驱散。以前这些袭击事件非常少见，现在却变得司空见惯。

1979 年，伊朗德黑兰发生了最严重的一次暴力袭击事件。当时，被软禁在法国的阿亚图拉·霍梅尼回到伊朗，组织了一场宗教激进主义革命，并迅速夺取政权。受霍梅尼鼓励，1979 年 11 月 4 日，400 名武装学生冲入美国大使馆，扣留了 65 名美国人，包括 14 名陆战队警卫。之后又有 8 名陆战队员被扣押。之后有 13 名陆战队员被释放，但还是有另外 9 名陆战队员与使馆的 39 名男性、2 名女性工作人员一道，被霍梅尼扣留了 444 天。德黑兰扣留人质期间，美国人没有作出有效的反应，结果导致巴基斯坦和黎巴嫩的武装分子纷纷效仿伊朗。

快速反应联合特遣部队（ROF）

1979 年 12 月，苏联入侵阿富汗。卡特总统随后签署命令，组建跨军种的快速反应联合特遣部队。这道命令由 51 岁的保罗·X. 凯利中将执行。他是一位非常固执的维拉诺瓦大学毕业生，绰号"P.X."（PX 是美军"福利社"的简称）。凯利明白快速反应是对陆战队的基本要求。他曾经随大西洋舰队陆战队和英国皇家陆战队突击队在中东服役，而且在越南指挥作战期间获得银星勋章。

凯利组织的快速反应联合特遣部队（ROF）主要在波斯湾和阿拉伯海参与行动。这套体系因为两个原因而暂停：(1) 陆战队本来就应该是一支快速反应部队；(2) 新的理念在军种之间制造麻烦，凯利希望快速反应联合特遣部队全部由陆战队组建，但之后联合特遣部队成了美军中央司令部的一部分，主要在中东和非洲东北部执行任务。

凯利决定重新加强陆战队执行任务的能力。1981 年升任上将后，他成为陆战队副司令，并在两年之后接替罗伯特·H. 巴罗上将担任陆战队司令。凯利迅速开始发展陆战队快速反应理念。虽然卡特总统削减了海军现役舰船的数量，但是凯利仍提出以预置船中队提供快速反应能力。这支部队总共需要3个中队，每个中队编配4—5艘预置船，一个中队可以将一个16500人陆战旅的全部装备迅速投送到热点地区。虽然这套系统缺乏强制介入能力，但是它减少了陆战队投入战斗的时间。

"蓝光"行动——"沙漠一号"

1980年4月7日，卡特总统宣布与伊朗断交，并批准执行"蓝光"行动，以营救美国人质。第1特种作战分遣队（三角洲）指挥官、陆军上校查理·贝克维斯受领任务，并开始组建第一支"非正式的"快速反应联合特遣部队执行跨军种作战任务。部队装备包括：从埃及起飞的空军洛克希德MC-130"大力神"运输机，从"尼米兹"号航空母舰上起飞的由陆战队飞行员驾驶的8架海军老式RH-53D"海上种马"直升机。贝克维斯希望在德黑兰以南200英里的"沙漠一号"平原待机

下图：1981年8月，在威明顿港，陆战队的一群M60A1坦克正等待转运上船，准备随一支12000人的两栖旅赴利比亚执行快速部署任务。

上图：北卡罗来纳州威明顿，第6陆战两栖旅的LVTP7履带登陆车和其他装备正列队运上"沃特曼"级预置舰"尤金·A.奥夫雷贡"号。

区，让埃及飞来的90名"三角洲"队员换乘"海上种马"直升机。贝克维斯计划在空中火力支援下，从"沙漠一号"出发实施一场复杂的营救人质行动。得手后，由陆战队飞行员驾驶"海上种马"直升机将人质和"三角洲"突击队从指定地点接送到德黑兰以南35英里的曼扎里耶机场。在那里，等候多时的游骑兵团和一架洛克希德C-114"运输星"将所有人接走，撤离伊朗。

贝克维斯的"蓝光"行动在1980年4月24日付诸实施。这次行动一开始就不顺利，首先是两架直升机在沙尘暴中发生机械故障，被迫返航。到达"沙漠一号"地区之后，又有一架直升机损坏。由于直升机数量已不足6架，任务无法完成，贝克维斯只能取消行动。当直升机起飞撤离时，其中一架撞上了停在地面的C-130，引爆了机上存放的"红眼"导弹。两架飞机立刻燃起大火。C-130上的人员奇迹般

> "里根政府确实做了很多事情,但是真正彻底改变我们观念的是1979年卡特的国防部部长哈罗德·布朗,是他提出了海上预置舰概念。这个全新的基地群计划让我们得到了很多经费,包括造船经费和大量的装备购置费。然后,当里根入主白宫时,我们终于实现这个计划了。"
>
> ——凯利司令
>
> 摘自J.罗伯特·摩斯金《美国海军陆战队的故事》

地都逃了出来,但是"海上种马"里面的5名机组乘员和3名陆战队员全部遇难。贝克维斯放弃了所有的直升机和8具烧焦的尸体,剩下的人全部乘坐运输机撤离。

卡特总统在他剩下的任期内一直在为这次事件而懊恼。他甚至为此重新提升了军费预算。1981年1月20日,人质在被伊朗人囚禁444天之后终于获释了,卡特政府颜面扫地。同一天,罗纳德·里根上台。

下图:1980年4月24日凌晨,在"尼米兹"号航空母舰的甲板上,陆战队员们开始启动8架老旧的西科斯基RH-53D"海上种马"直升机,准备执行"蓝光"行动。这次人质解救行动最终以惨痛失败收场。

黎巴嫩

自20世纪50年代以来,美国陆战队就卷入了中东地区频繁的冲突之中。1975年,内战加剧了黎巴嫩的混乱。以色列战争迫使大量的巴勒斯坦人涌入黎巴嫩,使事态变得更加恶劣。

1982年6月6日,以色列军队入侵黎巴嫩清剿巴解组织(PLO)。这次事件迫使美国海军和陆战队进入贝鲁特附近的朱尼耶,接走了600名美国侨民。8月25日,詹姆斯·M.米德上校派遣第32陆战两栖小队的800名陆战队员登陆贝鲁特,协助撤走12000名巴勒斯坦难民。9月10日,陆战队完成任务后撤军。9月14日,杀手刺杀了黎巴嫩新当选的巴希尔·贾梅耶总统。9月29日,里根总统命令米德率领1200名陆战队员作为多国维和部队的一部分重返黎巴嫩。

下图:贝鲁特国际机场,炸弹袭击后的陆战队兵营残骸。1983年10月23日早上6点25分,这次袭击夺去了第32陆战两栖小队220名陆战队员的生命。

8 现代（1961—2006年） | 265

陆战队经费

吉米·卡特（1978年）	46亿美元
罗纳德·里根（1986年）	148亿美元
乔治·H.W.布什（1991年）	96亿美元

陆战队进入贝鲁特机场，将那里建设成长期驻扎地。他们在街上巡逻，却不知道敌人是谁。他们遭遇伤亡，却不知道子弹来自何方。每隔几个月他们要轮换一次，由其他两栖部队替换。1983年4月18日，就在贝鲁特的局势日趋稳定的时候，恐怖分子驾驶一辆装满炸药的卡车在美国大使馆外引爆，造成61人死亡，其中有18名美国人，包括1名陆战队员，另有8人身负重伤。

1983年5月17日，以色列同意撤出黎巴嫩，但是，叙利亚正在将大批军队送往这个国家，并拒绝撤兵。结果，以色列军队留了下来，继续监视叙利亚军队的动向。维和部队开始介入，试图把双方激进分子隔离开来，但遭遇了伤亡。维和部队的出现只会制造更多的麻烦。1983年8月29日，叙利亚的火炮、迫击炮、火箭炮一齐向陆战队驻扎的机场周围开火，两名陆战队员阵亡。美国护卫舰"鲍恩"号驶近

右图：1983年4月18日，恐怖分子引爆一枚卡车炸弹造成61人死亡，其中包括1名陆战队员，另有8人受重伤。事发后，陆战队在贝鲁特美国大使馆外加强了警戒。

"暴怒"行动——格林纳达

前英国殖民地格林纳达是加勒比海东部一个133平方英里的英联邦岛国。1983年10月19日,贝鲁特爆炸案4天之前,一起政变推翻了格林纳达政府。非常激进的伯纳德·科尔德控制了政权并下令对总理莫瑞斯·毕晓普执行枪决。在外国的资金支持下,科尔德开始进行一系列军事设施建设,这些行动让华盛顿的官员们对岛上一千多名美国公民的安全感到非常担心。这些美国人大多是圣乔治大学医学院的学生。里根总统认为有人在利用格林纳达向加勒比海东部输出左翼思想,而且像1962年的古巴导弹危机一样,格林纳达的军事建设会威胁到美国的安全。

以保护美国公民的生命安全为借口,里根向格林纳达派出了一支由第22陆战两栖小队1900名官兵和海军12艘舰船组成的特遣队。这支舰队本来是准备前往黎巴嫩的。后来,参联会又向特遣队增派了第75游骑兵团的500名游骑兵、第82空降师的5000名伞兵以及海军的"海豹"突击队。1983年10月22日,东加勒比海国家组织由于害怕格林纳达成为左翼基地,正式要求美

下图:加勒比海岛国格林纳达推翻了政府。里根总统迅速派遣500名陆战队员、500名游骑兵和5000名伞兵赶走了岛上的左翼势力。

国派兵干涉。里根总统批准执行，战役指挥官海军中将约瑟夫·梅特卡夫随即开始执行"暴怒"行动。如果不是因为1986年克林特·伊斯特伍德出演的电影《伤心岭》，这次干涉格林纳达的事件也许早就被主流新闻遗忘了。

1983年10月25日凌晨，梅特卡夫派遣一支"海豹"突击队潜入格林纳达首府圣乔治，查明总督府的情况。总督保罗·斯库恩爵士和32名政府官员被关押在那里。5点36分，从两栖攻击舰"关岛"号（LPH-9）起飞的400名陆战队员在珍珠机场和格林维尔着陆，迅速占领了岛上这个唯一可用的机场。30分钟后，从巴巴多斯起飞的空军运输机将游骑兵空投到萨林纳斯角的一座尚未完工的9000英尺跑道机场上。虽然遇到800名的古巴军人的激烈的抵抗，但是到早上，陆战队就完全占领了珍珠机场，开始向岛内发展进攻，随后夺取了医学院校区。

半夜时分，另一支250人的陆战分队在5辆坦克伴随下从圣乔治北面的卢佩特堡实施两栖登陆。到1983年10月26日早晨，他们攻占了弗雷德里克堡和里奇蒙山，并解救了一支被古巴军队包围的"海豹"突击队。陆战队将古巴军人驱散，抵达总督府，解救了总督和他的官员们，并将格林纳达总督空运到"关岛"号两栖攻击舰。

医学院的学生们收拾好行李之后，陆战队将他们转送到萨林纳斯机场。一支古巴军队试图干扰这次撤离行动，但是被陆战队员们击溃。

1983年10月27日，美国军队完成所有既定作战目标，并俘虏了600多名古巴军人。陆战队和游骑兵一道肃清了所有抵抗。当夜幕降临时，全部战斗结束。整个行动中有18名美国人死亡，116人受伤，其中陆战队3人阵亡，15人负伤。

在清理战俘时，美军发现49名苏联人、24名朝鲜人和13名东欧人。他们是外交官和顾问，准备帮助古巴将格林纳达变成古巴控制的军事堡垒。陆战队还发现一些储存有苏制武器的仓库，以及一份派遣7000名古巴雇佣军的计划。

海岸，向贝鲁特山上的叙利亚炮兵阵地实施压制射击。

1983年10月23日清晨6点25分，一名自杀炸弹袭击者开着一辆黄色的梅赛德斯5吨敞篷卡车满载着2000磅高爆炸药冲破了陆战队司令部大楼外围的铁丝网。停车之后，自杀袭击者引爆了相当于6吨TNT的炸药，造成241名美国人死亡，其中包括220名陆战队员，另外还有70多人受伤。几分钟后，第二辆卡车闯进法军司令部，又炸死了58名维和士兵。事后，伊朗支持的什叶派真主党声称，美国是"最大的魔鬼"，是他们的敌人，并宣布对炸弹袭击负责。

黎巴嫩的冲突迅速恶化，美国离中东的战火更近了一步。1984年2月7日，里根总统决定甩开麻烦，他命令陆战队回到自己的舰船上。在黎巴嫩损失了那么多的战友，那段日子成了陆战队历史上最黑暗的时期。按照凯利司令的理念，如果不允许陆战队战斗，那就不要派他们过去。

巴拿马——"正义事业"行动

在 20 世纪的最后 10 年，美国所面临的对手不仅仅是华约集团，在巴拿马也有同样严重的威胁。曼努埃尔·安东尼奥·诺列加把哥伦比亚产的毒品源源不断地运到美国。1988 年 2 月，佛罗里达州迈阿密和坦帕的联邦大陪审团宣判诺列加犯有毒品走私罪。这项指控对巴拿马政府的影响微乎其微，反而让诺列加更加嚣张。之后，里根总统将驻守巴拿马城的陆战队安全部队从连级扩充到一个满编营。

1989 年 12 月 16 日，4 名身着便装没有携带武器的美国军官在巴拿马城迷路了，随后他们遭到巴拿马国防军的拦阻。国防军开火，当场造成陆战队中尉罗伯特·帕斯重伤、另一名军官轻伤。美国国防部长

下图：1989 年 12 月 21 日，"正义事业"行动期间，巴拿马城的一些街区陷入街头枪战，"永远忠诚"特遣队的一名陆战队员在郊区的小规模交火中丧生。

左图：1989年12月20日，"正义事业"行动的第一天，第2轻型装甲营D连的LAV-25轻型装甲车在美国大桥附近一座被毁的巴拿马国防军建筑旁保持警戒。

理查德·B.切尼立即下令驻守巴拿马运河的12000名官兵提高戒备等级。乔治·H.W.布什总统认为，事态已经非常严重，必须发起"正义事业"行动将诺列加逮捕归案，并引渡到佛罗里达州接受审判。

1989年12月20日凌晨1点，武装战车和直升机冲出运河区直奔巴拿马城。C-130和C-141运输机从本土运载着陆军第82空降师和第7轻步兵师的7000名官兵飞向战区。巴拿马城及其周边地区已经被分成了4个战术地域，其中西南区的任务分给了"永远忠诚"特遣队，一支由查尔斯·E.理查德森上校指挥的700人的陆战队。上校有两个任务：一是占领运河上的重要通道——美国大桥；另一项是控制住部署在郊区的巴国防军部队。他出色地完成了这两项任务。战斗期间，下士加列夫·C.伊沙克成了第一位也是唯一一位阵亡的陆战队员。整个作战行动持续了两天，陆战队抓获了1500名巴拿马国防军俘虏。

1989年12月24日，经过大范围搜捕，美国军队发现诺列加躲藏在梵蒂冈大使馆。1990年1月3日，在神职人员劝说下，诺列加宣布投降，并于当晚被押送到佛罗里达。第二天，迈阿密法院以贩毒罪判处诺列加40年监禁。"正义事业"行动虽然将诺列加绳之以法，但是哥伦比亚的毒品问题并没有解决。

上图:"沙漠风暴"行动初期,一架陆战队通用攻击直升机中队的AH-1W"超级眼镜蛇"攻击直升机正准备降落在"拿骚"号两栖攻击舰的甲板上。

对页图:"沙漠盾牌"行动期间,一架陆战队AV-8B"鹞"式战斗机从"拿骚"号两栖攻击舰的甲板上起飞。停在甲板上的是CH-46E"海上骑士"、AH-1T"海眼镜蛇"和UH-1N"易洛魁人"直升机。

陆战队的现代化

1986年,得益于里根总统大幅增加军事开支,凯利司令将陆战队的临时混编两栖地－空部队升级为强大的陆战队常设空－地特遣队概念。凯利建立了14个常设作战司令部指挥3个两栖军、6个两栖旅和5个两栖小队。其中有3个两栖旅部署于海上预置舰中队(MPS)。1986年,海上预置舰中队(MPS)项目成形,13艘预置舰组成3个中队,其中一个部署在东大西洋,一个在印度洋的迭戈加西亚,还有一个在西太平洋的关岛。1990—1991年海湾战争期间,海上预置舰中队(MPS)项目证明了它的高效率,成功地将齐装满员的陆战队按命令及时部署到位。"部队只需要飞过去就可以了。"凯利说道。

为了提高战场上的实战能力,凯利用新型M1A1"艾布拉姆斯"主战坦克淘汰了M60A1。还有新的轮式车辆,包括LAV-25型8轮轻型装甲车和"悍马"高机动多用途轮式车,它们取代了传统的吉普车。

凯利同样关注航空联队的发展。1985年,第26陆战远征小队第一批试飞了"鹞"式战斗机。这是英国研制的一种独特的垂直短距起降喷气式战斗机(VSTOL),刚面世就被陆战队看中了。陆战队第331攻击中队迅速换装，成为第一批装备AV-8B"鹞Ⅱ"第二代垂直起降飞机的部队。1986年，陆战队有4个现役中队用"鹞"和F/A-18"大黄蜂"换装老旧的A-4"天鹰"和F-4"鬼怪"战斗机，另有12个中队计划换装。陆战队还采购了EA-6B"徘徊者"电子战机，它们可以提供战场监视、情报搜集、目标定位功能。"徘徊者"可以携带精确制导弹药，通常是激光制导炸弹和"哈姆"反辐射导弹，用于压制敌人防空火力。

"眼镜蛇"攻击直升机也得到了升级。AH-1W"超级眼镜蛇"可以使用"陶"式导弹，AH-1J"眼镜蛇"还可以使用"地狱火"导弹。MV-22A"鱼鹰"倾旋翼飞行器也将服役，替代越战时代的CH-46E中型直升机。凯利称"鱼鹰"是"喷气时代以来最革命性的先进飞机"。

凯利还为陆战队引进了大量改进的地面武器。用备弹15发的伯莱塔9毫米手枪替换了经典的M1911柯尔特0.45英寸口径手枪。陆战队还开始装备M16A2 5.56毫米步枪、比利时造的M249 5.56毫米班用自动武器(SAW)、83毫米反坦克火箭发射器(SMAW)、M60E3轻机枪、Mk19 40毫米榴弹发射器和经过改进的M224 60毫米迫击炮。

上图:"沙漠盾牌"行动期间,第4陆战远征旅正在波斯湾进行海滩突击演习。M60主战坦克刚从通用登陆艇上卸载下来。虽然有些人认为M60已经该淘汰了,但是事实证明,它们在"沙漠风暴"行动中比伊拉克的苏制坦克技高一筹。

对页图:"沙漠盾牌"行动期间,陆战队司令埃尔弗雷德·M.格雷上将对第5陆战团第1营的官兵们做动员。老将军非常想更多地参与"沙漠风暴"行动,但是当上司令之后他就没有机会了。

波斯湾的麻烦

20世纪80年代,波斯湾的局势都很恶劣,部分原因是苏联入侵阿富汗,但主要原因要归结于8年的两伊战争。之后,美国海军也卷入这一地区,参与波斯湾的油轮护航和扫除苏制水雷行动。1988年8月20日,伊朗接受了联合国的停火协议,战争终于结束。

萨达姆·侯赛因在1979年登上伊拉克的权力宝座之后,将5000亿美元投入战争,却一无所获。1989年,他又将800亿美元国债用于军备,成为世界上最大的武器进口国。伊拉克凭借100万人的军队,成为世界上第4大军事强国。为了筹集资金,萨达姆决定动用武力,胁迫波斯湾的邻国"富豪"们为他支付国债。

1990年8月2日凌晨2点,萨达姆以科威特抽取伊拉克境内的石油为借口,动用10万人的共和国卫队在坦克、喷气战机和直升机的支援下越过科伊边境。科威特的皇室家族迅速坐上豪华轿车逃往沙特阿拉伯。6天之后,萨达姆宣布科威特划归伊拉克统治。

> "我需要300亿美元,如果他们不给,我就自己过去拿。"
> ——萨达姆·侯赛因
> 1990年

布什总统立即表示谴责,"绝对不可容忍!"1990年8月7日,他宣布执行"沙漠盾牌"行动,并命令参联会主席科林·鲍威尔上将制订完善的计划,保卫沙特阿拉伯免遭侵略,并将伊拉克的部队赶出科威特。"沙漠盾牌"以及后来的"沙漠风暴"行动,成为现代战争史上值得纪念的标志性战役。

"沙漠盾牌"行动

陆战队最先作出反应。1990年8月15日,"沙漠盾牌"行动启动一周之后,第7陆战远征旅(MEB)的15000名官兵纷纷乘坐C-5A"银河"巨型运输机抵达沙特阿拉伯朱拜勒机场。几天以后,该旅的战斗装备由船运抵达,包括123辆坦克、425门火炮和124架战机。1990年8月22日,3个海上预置中队抵达波斯湾。随后,中央司令部司令诺曼·施瓦茨科普夫上将向鲍威尔汇报,陆战队已经准备就绪,守卫朱拜勒以南40英里的防线。从朱拜勒穿过沙特边境,第7远征旅(MEB)将面对数万人的伊拉克精锐部队,这些伊拉克人正等待命令随时准备入侵沙特阿拉伯。尽管人数上不占优势,但是陆战队来得正是时候,让萨达姆不敢轻易进攻沙特阿拉伯沿海湾一线的经济中心。

1990年8月21日,第1陆战远征

旅（MEB）从夏威夷飞抵战区。陆战队中将沃尔特·A.布玛把他们和第7远征旅（MEB）一起合编为强大的第1陆战远征军（MEF），这支部队还包括詹姆斯·M."麦克"·迈特准将指挥的第1陆战师和陆战队第1航空联队。到了11月上旬，在沙特阿拉伯，布玛已经拥有42000名陆战队员，占到了陆战队现役兵力的四分之一。

升任陆战队第29任司令的小艾尔弗雷德·M.格雷上将踌躇满志，准备带领他的陆战队员们投入一场真正的战斗。他下令征召了23000名预备役人员，将他们中的大部分划给了威廉·M.凯斯少将的第2陆战师以及陆战队第2航空联队，这两支部队共同组成了第2陆战远征军（MEF）。到了1990年12月，格雷将第2远征军（MEF）通过船运送往沙特阿拉伯。几周后，第5陆战远征旅（MEB）也编入了序列。随后，格雷收拾行李亲自飞抵沙特阿拉伯，准备参加"沙漠风暴"行动。

到达利雅得后，格雷直奔中央司令部和布玛一道制订"沙漠风暴"计划。经格雷举荐，施瓦茨科普夫任命布玛的第1陆战远征军（MEF）为先锋，在伊军阵地上打开缺口，然后，美军主力和联军部队在

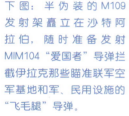

下图：半伪装的 M109 发射架矗立在沙特阿拉伯，随时准备发射 MIM104 "爱国者"导弹拦截伊拉克那些瞄准联军空军基地和军、民用设施的"飞毛腿"导弹。

宽大正面上从敌军右翼迂回进攻。施瓦茨科普夫称他的计划为"万福玛利亚",但是这个部署看起来更像是橄榄球进攻战术里的"底线外侧迂回"。施瓦茨科普夫还将第4陆战远征旅(MEB)部署在海上,以制造准备两栖登陆的假象。因为没有被授予足够的作战任务,格雷向鲍威尔表达不满,接着布玛也向施瓦茨科普夫表示抗议。两个人都要求增加主动进攻的成分,但是都被驳回了,理由是前方有"未探明的危险雷区"。

> "如果伊拉克人蠢到胆敢发动进攻,那么他们必将付出惨痛代价。"
> ——H.诺曼·施瓦茨科普夫上将
> 1990年8月27日

"沙漠风暴"的前奏

1991年1月16日凌晨,沙漠风暴行动的空中战役开始了,全世界的目光都注视着巴格达上空熊熊的火光。美国东部时间19点06分,总统新闻发言人马琳·菲茨沃特宣布,"解放科威特的行动开始

下图:陆战队第232战斗攻击机中队(VMFA)的一架F/A-18C"大黄蜂"正在滑向跑道。起飞后,它将对巴格达实施空中打击,以支援"沙漠风暴"行动。

了"。萨达姆同时公开宣布"伟大的圣战开始了"。

当美国海军的"战斧"巡航导弹钻进巴格达通讯控制中心时,伊拉克的防空炮还在漫无目的地向夜空中发射曳光弹。一片喧嚣之中,陆战队第1航空联队的F/A-18"大黄蜂"战斗机攻击了伊拉克的军事和通信设施。这些战斗机占到美军在海湾地区部署的固定翼飞机的四分之一。在随后的日子里,来自陆战队第3航空联队的飞行员们打击了第1陆战远征军(MEF)预定攻击地域内的敌军阵地。"沙漠风暴"行动无疑标志着陆战队的新型双座全天候F/A-18D战斗攻击机已经彻底取代了A-6E"入侵者"攻击机。

1991年1月29日夜,一场短暂的地面战斗打响了。伊拉克第5机械化师深入沙特境内10英里,直指滨海石油小镇海夫吉。最初,伊军的意图并不明显，但是他们的行为吸引了一群陆战队炮兵观察员的注意。原来，伊军坦克都是炮口朝后向小镇接近，好像是要投降。但是接近沙特军队后，伊军立即调转炮口开火。巴格达的电台宣称这场进攻是"阿拉伯沙漠掀起的雷暴，将把美国人摧毁"。伊拉克人在这座并不重要的小城占据了36个小时。随后，美国陆战队前线观察员召唤炮兵、"眼镜蛇"直升机、F/A-18战斗机和A-10"疣猪"攻击机提供火力支援。在摧毁了二十多辆坦克之后，陆战队停止了前进，让沙特和卡塔尔联军冲进海夫吉，一举抓获了400名伊拉克士兵。战斗之后，布玛将军发现伊拉克士兵有30人阵亡、37人受伤。他说，也许萨达姆的共和国卫队并没有传说中那么刚强和英勇。

100 小时的战争

1991年2月24日清晨4点，第一批155毫米榴弹呼啸着飞向伊拉克士兵阵地，标志着施瓦茨科普夫的地面进攻打响了。

对页图：1991年2月24日清晨4点，第1和第2陆战师作为先头部队首先对科威特境内的伊拉克军队发起猛烈进攻。他们的另一个任务是吸引敌人的注意力，从而使施瓦茨科普夫的主攻部队可以绕过萨达姆共和国卫队的右翼，迂回到后方对敌人实施突然打击。

下图："沙漠风暴"行动期间，一辆陆战队的M998"悍马"高机动多用途轮式车为第2陆战师司令部营的机械化车辆开道，从沙特阿拉伯向科威特城的贾比尔机动。

布玛计划使用第 1 和第 2 陆战师将伊军赶出沃夫拉油田，这有助于在科威特城实施两栖登陆作战。伊军防御阵地由连绵不断的巨型铁丝网组成，其间布设了地雷。铁丝网后面是高高的沙墙、坦克陷阱、壕沟和碉堡。两伊战争中，伊拉克人利用这些工事对付伊朗人非常有效。

早晨下起了雨，当陆战队员们跃出战壕发动进攻时，伊拉克人点燃了沃夫拉的油井。黑烟遮天蔽日，所有人身上都沾满了湿漉漉的灰屑。

坦克杀手"眼镜蛇"直升机飞过头顶，将火箭弹洒向伊军装甲车辆和炮兵阵地，与此同时，第 2 陆战师的工兵负责在铁丝网上打开通路，他们发射串列装药火箭扫雷器（Mic-Lic）在雷场上开辟出 6 条 12 英尺宽、300 英尺长的通道。接着，"艾布拉姆斯"坦克以扫雷犁、扫雷铲和滚雷索开路，冲过通道，紧随其后的是 8000 辆战车和 19000 多名陆战队员。

下图："沙漠风暴"行动期间，"拿骚"号两栖攻击舰的甲板上，陆战队第 331 攻击机中队的一架 AV-8B"鹞"式战斗攻击机正在挂装 Mk82 500 磅炸弹。

1991年2月24日9点30分，第1、第2陆战师与第2装甲师一道进入科威特。当"艾布拉姆斯"坦克压过敌人防线时，伊军士兵从他们的阵地钻出来，试图借烟雾的掩护逃跑。"我们只不过冲上战场，消灭所有拦住我们去路的东西。"一名坦克车长说道。伊军士兵停止了后撤，扔掉武器投降。夜幕降临时，第2陆战师已经歼灭了4个伊军旅，俘虏了5000人。第1陆战师的战斗在科威特城以南的布尔甘油田展开。在那里，伊军士兵点燃了500多口油井，浓烟使视距降到10英尺。

沿科威特海岸，陆战队和沙特部队打退了伊军士兵的3次反攻。视距条件转好之后，A-10攻击机和AH-1W"超级眼镜蛇"直升机飞过头顶，将伊军士兵撕成了碎片。随后，开始了另一场战俘大收容。伊军士兵丢弃了成千上万的武器，有些人甚至向摄像记者和无人机投降。陆战队直接穿过燃烧的油田上成群结队的伊军战俘，夺取了贾比尔机场和科威特国际机场。1991年2月27日，陆战队停止前进，让一支阿拉伯混编营前去解放科威特城。

陆战队海上部队的佯攻动作太完美了，以至于他们根本就不需要上岸，而且第1和第2陆战师的攻击行动也吸引了共和国卫队的注意力，从而让施瓦茨科普夫将军可以完全出其不意地实施"底线外侧迂回"进攻。当联军的地面和空中部队从后方打过来时，敌人的防线彻底崩溃了。

> "伊拉克军队正在进行一场'总溃退'(Mother of All Retreats)。"
>
> ——国防部部长理查德·切尼
> 1991年2月27日

陆战队的纪录——"沙漠风暴"

1991年2月27日，布什总统宣布停火。当施瓦茨科普夫将军花费4天时间与伊军将领谈判如何处理战俘的时候，陆战队的92000名官兵还在等待最后的出击命令。"沙漠风暴"是陆战队历史上规模最大的一次作战行动，也是最短暂的一次。布玛将军指挥的兵力超过了冲绳岛战役中盖格尔将军的陆战队。

在这场战争中，陆战队仅有24人阵亡、92人负伤，没有人员失踪。得益于在战术、武器、装备和空中武备上的改进，陆战队总共摧毁了1040辆伊军坦克、608辆装甲人员输送车、432门火炮和5座导弹发射阵地。在4天的战斗中，陆战队共击毙敌1500人，俘敌20万人。

自从第二次世界大战之后，美国人还从来没有像现在这样，以高涨的爱国热情欢迎凯旋的士兵。在加利福尼亚州圣迭戈，第1陆战师列队走上街道，迎接成千上万群众的欢呼。在华盛顿特区，第 2 陆战师排着队列行进，周围全是挥舞国旗欢呼雀跃的人群。格雷司令骄傲地看着他一手培养出来的优秀的陆战队员走过检阅台。那天晚上离开办公室的时候，他小声嘟囔着，为什么要让布玛将军带着陆战队去打仗，而不是他自己亲自去呢。

停火之后，并不是所有的陆战队员都能回家。海湾战争之后是一场人道救援和维持和平行动，代号为"提供舒适"。该项行动是为了帮助伊拉克北部 75000 名无家可归的库尔德人。在离母舰 500 英里的地方，第 24 陆战远征小队（MEU）保持戒备，随时准备阻止萨达姆·侯赛因继续对库尔德人进行种族灭绝。

陆战队作战行动	
索马里：摩加迪沙撤侨	1991 年 1 月
孟加拉国：洪水灾害救援	1991 年 4 月
波斯尼亚：阻止种族清洗	1992 年 7 月
索马里：人道主义援助	1992 年 8 月
索马里：武装干涉	1992 年 12 月
海地：稳定政治重建	1993 年 1 月
波斯尼亚：维和，设立空中禁飞区	1993 年 4 月
布隆迪：撤出外国侨民	1994 年 4 月
卢旺达：人道主义援助	1994 年 7 月
海地：稳定局势武装干预	1994 年 9 月
科威特：应对伊拉克威胁	1994 年 10 月
索马里：掩护军队撤离	1995 年 1 月
利比里亚：保卫美国大使馆	1996 年 4 月
中非共和国：掩护大使馆撤离	1996 年 5 月
阿尔巴尼亚：掩护大使馆撤离	1997 年 3 月
塞拉利昂：掩护大使馆撤离	1997 年 5 月
肯尼亚：人道主义援助	1998 年 2 月
厄立特里亚：撤侨	1998 年 6 月
东帝汶：稳定政治暴乱	1999 年 10 月
阿富汗：打击塔利班	2001 年 10 月
伊拉克："伊拉克自由"行动	2002 年 4 月

索马里——"恢复希望"行动

东非索马里的问题开始于 1991 年 1 月 4 日海湾战争期间。当时，布什总统派遣陆战队直升机进入该国首都摩加迪沙，撤出了美国大使馆的 241 名雇员。

1992 年 8 月 18 日，布什下令陆战队侦搜队和"海豹"突击队，以及第 15 陆战远征小队（MEU）的分遣队在摩加迪沙登陆，并占领港口、机场和大使馆。几天以后，第 1 陆战远征军（MEF）的 17000 名陆战队员在查尔斯·威廉少将的带领下登陆索马里，开始执行"恢复希望"行动。

1993 年 1 月，比尔·克林顿入主白宫后，在索马里的维持和平以及粮食分配行动逐渐演变成了与匪徒们进行的街头枪战。当两名陆战队员在摩加迪沙遭狙击手射杀之后，克林顿将维持和平任务以及驻地美军交给了联合国。1993 年 10 月，更多的士兵遭到杀害，克林顿命令第 26 陆战远征小队（MEU）进入摩加迪沙，协助撤出所有美军部队。陆战队不折不扣地执行了命令，把粮食分配任务全部交给了联合国。

1995年初，驻摩加迪沙的联合国部队遭遇袭击。随后，克林顿收到一封紧急求助函，请求美国派兵。负责指挥"联合盾牌"行动的安东尼·津尼中将称其为"两栖退滩"。因为语言不通，撤退中要求每个任务区每次只能撤出一个国家的部队。7天之内，陆战队挨个将这些部队全部接应出来并送上船。其间，陆战队与装备自动武器和火箭筒的狙击手发生了27次交火。

到了晚上，第26陆战远征小队（MEU）将一辆装甲车开上海滩，准备撤离。在"眼镜蛇"武装直升机的掩护下，陆战队开着他们的两栖装甲车回到大海。

下图：1991年4月，"沙漠风暴"之后，陆战队进入伊拉克北部执行"提供舒适"行动。

在波斯尼亚的经历

20世纪90年代是陆战队最繁忙的10年。非洲、欧洲、海地和中东在这10年里麻烦不断,但没有一件事情像波斯尼亚那样让人伤神。4年时间里,小卡尔·E.芒迪司令在那里经历了最复杂的维和任务。波斯尼亚发生的不是一场简单的内战,也不是单纯的种族或宗教冲突,而是以上所有麻烦的集合体。

1991年12月,苏联解体后,争夺塞尔维亚统治权的战争开始。斯洛文尼亚和克罗地亚宣布独立,爆发了与斯洛博丹·米洛舍维奇领导的塞尔维亚的斗争。冲突蔓延到波斯尼亚-黑塞哥维纳。米洛舍维奇派遣70000名正规军进入这个省。在5年的波斯尼亚任务期间,美国执行了

下图:1992年12月,美国出兵索马里。一群陆战队员乘坐M998"悍马"在一条近乎空旷的街道上巡逻。

左图:"恢复希望"行动期间,摩加迪沙的冲突逐渐升级。1993年1月7日清晨,一群陆战队员带着M60机枪和M16A2步枪开始在一个武器泛滥的地区进行逐屋搜索。

109000架次飞行任务,仅比联军在海湾战争中的飞行架次略少。

在空袭作战中,一枚塞族的"萨姆"防空导弹击落了一架F-16C"战隼"飞机。美国空军飞行员斯科特·奥格雷迪上尉和飞机一起掉进了波斯尼亚的山区。当地的北约部队指挥官雷顿·史密斯将军认为奥格雷迪已经跳伞。陆战队上校马丁·伯恩特保证说,他可以找到奥格雷迪。于是,史密斯将军将此事告知芒迪司令,询问该由谁来批准这项搜救任务。在答复伯恩特之前,史密斯给驻波斯尼亚塞族指挥官发去口信,警告他说,"我正要过来接他。不要挡我的路!"塞族指挥官回答说他们已经抓住了奥格雷迪,但是史密斯说,"我们根本就不相信。"

1995年6月7日深夜,在两栖攻击舰"奇尔沙治"号(LHD-3)上,伯恩特上校和第24远征小队的40名陆战队员登上两架CH-53E"海上种马"直升机。为了防止塞族人"挡路",伯恩特沿途安排了充足的火力支援,包括从亚得里亚海上的两栖戒备大队起飞的AH-1"眼镜蛇"轻型攻击直升机和AV-8"鹞"战斗机。当

"海上种马"锁定奥格雷迪在地面上的微弱信号后,伯恩特的陆战队员跳出机舱,立即组成警戒圈。奥格雷迪跟跟跄跄地走出灌木丛,一把抓住了伯恩特伸出来的胳膊。"我只是伸出手,"上校说,"顺势把他拉进了机舱。"

1995年6月8日,伯恩特带着奥格雷迪踏上了"奇尔沙治"号的甲板。史密斯亲自迎接凯旋的陆战队员们,"你们还是孩子,"史密斯对陆战队员说,"但已经脱胎换骨、久经考验了。"

1995年7月30日,救援行动结束后不久,芒迪上将退休了,查尔斯·C.克鲁拉克中将,维克多·H.克鲁拉克上将的小儿子,成为陆战队第31任司令。在海湾战争中,克鲁拉克凭借优异表现从准将一跃晋升为中将,但是现在,他却要面对完全不同的形势。

1995年8月30日,塞族人攻击萨拉热窝安全区之后,北约发动了"保守力

下图:在"联合卫士"行动中,第10陆战团3营的陆战队员们,用M813敞篷卡车拖着M198 155毫米中型榴弹炮离开科索沃的一处驻扎地,向塞尔尼索的一个前沿支援基地前进。

量"行动。这是一场持续三周的空中突袭，部署在意大利亚得里亚海的陆战队飞机参与了行动。1995年12月14日，空中打击之后，各方签署了《代顿和平协议》，波斯尼亚－黑塞哥维纳战争宣告结束，但是，克鲁拉克并没有感到轻松。陆战队随后又在利比亚、中非共和国、阿尔巴尼亚、塞拉利昂、肯尼亚和厄立特里亚等地区卷入了一系列麻烦。从亚得里亚海起飞的陆战队F/A-18"大黄蜂"战斗机和第26远征小队的警卫部队都参与了行动。

琼斯将军和恐怖主义的威胁

1999年7月1日，詹姆斯·L.琼斯成为陆战队第32任司令。琼斯对战争并不陌生。越南战争期间，他指挥一个连；海湾战争期间，他指挥第24远征小队；后来又参与了波斯尼亚－黑塞哥维纳以及马其顿的维和行动。这一切之后，世

下图："联合卫士"行动中，在科索沃则格拉一个村庄里，第2轻型装甲侦察营的陆战队员们正准备驾着LAV-25轻型装甲车去市内巡逻，执行维持和平任务。

界秩序本已恢复了稳定，只有一个叫奥萨马·本·拉登的人不甘寂寞。此人从20世纪90年代开始，在很多国家掀起了极为激进的宗教极端主义恐怖活动。

20世纪80年代，本·拉登组建了一个叫做Al-Qaeda（基地）的准军事组织。他投入3亿美元，试图将西方势力赶出中东地区，并发起了一场针对美国的恐怖战争。1993年，比尔·克林顿入主白宫的第一年，本·拉登的一名手下试图在纽约世贸中心制造爆炸事件，最终失败了。克林顿认为这是一起国内刑事案件，而不是恐怖袭击事件。

2001年9月11日，乔治·W.布什总统上任的第一年，本·拉登的同伙们从空中发动的恐怖袭击得逞了。两架波音喷气式客机在恐怖分子的操纵下撞上了世贸中心，两座大厦倒塌。另外还有一架客机撞进了五角大楼。第4架飞机，本来准备改变航向撞击白宫，但是机上的美国乘

下图：2001年9月11日，与基地组织有关的恐怖分子劫持一架民用喷气式客机，撞向了位于华盛顿特区的五角大楼西南角。随后，紧急救援队迅速赶到展开救援。

客与恐怖分子展开搏斗，最后飞机坠毁在宾夕法尼亚州的地面上。整个袭击共造成3000多名平民死亡。

2001年9月12日，布什对恐怖主义宣战。总统很快就了解到，恐怖袭击是本·拉登一手策划的。他在塔利班控制的阿富汗地区直接组织指挥"基地"组织行动。琼斯司令的新任务开始了。

阿富汗——"持久自由"行动

2001年10月7日，"持久自由"行动正式开始。汤米·弗兰克斯将军指挥驻阿富汗的联军部队以及进入巴基斯坦和乌兹别克斯坦的各军种特种部队展开了打击塔利班武装分子的行动。直升机将陆战小分队投送到塔利班和基地组织盘踞的地方，执行情报搜集和轰炸引导任务。他们面对着大约40000名武装分子。与此同时，"佩莱利乌"号两栖攻击舰搭载的托马斯·D.瓦尔德豪泽上校指挥的第15陆战远征小队（SOC）（后缀有SOC意为该远征小队具备特种作战能力）以及"巴丹"号两栖攻击舰搭载的安德鲁·P.弗利克上校指挥的第26陆战远征小队（SOC）正在阿拉伯海近岸待命，准备对基地组织发动攻击。不久后，"好人理查德"号两栖攻击舰搭载的第13陆战远征小队（SOC）也加入了战团。

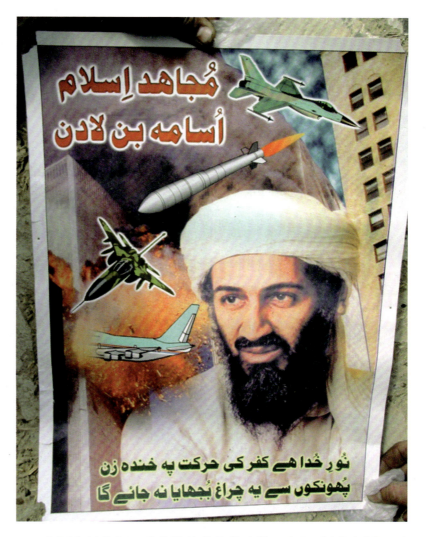

上图："持久自由"行动期间，在阿富汗东部扎瓦赫里地区，在一堆很有价值的有关基地组织行动计划的情报中发现了这份奥萨马·本·拉登的宣传品。

在阿富汗北部，陆战队特种作战分队与反塔利班北方联盟一起打击共同敌人。在那里，特战分队和北方联盟的部队骑着马翻越崇山峻岭，摄像记者捕捉到这些精彩画面并迅速传到了美国国家电视网。

阿富汗没有与阿拉伯海相通的陆地，所以陆战远征小队只有得到许可才能飞越巴基斯坦领空。阿富汗南方没有像北方联盟那样的盟友，只有一小群普什图人和陆战队站在一边。当阿富汗东北部的喀布尔战局扩大时，远征小队的陆战队员们都在摩拳擦掌，迫不及待想参加战斗。

2001年11月14日，两支普什图部队向基地组织的精神圣地坎大哈进发，该城以南12英里还有一座国际机场。11月25日，普什图部队撤退之后，直升机将第15远征小队的200名陆战队员投送到坎大哈以南55英里处的沙漠机场，陆战队员们在那里建立了一个前进作战基地。到周末的时候，来自两个远征小队的一千多名陆战队员开始从新建的"犀牛"营地向北方进发。为了切断塔利班的联络，这支部队采取了空地攻势巡逻方式。

陆战队对坎大哈的攻击姿态彻底打乱了塔利班在南部的战斗部署，而且清除了托拉博拉山脉最北边的秘密洞穴。这里隐藏着两千多名基地武装分子。2001年12月7日，在坎大哈负隅顽抗的塔利班武装分子丢弃武器逃回家去。在"持久自由"行动中，美军在阿富汗部署的规模最大的军种就是陆战队。

击败萨达姆——"伊拉克自由"行动

2002年3月，汤米·弗兰克斯将军带领中央总部的作战参谋制订出了一份军事行动草案，其意图是将伊拉克独裁者萨达姆·侯赛因赶下台。这份粗略的战役草案与最终形成的作战计划并没有太大区别。最大的问题在于建立一个强大可靠的倒萨联盟。最初中央情报局、国会和几个中东国家都认定伊拉克存在大规模杀伤性武器，但实际上这个问题至今悬而未决。

按照第1陆战远征军（MEF）的指挥官詹姆斯·T.康维尔中将的说法，这个计划由4个阶段组成，即部署阶段、布势

下图："持久自由"行动期间，陆战队第365中型直升机中队（HMM-365）的一架CH-46"海上骑士"直升机将第26陆战远征小队的一支特种分队投放到阿富汗一座不知名的山顶。

> "我们每天晚上都会听到枪声。是轻武器的射击声音，通常来自一小群人或是马队。我们可以看见枪口的闪光。"
> ——"超级种马"直升机乘员长 22岁的珍妮弗·奥斯汀中士

阶段、决战阶段以及重建阶段。康维尔第1陆战远征军（MEF）的60000名官兵将作为第3集团军第5军地面部队的一部分参加每一阶段的作战行动。

第5军将作为主攻部队，由第1陆战远征军从右翼向北冲击。他们的任务是，既要消灭发现的每一个目标，又要确保在弗兰克斯将军的主攻部队中一直处于前锋的位置。土耳其拒绝合作之后，弗兰克斯把英国第1装甲师的30000人全部交给了陆战远征军（MEF）。现在，康维尔指挥着将近90000人的部队，里面有陆战队员、水兵，还有陆军士兵。每一名关注国内新闻版的美军士兵都会问同一个问题："国民支持我们吗？"康维尔的回复总是："不要担心这些""做你该做的就行"。

2003年3月21日夜，"既震撼又令人期待"的空中战役提前拉开序幕。21点30分，陆战远征军从科威特进入伊拉克。当面之敌是伊拉克军队的3个军，其中两个是陆军正规军部队，另一个是共和国卫队。陆战队员们在穿越防线时全都穿着笨重的防化服，因为他们有可能在越过边境或者接近底格里斯河附近的共和国卫队时遭遇化学武器攻击。接下来的两周多时间里，陆战队员们一直就是这身打扮。

"沙漠风暴"行动之后，芒迪、克鲁拉克和琼斯等历任司令都在致力于将陆战队打造成战场上最致命的杀人机器。这支空中、地面和后勤的诸兵种合成部队全由康维尔一人指挥。他的铁拳既有速度又有力度，只有领教过的敌人才能真正体会。他每天使用340架战斗机携带700枚弹药打击选定的目标。"沙漠风暴"行动期间，摧毁一个目标需要10枚炸弹。而在"伊拉克自由"行动期间，一架飞机就可以摧毁10个目标。一个伊拉克坦克兵后来交代，他把坦克往回开了8英里，藏在巴格达东边的灌木丛里，以为这下安全了。凌晨2点，在20年一遇的沙尘暴和夜幕的掩护下，陆战队飞行员们开始挨个摧毁这些伊军坦克，到第30辆的时候，伊军部队崩溃了，立即冲出阵地消失得无影无踪。

在巴士拉和英军部队脱离后，陆战队迅速穿过鲁迈拉油田，然后兵分两路。一路沿1号公路前进，另一路走7号公路直取底格里斯河及巴格达。伊军迅速瓦解。一些人投降，另一些人消失在人群里。攻下巴格达后，康维尔派出一支轻型

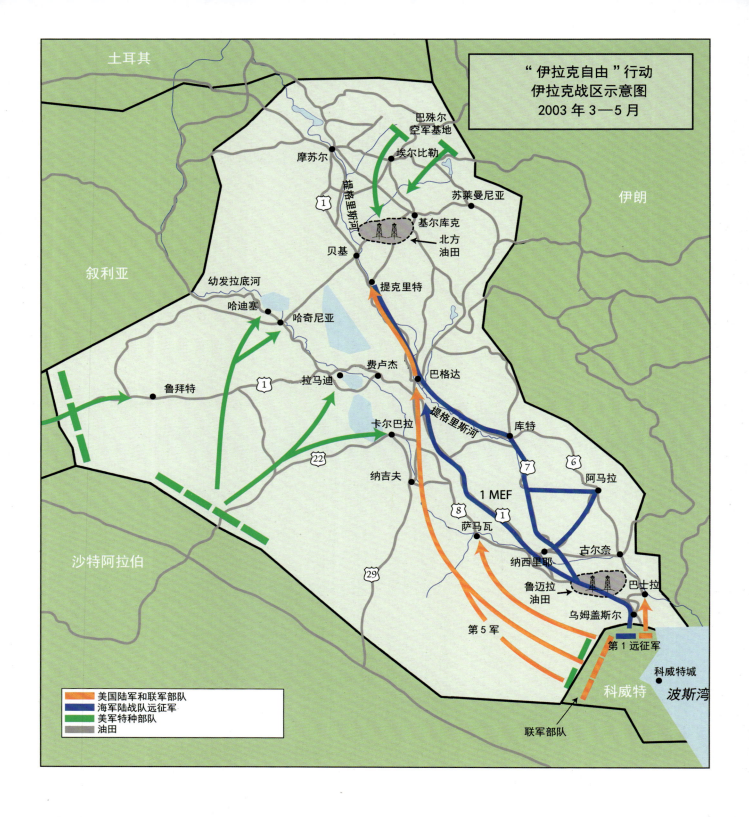

上图:"伊拉克自由"行动期间,第7陆战团第1坦克营C连的一辆M1A1"艾布拉姆斯"主战坦克隆隆驶过一片空地,向卡尔巴拉外围一个战术集结地前进。

对页图:2003年3月21日,"伊拉克自由"行动期间,第1陆战远征军的大约60000名官兵作为先头部队首先冲过科威特边境,取最直的一条路线向北面的巴格达推进。

装甲部队向北攻打萨达姆的出生地——提克里特,希望能遇到一些伊军部队。打下提克里特之后,康维尔重新审视整个攻击行动,发现陆战远征军是美军历史上进攻最快的部队。他试图说服他的陆军上司戴维·麦基尔南中将,"陆战队是攻击部队,我们不负责国家建设"。他的要求被驳回了。在接下来的5个半月里,陆战远征军参加了纳吉夫、卡尔巴拉和萨马沃等城市的重建工作,最后于2003年9月回到南加利福尼亚州。

"伊拉克自由"行动成功地实现了每一项军事目标,包括最后抓获萨达姆·侯赛因。然而,华盛顿的政客们低估了很多问题,例如、战后重建、叛乱分子、宗教矛盾以及来自其他伊斯兰国家的雇佣军。在加利福尼亚待了5个月后,第1陆战远征军接到国防部部长唐纳德·拉姆斯菲尔德的命令,重返伊拉克参加"伊拉克自由II"行动。这场行动已经演变成了非常麻烦的暴力冲突。

黎巴嫩撤侨行动——2006年

2006年7月间，黎巴嫩真主党准军事部队闯入以色列抓走了两名以军士兵。两名俘虏随后因伤重不治身亡，以色列和真主党的战争就此爆发。真主党长期接受伊朗和叙利亚的资助和武装。34天的时间里，以色列用炸弹和炮弹轰击黎巴嫩，真主党则向以色列北部城市发射火箭弹。

难民开始涌向贝鲁特。新组建的远征打击大队（ESG）指挥官，陆战队卡尔·B.杰森准将收到中央司令部发来的命令，要求他们把美国公民从贝鲁特撤出。这个新组建的远征打击大队有一支陆战远征小队、几艘两栖战舰、几艘驱护舰，有时候还有一艘潜艇。2006年7月15日，杰森在编队之前先期抵达贝鲁特，开始用空军的MH-53"铺路钉"直升机和"东方皇后"号游轮撤出美国公民。几天之后，大队的"硫黄岛"号两栖攻击舰到达，撤侨进度大大提高。

按照最初的计划，杰森只用撤出大约1500名美国人。可是仅2006年7月21日一天，大队就将3900名难民送到了船上。到了8月11日，美国公民的撤离人数增加到14500名。除了"硫黄岛"号和"东方皇后"号（该船只能搭载1200名乘客），杰森还从中央总部借来了"纳什维尔"号和"惠德贝岛"号，又从欧洲司令部借来了"特伦顿"号、"贝里"号和"冈萨雷斯"号。通用登陆艇开始从海滩装载难民并将他们送往近岸的船只。

自从1983年贝鲁特军营炸弹恐怖袭击之后陆战队就没有进入过黎巴嫩。这个地方"是陆战队的伤心之地"，杰森回答说。太多的人在打击恐怖主义的战争中失去了生命。无论何处，只要恐怖分子还在威胁自由世界，更多的陆战队员将不惜流血牺牲与他们斗争到底。

左图：2006年7月，当叙利亚支持的真主党民兵和以色列军队作战的时候，第24陆战远征小队的战士们正推着一辆婴儿车登上美国军舰"特伦顿"号。这些陆战队员正从黎巴嫩贝鲁特撤出美国和其他国家的公民。

9 步入未来

下图:2000年11月,时任陆战队司令琼斯上将提出陆战队未来的愿景,呼吁在武器装备、海陆空作战条令方面进行广泛的提升。他建议的核心是成立陆战远征军。

2000年11月3日,第32任陆战队司令小詹姆斯·L.琼斯发布了《21世纪海军陆战队战略》,将陆战队的远景规划定位为"支撑未来战斗力发展的愿景和目标"。琼斯上将解释说,这项战略是以"优良传统、创新理念和卓越品质打造陆战队的基础。为超越现状、赢得未来战争……在新概念、试验试训和技术开发上进行投资。"在琼斯上将看来,《21世纪海军陆战队战略》将把陆战队确立为美国最重要的"全员战备远征部队"。他号召17938名军官和153302名士兵要"在冲突中胜任各种任务",同时能够敏捷地"完

> "……强大的陆战队是陆战队员稳固的基石;强大的陆战队员是陆战队力量的源泉。"
> ——摘自陆战队司令小詹姆斯·L.琼斯上将《21世纪海军陆战队战略》

上图：高度战备的陆战队可以从空中和海上实现快速运输。这是2006年3月3日，在一架从南卡罗来纳州查尔斯顿空军基地起飞的C-17A"环球霸王Ⅲ"运输机上，来自勒热纳兵营的第8陆战团第3营的陆战队员，在紧急空运海地太子港的途中抓紧时间休息。

成总统下达的其他任务"。琼斯上将还希望陆战队具备足够的兼容性，从而在联合、联盟、联军作战中满足战斗指挥官的要求。

海军陆战远征军将成为核心力量。琼斯将其分为4部分，统称为陆战队空-地特遣队（MAGTF）。

近年来，陆战队空-地特遣队的各个组成部分作为时刻战备的海基力量驻扎在世界各地，以应对当前的和潜在的各种威胁。

琼斯在《21世纪海军陆战队战略》中提出成立4种直接与海军协同的陆战队空-地特遣队（MAGTF）。

陆战远征军（MEF）。最多可编制90000人，基于任务编组，用于应对大规模战争威胁，按需要可下辖一个或多个陆战师。海军陆战远征军（MEF）通常由若干陆战远征旅（MEB）和陆战远征小队（特战）（MEU/SOC）组成。

陆战远征旅（MEB）。 最多可编制20000人，基于任务编组，在较小规模的战斗中作为主要快速反应部队。陆战远征旅（MEB）可以下辖若干陆战远征小队。

陆战远征小队（特种作战能力）(MEU/SOC)。 下辖1500~3000人的舰载部队，基于任务编组，具备多种作战能力，可以先期到达、前沿部署。远征小队（MEU）通常为远征旅（MEB）和远征军（MEF）的作战行动打前站。

特殊用途陆战队空–地特遣队（SPMAGTF）。 根据任务采用各种编组形式，可以执行人道援助、灾难救援以及和平交流活动。可通过两栖舰船、海上预置舰或战略空运进行部署，以应对恐怖主义袭击或者处理其他危机。

琼斯上将设计了这4种基本的陆战队空–地特遣队（MAGTF），以独立遂行或

下图：2003年1月28日，"持久自由"行动中，"黄蜂"级两栖攻击舰"奇尔沙治"号搭载第2陆战远征旅通过直布罗陀海峡。

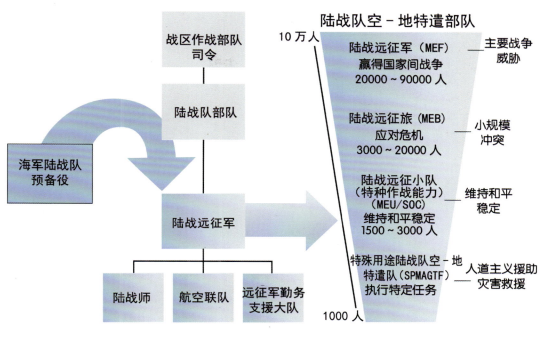

左图：在如今和未来的陆战队空-地联合特遣部队中，先遣部署的陆战远征小队将成为陆战远征旅的先锋，而陆战远征旅也将负责为陆战远征军打前站。

下图：陆战远征军（MEF）、陆战远征旅（MEB）、陆战远征小队（特种作战能力）（MEU/SOC）近几年的全球部署情况。

上图：第33任陆战队司令迈克尔·W.哈吉上将（中）正在视察。第1陆战师第5团第2营的布拉德·D.维德纳下士在讲解Trijicon TA31RCO-A4先进枪用战斗瞄准镜如何配合他的M16A2步枪和M203枪挂榴弹发射器使用。当时维德纳正在安巴尔省参与"伊拉克自由"行动，他的任务是安保和维稳。

联合参与作战行动。陆战队空–地特遣队的概念，即在大多数作战行动中，前沿配置陆战远征小队（特种作战能力）（MEU/SOC）作为陆战远征旅（MEB）的前进梯队，同时，陆战远征旅（MEB）在陆战远征军（MEF）的编成内作为前进梯队或者独立遂行作战任务。例如，在"伊拉克自由"行动中，几个较小规模的陆战远征小队（特种作战能力）（MEU/SOC）从空中进入阿富汗南部，同时较大的几个陆战远征旅（MEB）组成陆战远征军（MEF），遂行主要作战任务。

2003年7月1日，琼斯司令向第33任陆战队司令迈克尔·W.哈吉上将交接了指挥权。和以往离任的司令不同，琼斯没有退役，他成为欧洲盟军最高司令兼美国驻欧洲司令部司令。哈吉将军上任时，有39000多名陆战队员处于前沿部署或前沿驻扎状态，应对"全球反恐战争"。和前任琼斯上将一样，哈吉将陆战队视为"海上战士"。他借用琼斯上将的《21世纪海军陆战队战略》的概念说："陆战队的指导原则是作为合成战斗部队，无缝整合我们的地面、航空和后勤部队。我们具备

> "我们的目标是在新概念、试验试训和技术开发上进行投资，让陆战队准备好迎接21世纪的新胜利。"
>
> ——詹姆斯·L.琼斯上将
> 《21世纪海军陆战队战略》，第8页

快速、灵活和敏捷的合成能力，致力于打败针对我们国家的恐怖主义以及正在形成的安全威胁。"（引自哈吉上将《海军陆战队概念和2006年规划》）

1920年7月1日，约翰·A.勒琼上将成为第13任陆战队司令时，他说："陆战队已经确立了最高的军事效率和勇士品格。"83年后，哈吉司令再次引用勒琼上将的话提醒陆战队，说：

"我要求每个陆战队员与我一道参与21世纪这个充满挑战的旅程。我们目前的任务是：赢得当前的战争，并准备打败将来的敌人。让我们一起带着勇敢、智慧、自信前进，继续打造我们伟大的陆战队的传奇，并努力以我们的优良传统在陆战队的行列中、在任何情况下赢得荣誉。"（引自迈克尔·W.哈吉上将的《司令指南》）

在参与全球反恐战争（GWOT）期间，哈吉司令的职责是将美国海军提出的愿景文件《21世纪海上力量》中的概念、能力要求和核心竞争力与陆战队提出的愿景文件《21世纪海军陆战队战略》，以及陆战队的基础概念《远征机动作战》（*EMW Expeditionary Maneuver Warfare*）进行融合。这3份文件指明了陆战队未来的发展方向。

全球反恐战争

快速变化的全球反恐战争以及其他地方的问题迫使琼斯和哈吉司令重新设定陆战队的需求。在阿富汗和伊拉克进行的战斗中，陆战队有超过1.8亿美元的装备毁坏，还有1.4亿美元的装备故障。很多地面车辆的寿命从预期的20年急剧缩短到5年，直升机的寿命从20年缩短到10年。这些原因无须深究。用于全球反恐战争的CH-46直升机近期的出动频率是其设计指标的4倍。陆战队不得不从其他地方的预置舰中调配装备，用于维持在中东的作战行动。

为了满足陆战队包括海军为其提供的支援在内的需求，哈吉上将提出到2020年为止每年都需要拨款117亿美元。这个预算包括重新建立因全球反恐战争耗费的战斗力，为陆战队空-地特遣队（MAGTF）的现代化和损毁装备的替换提供资金。

陆战队承认全球反恐战争可能持续几十年。海上部署、远征机动作战和分布式战斗是21世纪陆战队的基础概念。海上强行进入的能力亟待拓展。在陆战远征旅提供首批强行进入力量的同时,陆战远征军将为联合战役发挥基本作用。陆战远征旅和远征军要求加强海上部署,从而为战场指挥官提供可执行从联合安全到大规模战争在内多种任务的灵活能力。

海上基地——海上预置力量(MPF)

与《21世纪海军陆战队战略》相关联,海军的未来海上预置力量(MPF)将使未来的海上基地行动成为可能。它将发挥以下职能:(1)海上到达和部队集结;(2)为攻击梯队(陆战远征旅)提供直接支援;(3)为登陆部队提供海上基地支持;(4)部队的海上重组和重新部署。具备了海上部署能力后,就不需要陆上基地为后续部队提供集结和部署地域,也不会有己方固定目标遭受敌方弹道导弹、巡航导弹或大规模杀伤性武器的打击的威胁。

海上预置部队为陆战队空-地特遣队(MAGTF)和海军的远征打击大队

下图:在埃及奥梅耶海滩,一次由44个国家74000多人参加的多国联合演习中,第26陆战远征小队的士兵正在演练两栖突击战术。这些参演国家经常与美国一道参加地区维稳行动。

左图：在韩国浦项港一次美国海军海上前置部队演习中，陆战队正在将重型装备和车辆从预置船"威廉·R. 布顿中士"号上卸载下来。

（ESG）提供全要素支援。远征打击大队（ESG）不仅包括海上预置部队，也包括巡洋舰、导弹驱逐舰、护卫舰和攻击型潜艇。而陆战远征小队（特种作战能力）（MEU/SOC）或者特殊用途陆战队空–地特遣队（SPMAGTF）既是陆战队空–地特遣队（MAGTF）的较小组成部分，也是未来海上预置部队的一员。

远征机动作战

远征机动作战作为《21 世纪海上力量》《21 世纪海军力量》《21 世纪海军陆战队战略》的一部分，决定现在和将来的陆战队如何组织、配置、运用、维持其作战力量。这个概念将陆战队的机动作战理论体系和远征传统拓展为"海上士兵"计划。远征机动作战（EMW）强调将行动敏捷、战术灵活的陆战队空–地特遣队（MAGTF）投送到危机地区，同时将陆战队传统的两栖作战行动变为"远征作战"；这就需要更广阔的作战能力，也拓展了组织、配置、运用和维持力量的方法。远征机动作战（EMW）依赖海上部署和陆战队空-地特遣队（MAGTF）作为中心概念，还依赖武器、技术和战斗条令的改进来加强陆战队空-地特遣队（MAGTF）的战斗力。

分布式战斗

分布式战斗是远征机动作战（EMW）的拓展，它着眼于加强小单位的自主权、战斗力以及在各种任务中更好地履行使命的能力。分布式战斗可以使陆战队在更广阔的空间疏散配置，以应对敌人的非常规手段攻击。决策层将指挥体系交给比以往更年轻的、军衔更低的陆战队员，在没有明显前后方之分的地区作战。在阿富汗和伊拉克，陆战队经常执行44人的排级规模"徒步任务"。

分布式战斗通常涵盖各种作战行动。当发现小股敌人时，一些分散的作战部队将在空中火力支援下对其实施多方位进攻。2007年，陆战队曾经成功地将这种战术用于对伊拉克雇佣军和起义活动进行

下图：驻夏威夷第3陆战团3营I连的陆战队员们在阿拉斯加州的韦恩莱特堡陆军基地，参加联合演习。他们装备了M16A2 5.56毫米步枪和一支M249 5.56毫米班用轻机枪（SAW）。

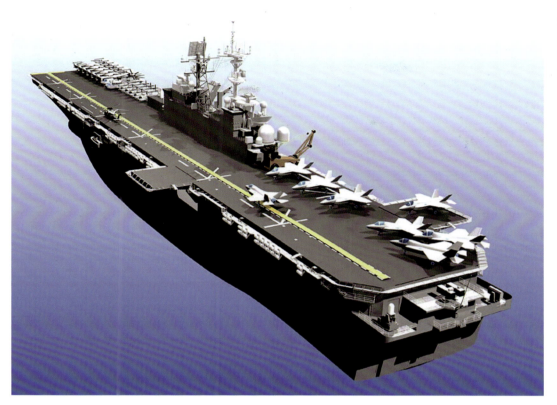

左图：现在，"塔拉瓦"级通用两栖攻击舰（LHA）是11支两栖戒备大队的重要组成部分。

"扫荡"式镇压。

两栖战舰

当今陆战队对两栖作战的需求是投送两个陆战远征旅攻击梯队，即等同于目前的30艘两栖舰船，包括5艘大型全通甲板的两栖攻击舰。《21世纪海军陆战队战略》将陆战远征旅攻击梯队增加到3个，这样将需要部分两栖攻击舰做出调整以适应海上预置部队的需求。当前，总共有11艘两栖攻击舰（7艘"黄蜂"级两栖攻击舰，4艘"塔拉瓦"级两栖攻击舰）在役，另有更长更宽的"黄蜂"级两栖攻击舰8号舰在建。（2010年——译者注）

为了达到建设未来海上预置部队的目标，需要对两栖舰进行部分改进。作为海军的《21世纪海上力量》中海上打击和海上配置的陆战远征旅的一部分，5艘"塔拉瓦"级两栖攻击舰从2013年开始逐渐被新型两栖攻击舰替代。新型两栖攻击舰燃油储备量提高3倍，可搭载23架F-35B联合攻击战斗机（JSF）或者28架MV-22A"鱼鹰"倾转旋翼机，或者混合配置。

上图：在演习中，全副武装的陆战队员们登上MV-22"鱼鹰"（垂直短距起降多用途战术倾转旋翼机）。

对页图："黄蜂"级两栖攻击舰"巴丹"号搭载着陆战队的8架全新MV-22"鱼鹰"倾转旋翼机，正在进行一系列先进技术测试和评估。

其舰载直升机将包括CH-53E"超级种马"、UH-1Y"休伊"、AH-1Z"蝰蛇"和MH-60"海鹰"直升机。新的两栖攻击舰可搭载1894人的陆战队满编旅。

目前，"圣安东尼奥"（LPD-17）级两栖船坞运输舰正在替换"奥斯汀"（LPD-4）级。这型两栖船坞运输舰将为当今和未来的美国海军远征军提供服务。"圣安东尼奥"级拥有更大的飞行甲板，可以起降2架MV-22"鱼鹰"倾转旋翼机或者2架MH-53E"超级种马"直升机，或者4架CH-46"海上骑士"、AH-1或UH-1Y直升机。这型两栖船坞运输舰拥有宽敞的船坞，可装下两艘气垫船（LCAC）或者一艘通用登陆艇（LCU）。这型舰还可以搭载800名陆战队员。首舰"圣安东尼奥"号于2005年服役，另有4艘在建，多艘计划采购。

海军火力支援舰艇

远征作战依赖持续的全天候、全时段、更精确的海上火力支援。当前海军火力支援舰艇（NSFS）在支援大范围战场的远征作战时存在射程、规模和精度方面的不足。为从海上打击目标，为机动部队提供间接火力支援，海军计划 2011 年在导弹驱逐舰上装备 127 毫米 /62 倍径火炮和"增程弹药"（ERM）。"增程弹药"将使陆战队空－地特遣队（MAGTF）指挥官能够以大量的 GPS 制导的精确武器对目标进行超视距精确打击，其射程从 13 海里延伸至 63 海里，可以实现 9 枚炮弹同时命中目标。

从 2014 年开始，DD(X) 对陆攻击驱逐舰将添加一个由 2 套高度集成的 155 毫米先进舰炮系统（AGS）组成的革命性火力支援系统，每个舰炮系统容弹 600 发。先进舰炮系统在发射"远程对陆攻击炮弹"（LRLAP）时，可以将陆战队空－地特遣队（MAGTF）的火力支援距离延伸至 100 海里。

未来的火力支援技术包括"多用途巡飞弹"（MLM Multi-purpose Loitering Missile）和电磁炮。舰载多用途巡飞弹（MLM）将可以在目标纵深区域游弋，远距离支援战术级作战。战场指挥官也可以使用电磁轨道炮发挥巨大的杀伤力。该炮未来将安装于全电力推进的 DD(X) 驱逐舰和 CG(X) 巡洋舰上，炮弹速度达到 7 倍音速以上。（该计划已取消——译者注）

登陆舰船

气垫登陆艇（LCAC）能够以 40 节航速将 60 吨货物运输到 200 海里之外。LCAC 可以直接从登陆舰上的干船坞出发，在世界

右图:结束在伊拉克部署后,第26陆战远征小队的一艘"圣安东尼奥"(LPD-17级)两栖船坞运输舰回到美国,准备靠港。

70%以上的海滩登陆,而常规登陆艇只能在世界17%的海滩上登陆。这型气垫船原来设计寿命为30年,但其指挥、控制、通信、计算机、航海系统和动力系统一直在升级。

为了从事全球反恐战争,正在根据联合海上攻击换乘舰船(JMAC)要求对气垫登陆艇(LCAC)进行重新设计,改进后LCAC最多可搭载2辆M1A1,并提高航程以支持离岸25海里或更远距离的两栖行动。

规划中还有另外两种高速换乘舰船(HSC):联合高速运输舰(JHSV)和快速战略运输船(RSLS)。高速换乘舰船(HSC)最显著的特征是其可以在搭载大量人员和装备后以持续的高航速抵达战区。

联合高速运输舰(JHSV)吃水不到15英尺,可以达到40节以上的速度。不像气垫登陆艇只有200海里的航程,联合高速运输舰可以从美国本土或者前置基地自行部署。当发生危机、需要将部队从前进基地输送至海上基地时,联合高速运输舰将发挥至关重要的作用。一旦进入海上基地,联合高速运输舰将为远征打击大队运输人员、补给和装备,从而在强行进入作战中加强打击能力。

快速战略运输船(RSLS)沿用联合

左图：气垫登陆船（LCAC）是一种高速全两栖化舰艇，可以搭载60吨货物以40节最大速度航行200海里。

高速运输舰的线型，但装备了附加的设备，如可搭载往返于战区陆上前置基地之间的非自行部署飞机。

地面火力"三剑客"

随着远征战斗车辆（EFV）和MV-22"鱼鹰"旋转翼飞机航程和速度的加强，战场的正面和纵深急剧拓展。为了适应更高的机动能力，陆战队正在准备3种地面武器。

M777A1型155毫米牵引式榴弹炮自2005年开始替换M198标准榴弹炮。相对于9800磅的M198榴弹炮来说，新型榴弹炮比前者轻6200磅。这型榴弹炮使用非增程弹时射程15英里，使用增程弹时射程可达18英里。模块化炮兵装药系统（MACS）将减少发射药的种类，多功能引信可以减少引信的种类。

"海玛斯"高机动性火箭炮系统（HIMARS）用于运载大量远程火箭炮支援地面行动。"海玛斯"可以发射各型弹药，对36英里外的目标进行全天候的点杀伤或面杀伤。

远征军火力支援系统（EFSS）用于配合陆战队空-地特遣队（MAGTF）的4种作战模式。它将是由舰到陆机动部队中垂直攻击单位的首要间瞄火力系统。该系

上图：陆战队在 2008 年得到第一艘 40 节联合高速船（JHSV）的采购拨款。这型船将作为海上基地行动和连续登陆行动之间的高速换乘工具。

下图："海玛斯"高机动性火箭炮系统（HIMARS）是一种可以空运的轮式火箭／导弹间瞄火力支援系统，可以发射多用途火箭炮和导弹。

统可以由 CH-53 直升机或者 MV-22 "鱼鹰"飞机搭载，并具备优秀的射程和部署灵活性。

除了这 3 种武器，陆战队还在大力发展火力支援平台。这个项目包括一个传感器家族，以及地面武器定位雷达、目标定位交替指示系统和通用激光测距仪。

倾转旋翼机

因旋转翼飞行器仍须不断改进，MV-22 "鱼鹰"项目无法替代所有直升机。CH-46 "海上骑士"可追溯到越战时期，而其最新的改进型 CH-46E 的性能将大幅提高。在"伊拉克自由"行动中，"海上骑士"执行了中等重量的战斗运输任务，并将继续进行下去。这个平台在当前和未来的 10 年内均符合陆战队空–地特遣队（MAGTF）的作战需求。随着发动机可靠性的提高，其运行效率随之提升，发动机控制系统也将得到简化。该型机将加载新的自卫系统，包括改进的导弹告警系统和红外干扰系统。轻型陶瓷装甲替换了原先的钢质装甲，因此将该型直升机的运载能力提高了 1000 磅。

西科斯基的 CH-53E "超级种马"直升机也是起源于越战时期。这种 3 台发动机、远程、大载重直升机可用于支援突击行动。全球反恐战争中繁重的出勤率使

上图:2006年12月6日,陆战队一架"鱼鹰"正在"黄蜂"号多用途两栖攻击舰上进行甲板降落考核训练。这架"鱼鹰"的旋翼呈直升状态,即将在飞行甲板上着陆。

MV-22"鱼鹰"

MV-22"鱼鹰"既不是固定翼飞机也不是旋翼机。这是一种先进的垂直/短距起降多用途战术飞机,采用可以倾转的旋翼。在接下来的几年里,它将替代老旧的越战时代CH-46E和CH-53D型直升机。MV-22"鱼鹰"飞机将编入陆战队空-地特遣队(MAGTF)的两栖攻击舰,并与远征战斗车辆、气垫登陆艇一道成为海上部署部队至关重要的一部分。陆战队飞行员将驾驶MV-22执行大量任务,例如从海上或者陆上发起远征突击、袭击作战、中型物资运输、战术飞机回收、人员回收以及舰队后勤支援。

MV-22的38英尺旋翼推进系统和发动机/传动装置舱安置在两个翼尖,使其可以像直升机一样起飞降落。升空后,发动机舱向前旋转90°,可以变为高速飞行且节省燃料的涡桨飞机。MV-22"鱼鹰"最大作战半径350海里,可搭载24名全副武装的陆战队员或者10000磅货物。

陆战队第22倾转翼作战测试和评估中队(VMX-22)自2003年开始测试这种倾转翼飞机,于2005年6月完成作战评估。2005年9月份,在"巴丹"号两栖攻击舰(LHD-5)上进行附加测试后,国防部采购办授权进行批量生产。北卡罗来纳州新河陆战队航空基地先斯接收了29架"鱼鹰"飞机用于训练。2007年秋季,第一批MV-22部署之后,以每年2个中队的速度替换CH-46E"海上骑士"和CH-53D"海上种马"直升机。

"超级种马"直升机在这个 10 年末期面临退役,由于没有新的生产计划,这型直升机必须进行改进以保持在役。

在未来的 15 年内,新的重型运输直升机换代计划(HLR)将最终替代"超级种马",新的重型运输直升机(HLR)将有 480 海里的最大航程和 27876 磅的运载能力。该型直升机将满足陆战队空-地特遣队(MAGTF)的联合作战需求,装有一套综合机械诊断系统、经过可靠性改进计划升级的 T-64 发动机、一套直升机夜视仪系统、导弹告警系统、导弹干扰装置、轻武器防护装备和自卫武器。(最终产品是单价 1.3 亿美元的 CH-53K——译者注)

同样为了达到陆战队空-地特遣队(MAGTF)的作战需求,贝尔公司的 180 架 AH-1W"超级眼镜蛇"攻击直升机

下图:2005 年,由陆军和陆战队共同支持的 M777A1 轻型 155 毫米牵引榴弹炮开始替换 M198 榴弹炮。

左图：2007年3月5日，在"伊拉克自由"行动期间，陆战队轻型攻击直升机中队的一架AH-1W"眼镜蛇"直升机准备降落在伊拉克阿萨德空军基地。

下图：2007年1月31日伊拉克希塔兵营，在结束部署之后，一队陆军士兵登上陆战队CH-46"海上骑士"直升机返回家乡。

上图：为确保陆战队拥有最好的攻击和通用直升机，在对H-1系列直升机进行升级后陆战队将有100架UH-1Y和180架AH-1Z可以投入作战。

右图：2007年2月21日，一架CH-53E"超级种马"直升机将装载单兵即食口粮（MRE）的货篮从"巴丹"号两栖攻击舰上起吊。

将升级为 AH-1Z 型，此外还有 100 架贝尔公司的"休伊"通用直升机将被升级为 UH-1Y 标准。正在进行的 H-1 升级项目将减少这两种直升机的全寿命费用，并显著提高其作战能力。经调整，这两型直升机可以在新的中队结构中共享维护支援。双叶旋翼将被换成新型全复合材料四叶旋翼系统。这些直升机将搭载更加强大的武器平台，经过升级的现代化数字飞行系统全玻璃座舱。这两型飞机将有 48% 的零件可以互换。其速度、最大航程、载重能力和威力将得到大幅提高。"蝰蛇"装载精确制导弹药的能力将是目前（2500 磅）的 2 倍。UH-1Y 的"翻新"计划于 2006 年开始实施，AH-1Z 随后跟进。

战术飞机

战术飞机整合计划（TAI）将海军和陆战队的战术飞机结合起来，这项工作多

下图：第 146 战斗攻击机中队的一架 F/A-18C "大黄蜂"战斗机正在从"约翰·C. 斯坦尼斯"号航空母舰上弹射起飞。在阿富汗和伊拉克战争期间该舰都曾被部署在阿拉伯海提供支援。

上图：陆战队第1直升机中队（HMX-1）为总统和副总统提供安全和及时的空运服务。现役的VH-3D和VH-60N直升机已经因机龄过长而面临退役。

总统的直升机

陆战队第1直升机中队（HMX-1）组建于1947年12月，负责为总统、副总统、外国元首以及白宫军事办公室指定的其他人员提供安全和及时的空运服务。陆战队第1直升机中队（HMX-1）有两型直升机，洛克希德·马丁公司的VH-3D和VH-60N。当总统登上"陆战队一号"时，这架直升机立即成为三军总司令的指挥控制平台，并为他提供一个可以灵活有效行使各项职责的办公室。为保证总统有效履行职责，陆战队第1直升机中队必须能够在各种环境和气象条件下飞行。

面对全球反恐战争，陆战队第1直升机中队的直升机有必要以现有直升机结构和性能为基础进一步提升通信和生存能力。海军已经启动了总统直升机替代计划（VXX），该计划需要两架新的垂直起降飞机，对安全和生存能力进行改进，加装满足所有特勤要求的抗干扰通信系统。2005年1月，洛克希德·马丁公司赢得了两架新型VH-71A采购合同，并于2009年10月完工。新型直升机拥有350海里的航程和140节的最大航速，可以搭载14名乘客。

年前已经启动。在 2004 年初,陆战队有 8 个 F/A-18"大黄蜂"中队在航空母舰上部署。第一个海军 F/A-18"大黄蜂"中队于 2004 年部署到日本岩国陆战队航空站。两大军种的整合有两项重要意义:它将提供更精干高效的联合战术航空力量,增强前沿地区战斗能力,符合海上前沿部署的概念。

麦道公司的 F/A-18A/C/D"大黄蜂"战斗机已经服役多年。为了能搭载现有的和计划中的武器系统,它们不断接受航空软硬件升级。经过升级的型号,(如"A+"型战机),一直服役到 2015 年。在这些型号逐渐退役的同时,陆战队飞行员也在转型试飞海军的 F/A-18E/F"超级大黄蜂"战斗机。

较新的 F/A-18D 飞机可升级搭载先进机载战术侦察系统(ATARS),可为陆战队空-地特遣队(MAGTF)提供更大范围的战场侦察。18 套先进战术机载侦察系统(ATARS)传感器与固态数字记录系统配套,在所有 6 个陆战队 F/A-18D 战斗机中队中开始运行。

陆战队 F/A-18 长 56 英尺,高 15 英尺 4 英寸,翼展 40 英尺 5 英寸。它们使用 2 台 F404-GE-402 增强性能涡扇发动

下图:老旧的 F/A-18 一直在接受软件和航电设备的升级改造。

机,使之在 50000 英尺高空达到接近 2 马赫的速度。A、C、E 型为单座机,B、D、F 型为双座机。

"大黄蜂"典型的武器挂载为:一门 M61A1/A2"火神"20mm 机炮,AIM-9"响尾蛇"、AIM-7"麻雀"、AIM-120"阿姆拉姆"、"鱼叉"、"哈姆"、"斯拉姆"、增程"斯拉姆"和"小牛"导弹,"联合防区外武器"(JSOW)、"联合直接攻击弹药"(JDAM),各种通用炸弹、水雷和火箭弹。

麦道公司的 AV-8B"鹞II"垂直/短距起降飞机作为两栖攻击舰的主力攻击机,已经服役多年。AV-8B 飞机以常规和制导武器遂行近距和纵深战场支援任务。执行任务时,AV-8B 可携带 MK-82 型 500 磅炸弹、MK-83 系列 1000 磅炸弹、GBU-12 型 500 磅激光制导炸弹、GBU-16 型 1000 磅激光制导炸弹、AGM-65E"小牛"红外/激光制导导弹、CBU-99 集束炸弹、AIM-9M"响尾蛇"导弹和

下图:AV-8B"鹞"改装了新的计算机设备,能够使用自动搜索目标的联合直接攻击弹药(JDAM)。

上图：在北卡罗来纳州樱桃角陆战队基地进行的测试中，一架"猫头鹰"(Night Owl)RQ-2A"先锋"无人监视飞机(UAV)正在从一辆5吨卡车的双轨弹射器上起飞。

用于为激光制导炸弹进行精确制导的"闪电 II"瞄准吊舱。

F-35B 联合攻击战斗机是为陆战队、海军和空军开发的下一代攻击战斗机。这型洛克希德－马丁／诺斯罗普－格鲁曼公司生产的飞机是一种隐身的超音速飞机。该机的陆战队型号可以短距起飞、垂直降落（STOVL），海军型号可以在航空母舰上起降，空军型号只能常规起降。F-35B 型飞机将替换陆战队的 AV-8B、F/A-18A/C/D，海军的 F/A-18C，空军的 F-16C 和 A-10。陆战队的 F-35B 将有 450 海里的作战半径，最大可以挂载 2 枚 1000 磅炸弹和 2 枚空对空导弹在 550 英尺的距离内短距起飞。英国宇航公司也作为合作伙伴全程参与了这个项目的开发。荷兰、加拿大、丹麦、挪威、土耳其和澳大利亚也部分地参与了这个项目。

作为 F-35B 先进任务系统的一部分，该机所有的雷达、制导和合成孔径电子设右图：在"伊拉克自由"行动期间，位于科威特瑞普兵营的陆战队员正在投掷一架"龙眼"无人机。

"龙眼"无人机

"龙眼"无人机是一个可以重复使用的装有传感器的低成本无人机，它可以在小分队演习中为指挥官提供情报和态势支援。这种无人机重6磅，翼展45英寸，两个电池驱动的电动机使其可以35英里的时速在离地300～500英尺高度飞行。这种飞机由两名士兵投掷发射，可以按照全球定位系统卫星数据设定航路。龙眼无人机可以在10分钟内完成组装发射。它可以在地面预设程序，不需要操作员的干预，飞行距离大约10英里（视距内）。这型无人机已经在伊拉克通过测试，当时并获得了342套的订单。

对页图：2004年6月3日，第22陆战远征小队第6团第2营的安东尼·维贾尼中士带着他的M16A4 5.56毫米步枪，在打击塔利班武装的战斗结束后返回。这次战斗中，他们击毙了5名塔利班士兵，有3名陆战队员受伤。

备将与飞行员的头盔显示器协同工作，从而取消了传统座舱里的平视显示器。

F-35B于2007年进行初始小批量生产，试飞阶段持续到2013年以后。

无人机（UAV）

陆战队从1986年开始部署"先锋"无人机，为战术指挥官提供接近实时的侦察、监视和情报信息。在"沙漠风暴"行动中，一个营的伊拉克士兵曾试图向一架无人机投降！在全球反恐战争和其他地区的威胁中，陆战队空-地特遣队（MAGTF）需要新的垂直起降无人机系统（VUAS）满足复杂的任务需求。"先锋"无人机一直在进行升级，将飞行时间由每年的1500小时提高到4500小时。它们更换了新的发动机、传感器和通信系统，以保持在役。另一种新型垂直起降无人机系统（VUAS）在2013—2015年批量生产。

垂直起降无人机系统（VUAS）的任务是为联合特遣队/陆战队空-地特遣队（JTF/MAGTF）指挥官提供实时侦察、监视、制导和武器运用的支持。这种无人机符合陆战队未来的远征机动作战、海上部署和从舰到目标的作战概念。垂直起降无人机系统（VUAS）将自动或在陆基/机载指挥所的人工控制下飞行。它可以搭载噪声声纹设备、光学红外探头、改进的机载指示器、无线电接力设备。该型无人机可通过一个垂直起降系统在舰上或敌对区域起飞和降落。当垂直起降无人机系统（VUAS）列装后，它在陆战队的各项任务中将有着广泛的适用性，在交互式通信设备的帮助下，舰载操作系统可以和地面控制站一道控制该型无人机，成为多任务部队的力量倍增器。

地面战斗装备

地面战斗始终是海军和陆战队的协同重点。每个陆战队员都是神枪手。为了达到未来陆战队空-地特遣队（MAGTF）的目标，新的武器系统在接下来的几年中陆续出现。

在 2007 年，步兵自动步枪（IAR）项目开始取代当前的 M249 班用自动武器。新的 5.56 毫米自动步枪更轻、更耐用、更可靠，同时增强了步枪手的机动性和展开的速度。M249 的全面换装计划于 2008 年展开。

目前的模块化武器系统（MWS）包括 M16A4 步枪和 M4A1 卡宾枪。这两种枪都可以加装红外指示器、光学瞄准镜、改进的 M203 枪挂榴弹发射器和其他配件，这些装备可以改进射击精度、目标探测和昼夜作战能力。步枪战斗瞄准镜（RCO）装有 4 倍的光学镜头，安装在 M16/M4A1 导轨上。步枪战斗瞄准镜（RCO）使用了

上图：2003年4月11日晚上，第7陆战团第1营C连的陆战队员扛着一支上膛的SMAW（肩扛式多用途突击武器）火箭筒在巴格达卡达维的街道上巡逻，他们正在和坦克第1营的陆战队员们一起清剿躲藏在建筑物中的武装分子。

双重照明技术，昼间用光纤照明，晚上和低亮度情况下用氘气照明。

陆战队狙击手系统包括3种主要武器系统：M40A3狙击步枪、专用精确射手步枪（Designated Marksman Rifle，DMR）和M82A3特种用途狙击步枪（SASR）。M40A3狙击步枪是旋转枪机远程人员杀伤武器，可以在1000码距离上精确杀伤敌人。DMR步枪是为安保、爆炸物清除和反恐任务设计的半自动、精确杀伤步枪。SASR步枪是可发射各种12.7毫米弹药打击1英里外目标的半自动远程反器材步枪。在2007年下半年，M82A3 SASR步枪逐步被M107 SASR步枪取代。

在2008年公布的计划中，一个狙击侦察组（SSCS）由一名狙击手和一名观测手组成。替代装备包括第一次更换型号的瞄准镜（M40A3和M82A3狙击步枪用的白光和微光光学瞄准镜）。狙击小组还装备了夜视仪、激光测距仪、可变倍率观测镜和城市战的特殊装备。

陆战队装备的新一代轻型夜视仪有：AN/PVS-7 夜视镜和 AN/PVS-14 单目夜视仪。AN/PVS-7 夜视镜使用棱镜和透镜使陆战队员可以看到类似于望远镜的视野。这种双目夜视仪有一条带子可以固定在头上或者头盔上。AN/PVS-14 单目夜视仪使用图像增强技术。这个设备可以作为便携手持望远镜或者装在头上、头盔上和武器上。

为了满足战场上全天候进攻和防御作战以及机动部署的要求，陆战队空–地特遣队（MAGTF）设立了营连用迫击炮项目。改进后的系统于 2008 年替代 M224 型 60 毫米连用迫击炮和 M252 型 81 毫米营用迫击炮。

远征战斗车辆（EFV）

为实现陆战队空–地特遣队（MAGTF）

下图：第 1 团级战斗队第 4 团第 1 营狙击手，一等兵朱安·维拉，正通过 M40A1 7.62 毫米狙击步枪上的瞄准镜观察目标。

陆战队狙击系统包括 M82A3 特殊用途步枪（SASR）。这是一种远程半自动反器材武器，可以发射 12.7 毫米子弹在 1600 米的距离上精确命中目标。

右图:在加利福尼亚州的29棕榈基地,接受步兵军官训练的陆战队学员在突击训练期间用M224型60毫米轻型迫击炮进行掩护射击。

的目标,陆战队启动了一个满足远征机动作战需求的采购项目。陆战队计划2020—2025年,以战斗力更强的车辆替换所有现役的轻型装甲车(LAV)和主战坦克。目标是降低车辆重量,增加零件的通用性,有更高的燃油效率,适应海上部署计划。

- 远征战斗车(EFV)成为陆战步兵班进行两栖作战时的首选战术机动工具。计划在2010年,远征战斗车(EFV)开始替换1972年服役的两栖攻击车(AAV7A1)。远征战斗车(EFV)为履带式装甲车,有3名车组人员,可以运输17名全副武装的陆战队。它在岸上将拥有足够的速度和越野能力,可以和主战坦克协同使用。(该项目于2011年1月取消——译者注)

- 作为火力增强计划(FEP)的一部分,陆战队的M1A1主战坦克将改装新型二代热像仪和远距离目标定位设备。先进热像仪由红外光学镜头和红外凝视平面阵列组成。因为有激光测距仪和全球定位系统接收机相匹配,精确定位系统可以保证在烟、雾或者其他战场遮蔽环境下，主炮精度可在昼夜均达到射程5000码外、误差圆半径30码以内。

- 轻型装甲车（LAV）的改进实际上就是轻型装甲车（LAV）寿命延长计划（SLEP）的一系列组合，而不是发展新的轻型装甲车（LAV）替换现役的装备。寿命延长计划（SLEP）在各舰队已经完成，包括整合了激光测距仪的新型热成像仪、新型电脑、最新的指控硬件和软件系统、改进的弹药防护系统以及自动灭火系统。新的 LAV 于 2007 年列装。现役的 LAV-25 轻型装甲车辆有 2 名乘员、7 名载员；反坦克型 LAV-AT 有 4 名乘员；指挥车型 LAV-C2 有 1 名驾驶员、6 名指挥所人员；后勤型 LAV-L 用于运

陆战队空-地特遣队弹药需求量（发）		
	2006 年	2007 年
轻武器类	186657724	139881017
迫击炮类	77070	104766
坦克类	5091	11833
火炮	150578	225154
火箭炮类	0	4000

下图：远征战斗车（EFV）看起来像两栖坦克和两栖突击车的结合体。（该项目于 2011 年取消——译者注）

载补给物资，有 3 名乘员；自行迫击炮型 LAV-M 有 1 名驾驶员和 1 个迫击炮班；修理型 LAV-R 有 3 名乘员，可以修理和支援受损车辆。

- 破障突击车辆（ABV）是一种新型履带式装甲工程车辆，可以保障陆战队空-地特遣队（MAGTF）清除地雷和障碍物。这种车辆是在 M1A1 坦克车体装上与车同宽的扫雷犁、2 组 MK155 串列爆破系统（LDCS）、一个遥控系统和一个通道标记系统。破障突击车辆（ABV）既可以遥控也可以由 2 名车组人员在车上操作，并可以伴随机动部队行动。陆战队于 2007 年首批部署 19 辆破障突击车辆（ABV）。

新的掌门人

2006 年 11 月 13 日，詹姆斯·T.康

下图：破障突击车（ABV）是一种履带式装甲工程车辆，可以在大范围内有效地破除雷场和障碍。这种车辆在 M1A1 坦克车体上装上与车同宽的扫雷铲、2 组 MK155 串列爆破系统、一个遥控系统和一个通道标记系统。

陆战队总军士长

陆战队只有一名士兵能获得"陆战队总军士长"的军衔，这是陆战队士兵的最高级别。1957年时，军士长韦伯·贝斯特威克（Wibur Bestwick）成为第一个获得这个军衔的人。他那时候的月薪320美元，而2000年这一军衔月薪为5000美元。

2003年6月27日，48岁的约翰·L.埃斯特拉达成为第15任陆战队总军士长。他在陆战队司令办公室工作，代表着159292名现役士兵，其中107000人是第一次入伍，而且有24000人还未成年。埃斯特拉达于1973年9月5日入伍，完成了F-4战斗机的机械师培训。他于1982年8月成为加利福尼亚州圣迭戈陆战队新兵训练营教官，2年后他因成绩卓越而晋升为三级军士长。他的办公室位于五角大楼，离陆战队司令的办公室只有50英尺。他经常晋见陆战队司令，也频繁晋见其他将军。当他与其他军士长谈话时，他们都仔细聆听。他对陆战队司令的建议有着相当的份量，他在参议员委员会面前的陈述也是经过深思熟虑的，因为从高技术武器到训练规范，他无所不知。

和陆战队司令一样，陆战队总军士长任期4年，他在陆战队的事务中代表所有士兵。

上图：陆战队总军士长是陆战队士官中最高军衔。2007年，卡尔顿·W.肯特接替约翰·L.埃斯特拉达（照片所示）成为新一任陆战队总军士长。

上图：2007年3月21日，在弗吉尼亚州诺福克海军基地，陆战队司令詹姆斯·T. 康威上将对陆战队员发表讲话。自2006年9月13日从哈吉上将手中接过指挥权后，康威将军面临着非同寻常的挑战。哈吉在2006年提出的陆战队未来概念和规划，需要继任者做大量的调整和完善。

威上将成为第34任陆战队司令官。他说，他的工作主要是为"陆战队的未来指明方向"。他的职责是为这些"和前辈一样""经历战火考验，机智、坚强和自豪"的陆战队员提供合理的编制。康威将军会和他们一道努力建设空－地特遣队的坚实基础，构筑陆战队的未来。陆战队空－地特遣队已经展示了"在战斗环境中不同凡响的多功能性"，并将在未来继续做到这一点。

在过去，陆战队响应了美国大多数的紧急召唤；在未来，他们将时刻保持战备，听候总统的命令。

参考书目

Alexander, Joseph H. and Bartlett, Merrill L.. *Sea Soldiers in the Cold War: Amphibious Warfare, 1945-1991.* Annapolis: Naval Institute Press, 1994.

_____. *Storm Landings: Epic Amphibious Battles in the Central Pacific.* Annapolis: Naval Institute Press, 1997.

Arthur, Robert A. and Cohlmia, Kenneth. *The Third Marine Division.* Washington: Infantry Journal Press, 1948.

Bayler, Walter J. *Last Man Off Wake Island.* Indianapolis: Bobbs-Merrill Company, 1943.

Belote, James H. and William, M. *Corregidor: The Saga of a Fortress.* New York: Harper & Row Publishers, 1967.

Berry, Henry. *Semper Fi, Mac: Living Memories of the U.S. Marines in World War II.* New York: Arbor House, 1982.

Butler, Smedley D. *Old Gimlet Eye: The Adventures of Smedley D. Butler.* New York: Farrar and Rinehart, 1933.

Cagle, Malcolm W. and Manson, Frank A. *The Sea War in Korea.* Annapolis: U.S. Naval Institute, 1957.

Catlin, Alburtus W. *With the Help of God and a Few Marines.* New York: Scribner's, 1918.

Chenelly, Joseph R. "Aviation Deck Operations," *Marine Corps News*, 20 June 2001.

_____. "15th MEU (SOC) Stands Ready," *Marine Corps News,* 11 October 2001.

_____. "Harrier Jets Conduct Airstrikes in Afghanistan," *Marine Corps News,* 4 November 2001.

Clifford, Kenneth J. *Progress and Purpose: A Developmental History of the U.S. Marine Corps, 1900-1970.* Washington: History and Museums Division, HQMC, 1973.

Coe, Charles. *Young Man in Vietnam.* New York: Scholastic, Inc., 1990.

Cohen, Roger and Gatti, Claudio. *In the Eye of the Storm.* New York: Berkley Publishing Co., 1991.

Collum, Richard S. *History of the United States Marine Corps.* Philadelphia: R. L. Hamersly and Company, 1890.

Conway, James T. "Farther and Faster in Iraq." *Proceedings*, 1233 (January 2005), 48-52.

_____. "Lethal, Scalable, & Responsive," *Proceedings*, 1,246 (December 2006), 20-121.

Cosmas, Graham A., ed. *Marine Flyer in France: The Diary of Captain Alfred A. Cunningham.* Washington: History and Museums Division, HQMC, 1974.

Daniels, Josephus. *The Wilson Era.* Chapel Hill, N.C.: University of North Carolina Press, 1946.

DeChant, John A. *Devilbirds.* Harper & Row Publishers, 1947.

De St. Jorre, John. *The Marines.* New York: Doubleday, 1989.

Ellsworth, Harry A. *One Hundred Eighty Landings of the United States Marines, 1800-1934.* Washington: History and Museums Division, HQMC, 1974.

Frank, Benis M. *Marines in Lebanon, 1982-84.* Washington, D.C.: Government Printing Office, 1987.

Franks, Tommy. *American Soldier.* New York: 10 Regan Books, 2004.

Geer, Andrew C. *The New Breed: The Story of the U.S. Marines in Korea.* New York: Harper and Brothers, 1952.

Gordon, Michael R. and Trainor. Bernard C. *The General's War.* Boston: Little, Brown, 1995.

Griffiths, D. N. "Waging Peace in Bosnia," *Naval Institute Proceedings*, No. 1,091, January, 1994.

Hagee, Michael W. *USMC Concepts + Programs.* USMC, 2006.

_____. "33rd Commandant of the Marine Corps – Guidance." http://www.marines.mil/cmc/33cmc.nsf/attachments/$File/33cpg.pdf

Halsey, William F. *Admiral Halsey's Story.* New York: Whittlesy House, 1947.

Harbord, James G. *The American Army in France.* Boston: Little, Brown and Company, 1936.

Heinl, Robert D., Jr. *Soldiers of the Sea: The U.S. Marine Corps, 1775-1962.* Annapolis: U.S. Naval Institute, 1962.

_____. *Victory at High Tide: The Inchon-Seoul Campaign.* Philadelphia: Lippincott, 1968.

Hewitt, Linda L. *Women Marines in World War I.* Washington: History and Museums Division, HQMC, 1974.

Hilburn, Matt. "The Rescuer," *Seapower*, 49:10 (October 2006), 48-50.

Hunt, George P. *Coral Comes High.* New York: Harper & Row Publishers, 1946.

Isely, Jeter A., and Crowl, Philip A., *The U.S. Marines and Amphibious War: Its Theory and Practice in the Pacific.* Princeton, N.J.: Princeton University Press, 1951.

Jones, James L., Jr. *Marine Corps Strategy 21.* http://www.usmc.mil/templateml.nsf/25241abbb036b230 852569c4004eff0e/$FILE/strategy.pdf

Kelly, Mary Pat, "Rescue: Out of Bosnia," *Naval Institute Proceedings*, No. 1,109, July, 1995.

Kent, Zachary. *The Persian Gulf War.* Hillside, N.J.: Enslow Publishers, Inc., 1994.

King, John. *The Gulf War.* New York: Macmillan Publishing Co., 1991.

Kosnik, Mark E. "The Military Response to Terrorism," *Naval War College Review*, Spring, 2000.

Kreisher, Otto, "Marines Passing the Torch in More Ways Than One," *Proceedings*, 1241 (July 2006), 15.

Krulak, Victor H. *First to Fight: An Inside View of the U.S. Marine Corps.* Annapolis: Naval Institute Press, 1984.

Lehrack, Otto J. *No Shining Armor: The Marines at War in Vietnam.* Lawrence, Kan.: University Press of Kansas, 1992.

Lejeune, John A. *The Reminiscences of a Marine.* Philadelphia: Dorrance and Company, 1930.

McClellan, Edwin N. *The United States Marine Corps in the World War.* Washington: Historical Section, HQMC, 1968.

_____. "A Brief History of the Fourth Brigade of Marines," *Marine Corps Gazette*, December, 1919.

McMillan, George. *The Old Breed: A History of the First Marine Division in World War II.* Washington: Infantry Journal Press, 1949.

Merrill, W. A. "This Is My Rifle," *Marine Corps Gazette*, December, 1960.

Metcalf, Clyde H. *A History of the United States Marine Corps.* New York: G. P. Putnam's Sons, 1939.

Miller, Nathan. *Sea of Glory: The Continental Navy Fights for Independence, 1775-1783.* New York: David McKay Company, 1974.

Millet, Allan R. *Semper Fidelis: The History of the United States Marine Corps.* New York: Macmillan Publishing Company, 1980.

Montross, Lynn. *U.S. Marine Corps Operations in Korea, 1950-1953.* 5 vols. Washington: Historical Branch, HQMC, 1954-1972.

Morison, Samuel Eliot. *History of United States Naval Operations in World War II.* 15 vols. Edison, N.J.: Castle Books, 2001.

Moskin, J. Robert. *The U.S. Marine Corps Story.* Boston: Little, Brown, 1992.

Nash, Howard P., Jr. *The Forgotten Wars.* New York: A.S. Barnes and Company, 1968.

Navy Department. *Naval Documents Related to the United States War with the Barbary Pirates.* Washington: Government Printing Office, 1939-45.

_____. *Naval Documents Related to the Quasi-War between the United States and France.* Washington: Government Printing Office, 1935-38.

_____. *Official Records of the Union and Confederate Navies in the War of the Rebellion.* Washington: Government Printing Office, 1894-1922.

Newcomb, Richard F. *Iwo Jima.* New York: Holt, Rinehart and Winston, Inc., 1965.

Parker, William D. *A Concise History Of the United States Marine Corps 1775-1969*. Washington: Historical Division Headquarters, U. S. Marine Corps, 1970.

Proehl, C. W. *The Fourth Marine Division in World War II*. Washington: Infantry Journal Press, 1946.

Quilter, Charles J. *U.S. Marines in the Persian Gulf: With the I Marine Expeditionary Force in Desert Shield and Desert Storm*. Washington: History and Museums Division, 1993.

Richards, T. A., "Marines in Somalia: 1992," *Naval Institute Proceedings*, No. 1,083, May 1993.

Russ, Martin. *The Last Parallel*. New York: Rinehart, 1957.

Schwarzkopf, H. Norman, with Petre, Peter. *It Doesn't Take a Hero*. New York: Bantam, 1992.

Sherrod, Robert. *History of Marine Corps Aviation in World War II*. Washington: Combat Forces Press, 1952.

_____. *On to Westward*. New York: Duell, Sloan and Pierce, 1945.

Simmons, Edwin H. *The United States Marines: The First Two Hundred Years, 1775-1976*. New York: Viking Press, 1974.

Simmons, Edwin H., et al. *The Marines in Vietnam, 1954-1973: An Anthology and Annotated Bibliography*. Washington: History and Museums Division, HQMC, 1974.

Sledge, Eugene B. *With the Old Breed at Peleliu and Okinawa*. Annapolis: Naval Institute Press, 1996.

Smith, Charles R. *Marines in the Revolution: A History of the Continental Marines in the American Revolution, 1775-1783*. Washington: History and Museums Division, HQMC, 1975.

Smith, Holland M. *Coral and Brass*. New York: Scribner's, 1949.

Smith, S. E., ed. *The United States Marine Corps in World War II*. New York: Random House, 1969.

Stockman, J. R. *The Battle for Tarawa*. Washington: Combat Forces Press, 1947.

Sweetman, Jack. *American Naval History: An Illustrated Chronology of the U.S. Navy and Marine Corps 1775-Present*. Annapolis: Naval Institute Press, 1984.

Thomason, John J., Jr. *Fix Bayonets! And Other Stories*. New York: Scribner's, 1926.

Toland, John. *But Not in Shame*. New York: Random House, Inc., 1961.

Trevett, John. "Journal of John Trevett," *Rhode Island Historical Magazine*, vol. 7 (1887), 30-48.

Twining, Merrill B. *No Bended Knee: The Battle for Guadalcanal*. Novato: Presidio, 1996.

Vandegrift, A. A. *Once a Marine: The Memoirs of a General*. New York: W. W. Norton & Company, 1964.

Westcott, Allan, ed. *American Sea Power Since 1775*. Philadelphia: J. B. Lippincott Company, 1947.

Wolfert, Ira. *Battle for the Solomons*. Boston: Houghton Mifflin Company, 1943.

Zimmerman, John L. *The Guadalcanal Campaign*. Washington: Combat Forces Press, 1949.